— Un franc —

VOYAGES DANS TOUS LES
NOUVELLE BIBLIOTHÈQUE HISTORIQUE ET LITTÉRAIRE
Publiée sous la direction de M. Eugène MULLER, conservateur à la Bibliothèque de l'Arsenal.

VOYAGES
DES POETES FRANÇAIS
AUX XVIIᵉ ET XVIIIᵉ SIÈCLES

Chapelle et Bachaumont — La Fontaine
Jean Racine — Regnard — J.-B. Rousseau — Gresset
Voltaire — Lefranc de Pompignan
Bertin

VOYAGES
DES
POÈTES FRANÇAIS
(XVIIᵉ ET XVIIIᵉ SIÈCLES)

Le titre de **Voyages dans tous les mondes**, que nous avons adopté pour notre *Nouvelle Bibliothèque historique et littéraire*, indique qu'elle a pris et prendra son bien indistinctement dans les divers domaines du savoir, de l'esprit et du cœur, à toutes les époques et en tous les pays. Le récit du sérieux historien y doit avoisiner la fiction du conteur fantaisiste et les impressions morales toutes personnelles ; le travail de science positive doit s'y placer à côté du recueil d'observations pittoresques, — à cette condition première que le livre, toujours de lecture facile et intéressante en soi, ne contienne, au cas où il vise à enseigner, que des notions accessibles à tous.

Là se trouvent donc réunies — dans des volumes à la fois très élégants, très portatifs et très économiques pour l'abondante matière qu'ils renferment — les œuvres que le temps a consacrées ou qui, injustement négligées, méritaient d'être remises en lumière, et aussi telles autres jusqu'ici restées ignorées ou qui sont absolument nouvelles : *Voyages de découvertes, Chroniques et traditions populaires, Aventures réelles ou imaginaires, Biographies et souvenirs, Tableaux de mœurs humaines et animales, Curiosités de la nature, des sciences ou de l'industrie,* etc.

Avons-nous besoin de faire remarquer que tous les ouvrages — d'ailleurs accompagnés d'études biographiques ou littéraires et, quand besoin est, d'annotations facilitant l'entente du texte — ont été très attentivement revus, afin que rien ne s'y trouve qui puisse empêcher de les mettre aux mains des lecteurs de tous les âges et de toutes les conditions ?

VOYAGES DANS TOUS LES MONDES
NOUVELLE BIBLIOTHÈQUE HISTORIQUE ET LITTÉRAIRE
Publiée sous la direction de M. Eugène MULLER, conservateur à la Bibliothèque de l'Arsenal.

VOYAGES
DES
POÈTES FRANÇAIS
(XVIIᵉ ET XVIIIᵉ SIÈCLES)

CHAPELLE ET BACHAUMONT
LA FONTAINE — RACINE
REGNARD — J. B. ROUSSEAU — VOLTAIRE
LE FRANC DE POMPIGNAN
GRESSET — BERTIN — DORAT

PARIS
LIBRAIRIE CH. DELAGRAVE
15, RUE SOUFFLOT, 15

1888

> Poètes sont oiseaux, mais oiseaux de passage.

a dit un poète du vieux temps : ce qui doit évidemment s'entendre bien plus des dispositions morales ou intellectuelles des poètes que de leurs agissements réels.

Autre chose est, en vérité, le vagabondage de l'esprit, autre chose la mobilité de la personne ; autre chose le rêve aventureux, et autre chose la recherche effective de l'aventure.

Il semble d'ailleurs que les deux tendances ne doivent que très rarement se manifester chez le même sujet. On croit pouvoir se dire que l'homme d'action, de mouvement, qui se met aussitôt à la poursuite des réalités, ne saurait contenir le rêveur, qui se complaît surtout aux bercements des illusions, et que le déplacement physique distrait de ses douces excursions imaginaires.

Mais cette réunion est fort possible, comme

nous l'allons voir, en recherchant les traces qu'ont laissées dans les lettres françaises des dix-septième et dix-huitième siècles les voyages, plus ou moins volontaires, des poètes en renom.

Il nous a paru qu'il serait intéressant de faire s'avoisiner dans le même cadre un ensemble de petits tableaux qui, tous marqués d'une touche particulière, souvent très magistrale, devront recevoir du rapprochement et du contraste un surcroît de relief.

Ainsi s'est formé ce recueil, qui, croyons-nous, doit faire excellente figure dans notre *Nouvelle Bibliothèque historique et littéraire*, puisque, par les noms des auteurs et la valeur des ouvrages, il est d'un intérêt égal au double point de vue des lettres et de l'histoire.

E. M.

CHAPELLE ET BACHAUMONT

(1626-1686 — 1624-1702)

Ils ont à peu près le même âge, — trente ans environ ; — ils sont liés par la conformité des goûts — goûts de vie facile et joyeuse. — L'esprit de l'un n'a d'égal en finesse, en saillies, que l'esprit de l'autre.

Semant de ci de là les bons mots, les vers bien troussés, sans autre ambition ni visée que le plaisir de donner libre cours à leur verve, ils ont pour amis les meilleurs d'entre les lettrés de leur temps.

Un beau jour, — sous le prétexte d'un mal quelconque, que doivent guérir certaines eaux qui se boivent là-bas, en certaine bourgade de Gascogne, — les voilà partis tous deux. Et voilà que, chemin faisant, — deux mains tenant, pour ainsi dire, la même plume, — l'idée leur vient d'écrire l'histoire de leur voyage, à l'adresse de bons convives qu'ils ont laissés à Paris.

Récit tout simple, mais tout fringant, tout gai, tout malin. Il ne s'y trouve ni aventures proprement dites, ni descriptions, ni considérations ; à peine, le moment venu, y est-il question des eaux bienfaisantes qu'on est allé chercher ; mais bonne chère partout, ainsi le veut sans doute la prétendue maladie, — dont il n'est pas d'ailleurs soufflé le moindre mot. Ils l'auront laissée sur le chemin ; et ils n'en vont que plus allègrement devant eux.

Gaiement partis, gaiement ils reviennent.

Un jour, ces lettres, qui ont d'abord circulé en copies manuscrites dans l'intimité, vont chez l'imprimeur, qui les rend publiques.

Et voilà deux célébrités fondées à tout jamais dans l'histoire du bel esprit français.

Demandez ce qu'a fait Chapelle. — Un voyage avec Bachaumont. — Et Bachaumont? — Un voyage avec Chapelle.

Que si quelques vers de l'un ou de l'autre ont été, en outre, recueillis, trouvés anonymes dans les papiers du temps, tout au plus a-t-on pu les publier pour grossir le trop petit volume du fameux *Voyage*.

Fameux : oui, sans doute, comme ayant en quelque sorte créé *le genre*, et comme ayant fait école; souvent réimprimé, toujours goûté.

Pure bagatelle, peut-être ; mais bagatelle bien trouvée, bien venue, bien française enfin.

C'est pourquoi cette bagatelle a survécu et survivra.

VOYAGE
DE
CHAPELLE ET BACHAUMONT[1]

C'est en vers que je vous écris,
Messieurs les deux frères [2], nourris
Aussi bien que gens de la ville :
Aussi voit-on plus de perdrix
En dix jours chez vous, qu'en dix mille
Chez les plus friands de Paris.
Vous vous attendez à l'histoire
De ce qui nous est arrivé,
Depuis que, par le long pavé
Qui conduit aux rives de Loire,
Nous partîmes pour aller boire
Les eaux [3] dont je me suis trouvé
Assez mal, pour vous faire croire
Que les destins ont réservé
Ma guérison et cette gloire
Au remède tant éprouvé,
Et par qui, de fraîche mémoire,
Un de nos amis s'est sauvé
Du bâton à pomme d'ivoire [4].

---

1. On croit que ce voyage fut fait en 1656. F. le Coigneux de Bachaumont, mort en 1686, collaborateur de Chapelle, ne doit pas être confondu avec L. Petit de Bachaumont, mort en 1771, à qui l'on doit les *Mémoires secrets pour servir à l'histoire de la république des lettres*.
2. Le marquis et l'abbé du Broussin, chez qui les deux voyageurs allaient souvent faire bonne chère.
3. Les eaux d'Encausse, près de Saint-Gaudens, en Gascogne.
4. Nous avons vainement cherché dans les commentateurs, et vainement tâché de déterminer par nous-même le sens exact de l'allusion

Vous ne serez pas frustrés de votre attente, et vous aurez, je vous assure, une assez bonne relation de nos aventures ; car M. de Bachaumont, qui m'a surpris comme j'en écrivais une mauvaise, a voulu que nous la fissions ensemble, et j'espère qu'avec l'aide d'un si bon second, elle sera digne de vous être envoyée.

CHAPELLE.

Contre le serment solennel que nous avions fait, M. de la Chapelle et moi, d'être si fort unis dans le voyage que toutes choses seraient en commun, il n'a pas laissé, par une distinction philosophique, de prétendre en pouvoir séparer ses pensées ; et, croyant y gagner, il s'était caché de moi pour vous écrire. Je l'ai surpris sur le fait, et n'ai pu souffrir qu'il eût seul cet avantage : ses vers m'ont paru d'une manière si aisée, que m'étant imaginé qu'il était bien facile d'en faire de même,

> Quoique malade et paresseux,
> Je n'ai pu m'empêcher de mettre
> Quelques-uns des miens avec eux
> Ainsi le reste de la lettre
> Sera l'ouvrage de tous deux.

Bien que nous ne soyons pas tout à fait assurés de quelle façon vous avez traité notre absence, et si vous méritez le soin que nous prenons de vous rendre ainsi compte de nos actions, nous ne laissons pas néanmoins de vous envoyer le récit de tout ce qui s'est passé dans

---

contenue dans ces derniers vers. De quel remède « tant éprouvé » est-il question ? Nous ne savons. Quel qu'il soit, ce remède, si nous comprenons bien, aurait préservé un ami de la mort : ce qu'il faut induire de ce « bâton à pomme d'ivoire » venant là, croyons-nous, comme insigne du préposé aux cérémonies funèbres. Actuellement, à Paris, le commissaire ordonnateur des convois porte de tradition une canne à pomme d'ivoire. Est-ce le vrai sens ? Nous proposons, nous n'affirmons rien.

notre voyage ; si particulier, que vous en serez assurément satisfaits. Nous ne vous ferons pas souvenir de notre sortie de Paris ; car vous en fûtes témoins, et peut-être même que vous trouvâtes étrange de ne voir sur nos visages que des marques d'un médiocre chagrin : il est vrai que nous reçûmes vos embrassements avec assez de fermeté, et nous partîmes sans doute bien philosophes

> Dans les assauts et les alarmes
> Que donnent les derniers adieux ;
> Mais il fallut rendre les armes
> En quittant tout de bon ces lieux
> Qui pour nous avaient tant de charmes,
> Et ce fut lors que de nos yeux
> Vous eussiez vu couler des larmes.

Deux petits cerveaux desséchés n'en peuvent pas fournir une grande abondance ; aussi furent-elles en peu de temps essuyées, et nous vîmes le Bourg-la-Reine d'un œil sec. Ce fut en ce lieu que nos pleurs cessèrent, et que notre appétit s'aiguisa ; mais l'air de la campagne l'avait rendu si grand dès sa naissance, qu'il devint tout à fait pressant vers Antoni, et presque insupportable à Lonjumeau. Il nous fut impossible de passer outre sans l'apaiser auprès d'une fontaine, dont l'eau paraissait la plus claire et la plus vive du monde.

> Là deux perdrix furent tirées
> D'entre les deux croûtes dorées
> D'un bon pain rôti, dont le creux
> Les avait jusque-là serrées ;
> Et, d'un appétit vigoureux,
> Toutes deux furent dévorées
> Et nous firent mal à tous deux.

Vous ne croirez pas aisément que des estomacs aussi bons que les nôtres aient eu de la peine à digérer deux perdrix ; voilà pourtant en vérité la chose comme elle est. Nous fûmes toujours incommodés jusqu'à Saint-Euverte, où nous couchâmes deux jours après notre départ, sans qu'il arrivât rien qui mérite de vous être mandé. Vous savez le long séjour que nous y fîmes, et vous savez encore que M. Boyer, dont tous les jours nous espérions l'arrivée, en fut la cause. Des gens qu'on oblige d'attendre, et qu'on tient si longtemps en incertitude, ont apparemment de méchantes heures ! Mais nous trouvâmes moyen d'en avoir de bonnes dans la conversation de M. l'évêque d'Orléans[1], que nous avions l'honneur de voir assez souvent, et dont l'entretien est tout à fait agréable. Ceux qui le connaissent vous auront pu dire que c'est un des plus honnêtes hommes de France, et vous en serez entièrement persuadés quand nous vous apprendrons qu'il a

> L'esprit et l'âme d'un d'Elbène,
> C'est-à-dire, avec la bonté,
> La douceur et l'honnêteté
> D'une vertu mâle et romaine,
> Qu'on respecte en l'antiquité.

Nos matinées se passaient le plus souvent sur les bords de la Loire, et quelquefois nos après-dînées, quand la chaleur était plus grande, dans les routes de la forêt qui s'étend du côté de Paris. Un jour, pendant la canicule, à l'heure que le chaud est le plus insupportable, nous fûmes bien surpris d'y voir arriver une manière de courrier assez extraordinaire,

> Qui, sur une mazette outrée,
> Bronchant à tout moment, trottait :
> D'ours sa casaque était fourrée,

---

1. Alphonse d'Elbène, évêque d'Orléans de 1646 à 1665.

> Comme le bonnet qu'il portait ;
> Et le cavalier rare était
> Tout couvert de toile cirée,
> Qui, fondant, partout dégouttait [1].
> Ainsi l'on peint dans les tableaux
> Un Icare tombant des nues,
> Où l'on voit dans l'air épandues
> Ses ailes de cire en lambeaux,
> Par l'ardeur du soleil fondues,
> Choir autour de lui dans les eaux.

La comparaison d'un homme qui tombe des nues avec un qui court la poste vous paraîtra peut-être bien hardie ; mais si vous aviez vu le tableau d'un Icare que nous trouvâmes quelques jours après dans une hôtellerie, cette vision vous serait venue comme à nous, ou, tout au moins, vous semblerait excusable. Enfin, de quelque façon que vous la receviez, elle ne vous saurait paraître plus bizarre que le fut à nos yeux la figure du cavalier, qui était par hasard notre ami d'Aubeville. Quoique notre joie fût extrême dans ce rencontre [2], nous n'osâmes pourtant pas nous hasarder de l'embrasser en l'état qu'il était ; mais sitôt

> Qu'au logis il fut retiré,
> Débotté, frotté, déciré,
> Et qu'il nous parut délassé,
> Il fut, comme il faut, embrassé.

Nous écrivîmes en ce temps-là comme, après avoir attendu l'homme que vous savez, inutilement, nous résolûmes enfin de partir sans lui. Il fallut avoir recours à Blavet pour notre voiture, n'en pouvant trouver

1. Remarquons, une fois pour toutes, que fréquemment, au cours de leur récit, les auteurs vont à l'encontre de la loi prosodique, encore mal établie de leur temps, qui interdit la succession de deux rimes masculines ou féminines différentes.
2. Ce mot était souvent mis au masculin à cette époque. Il y a encore à Lyon un quai *Bon*-Rencontre.

de commodes à Orléans. Le jour qu'il nous devait arriver un carrosse de Paris, nous reçûmes une lettre de M. Boyer, par laquelle il nous assurait qu'il viendrait dedans, et que ce soir-là nous souperions ensemble. Après donc avoir donné les ordres nécessaires pour le recevoir, nous allâmes au-devant de lui. A cent pas des portes parut, le long des grands chemins, une manière de coche fort délabré, tiré par quatre vilains chevaux et conduit par un vrai cocher de louage.

Un équipage en si mauvais ordre ne pouvait être que ce que nous cherchions, et nous en fûmes bientôt assurés, quand deux personnes qui étaient dedans, ayant reconnu nos livrées, firent arrêter :

> Et lors sortit avec grands cris
> Un béquillard d'une portière,
> Fort basané, sec et tout gris,
> Béquillant de même manière
> Que Boyer béquille à Paris.

A cette démarche, qui n'eût cru voir M. Boyer ? et cependant c'était le petit Duc avec M. Potel. Ils s'étaient tous deux servis de la commodité de ce carrosse, l'un pour aller à la maison de M. son frère, auprès de Tours, et l'autre à quelques affaires qui l'appelaient dans le pays. Après les civilités ordinaires, nous retournâmes tous ensemble à la ville, où nous lûmes une lettre d'excuse, qu'ils apportaient de la part de M. Boyer ; et cette fâcheuse nouvelle nous fut depuis confirmée par ces messieurs. Ils nous assurèrent que, nonobstant la fièvre qui l'avait pris malheureusement cette nuit-là, il n'eût pas laissé de partir avec eux, comme il l'avait promis, si son médecin, qui se trouva chez lui, par hasard, à quatre heures du matin, ne l'en eût empêché. Nous crûmes, sans beaucoup de peine, que, puisqu'il ne venait pas après tant de serments, il était assurément

> Fort malade, et presque aux abois ;
> Car on peut, sans qu'on le cajole,
> Dire pour la première fois
> Qu'il aurait manqué de parole.

Il fallut donc se résoudre à marcher sans M. Boyer. Nous en fûmes d'abord un peu fâchés, mais, avec sa permission, en peu de temps consolés. Le souper préparé pour lui servit à régaler ceux qui vinrent à sa place ; et le lendemain, tous ensemble, nous allâmes coucher à Blois.

Durant le chemin, la conversation fut un peu goguenarde ; aussi étions-nous avec des gens de bonne compagnie. Étant arrivés, nous ne songeâmes d'abord qu'à chercher M. Colomb. Après une si longue absence, chacun mourait d'envie de le voir : il était dans une hôtellerie avec M. le président le Bailleul, faisant si bien l'honneur de la ville, qu'à peine nous put-il donner un moment pour l'embrasser ; mais le lendemain, à notre aise, nous renouvelâmes une amitié qui, par le peu de commerce que nous avions eu depuis trois années, semblait avoir été interrompue. Après mille questions faites toutes ensemble, comme il arrive ordinairement dans une entrevue de fort bons amis qui ne se sont pas vus depuis longtemps, nous eûmes, quoique avec un extrême regret, la curiosité d'apprendre de lui, comme de la personne la plus instruite et que nous savons avoir été le seul témoin de tout le particulier,

> Ce que fit en mourant notre pauvre ami Blot [1],
> Et ses moindres discours, et sa moindre pensée.

---

1. Bel esprit du temps, dont on a conservé quelques chansons.

La douleur nous défend d'en dire plus d'un mot :
Il fit tout ce qu'il fit d'une âme bien sensée.

Enfin, ayant causé de beaucoup d'autres choses qu'il serait trop long de vous dire, nous allâmes ensemble faire la révérence à Son Altesse Royale[1], et de là dîner chez lui, avec M. le président et Mme la présidente le Bailleul.

> Là, d'une obligeante manière,
> D'un visage ouvert et riant,
> Il nous fit bonne et grande chère
> Nous donnant, à son ordinaire,
> Tout ce que Blois a de friand.

Son couvert était le plus propre du monde : il ne souffrait pas sur la nappe une seule miette de pain. Des verres bien rincés, de toutes sortes de figures, brillaient sans nombre sur son buffet, et la glace était tout autour en abondance.

> En ce lieu seul nous bûmes frais ;
> Car il a trouvé des merveilles
> Sur la glace et sur les banquets,
> Et pour empêcher les bouteilles
> D'être à la merci des laquais.

Sa salle était préparée pour le ballet du soir, toutes les belles de la ville priées, tous les violons de la province rassemblés ; et tout cela se faisait pour divertir Mme le Bailleul :

> Et cette belle Présidente
> Nous parut si bien ce jour-là,
> Qu'elle en devait être contente.
> Assurément elle effaça
> Tant de beautés qu'à Blois on vante.

---

1. Gaston d'Orléans, frère de Louis XIII, le même dont La Fontaine fera plus loin l'éloge.

Ni la bonne compagnie ni les divertissements qui se préparaient ne purent nous empêcher de partir incontinent après le dîner[1]. Amboise devait être notre couchée ; et comme il était déjà tard, nous n'eûmes que le temps qu'il fallait pour y pouvoir arriver. La soirée s'y passa fort mélancoliquement, dans le déplaisir de n'avoir plus à voyager sur la Levée et sur la vue de cette agréable rivière,

>Qui, par le milieu de la France,
>Entre les plus heureux coteaux,
>Laisse en paix répandre ses eaux,
>Et porter partout l'abondance
>Dans cent villes et cent châteaux,
>Qu'elle embellit de sa présence.

Depuis Amboise jusqu'à Fontallade, nous vous épargnerons la peine de lire les incommodités de quatre méchants gîtes, et à nous le chagrin d'un si fâcheux ressouvenir. Vous saurez seulement que la joie de M. de Lussans ne parut pas petite, de voir arriver chez lui des personnes qu'il aimait si tendrement ; mais, nonobstant la beauté de sa maison et sa grande chère, il n'aura que les cinq vers que vous avez déjà vus :

>Ni les pays où croît l'encens,
>Ni ceux d'où vient la cassonade,
>Ne sont point, pour charmer les sens,
>Ce qu'est l'aimable Fontallade
>Du tendre et commode Lussans.

Il ne se contenta pas de nous avoir si bien reçus chez lui, il voulut encore nous accompagner jusqu'à Blaye. Nous nous détournâmes un peu de notre chemin, pour aller rendre tous ensemble nos devoirs à M. le marquis de Jonzac, son beau-frère. Un compli-

---

1. On dînait alors au milieu du jour.

ment de part et d'autre décida la visite ; et, de toutes les offres qu'il nous fit, nous n'acceptâmes que des perdreaux et du pain tendre. Cette provision nous fut assez nécessaire, comme vous allez le voir :

> Car entre Blayes et Jonzac,
> On ne trouva que Croupignac.
> Le Croupignac est très funeste ;
> Car le Croupignac est un lieu
> Où six mourants faisaient le reste
> De cinq ou six cents que la peste
> Avait envoyés devant Dieu ;
> Et ces six mourants s'étaient mis
> Tous six dans un même logis.
> Un septième, soi-disant prêtre,
> Plus pestiféré que les six,
> Les confessait par la fenêtre,
> De peur, disait-il, d'être pris
> D'un mal si fâcheux et si traître.

Ce lieu si dangereux et si misérable fut traversé brusquement ; et, n'espérant pas trouver de village, il fallut se résoudre à manger sur l'herbe, où les perdreaux et le pain tendre de M. de Jonzac furent d'un grand secours. Ensuite d'un repas si cavalier, continuant notre chemin, nous arrivâmes à Blaye ; mais si tard, et le lendemain nous en partîmes si matin, qu'il nous fut impossible d'en remarquer la situation qu'avec la clarté des étoiles : le montant[1], qui commençait de très bonne heure, nous obligeait à cette diligence. Après donc avoir dit mille adieux à Lussans et reçu mille baisers de lui, nous nous embarquâmes dans une petite chaloupe, et voguâmes longtemps avant le jour :

> Mais sitôt que, par son flambeau,
> La lumière nous fut rendue,

---

1. La marée montante de la basse Gironde, sur laquelle ils s'embarquent pour se rendre à Bordeaux.

> Rien ne s'offrait à notre vue
> Que le ciel et notre bateau,
> Tout seul dans la vaste étendue
> D'une affreuse campagne d'eau.

La Garonne est effectivement si large, depuis qu'au Bec des landes d'Ambesse elle est jointe avec la Dordogne, qu'elle ressemble tout à fait à la mer; ses marées montent avec tant d'impétuosité, qu'en moins de quatre heures nous fîmes le trajet ordinaire,

> Et vîmes au milieu des eaux
> Devant nous paraître Bordeaux,
> Dont le port en croissant resserre
> Plus de barques et de vaisseaux
> Qu'aucun autre port de la terre.

Sans mentir, la rivière était alors si couverte, que notre felouque eut bien de la peine à trouver une place pour aborder. La foire, qui se devait tenir dans peu de jours, avait attiré cette grande quantité de navires et de marchands quasi de toutes sortes de nations, pour charger les vins de ce pays :

> Car ce fâcheux et rude port
> En cette saison a la gloire
> De donner tous les ans à boire
> Presque à tous les peuples du Nord.

Ces messieurs emportent de là tous les ans une effroyable quantité de vins; mais ils n'emportent pas les meilleurs : on les traite d'Allemands, et nous apprimes qu'il était défendu non seulement de leur en vendre pour enlever, mais encore de leur en laisser boire dans les cabarets. Après être descendus sur la grève et avoir admiré quelque temps la situation de cette ville, nous nous retirâmes au Chapeau-Rouge, où M. Taleman nous vint prendre aussitôt qu'il sut notre arrivée. Depuis ce moment, nous nous retirâmes dans notre logis, pendant notre séjour à Bordeaux, pour y coucher. Les journées se passaient tout entières, le plus agréablement du monde, chez M. l'intendant; car les plus honnêtes gens de la ville n'ont pas d'autre réduit que sa maison. Il n'y a pas un homme dans le parlement qui ne soit ravi d'être de ses amis : il a trouvé même que la plupart étaient ses cousins, et on le croyait plutôt le premier président de la province que l'intendant. Enfin, il est toujours le même que vous l'avez vu, hormis que sa dépense est plus grande : mais, pour Mme l'intendante, nous vous dirons en secret qu'elle est tout à fait changée.

> Quoique sa beauté soit extrême,
> Qu'elle ait toujours ce grand œil bleu
> Plein de douceur et plein de feu,
> Elle n'est pourtant plus la même;
> Car nous avons appris qu'elle aime,
> Et qu'elle aime bien fort le jeu.

Elle qui ne connaissait pas autrement les cartes, passe maintenant des nuits au lansquenet. Toutes les femmes de la ville sont devenues joueuses pour lui plaire; elles viennent régulièrement chez elle pour la divertir, et qui veut voir une belle assemblée n'a qu'à lui rendre visite. Mlle Dupin se trouve là toujours bien à propos pour entretenir ceux qui n'aiment point le jeu. En vérité, sa conversation est si fine et si spirituelle, que ce ne sont pas les plus mal partagés. C'est là que messieurs les Gascons apprennent le bel air et la façon de parler;

> Mais cette agréable Dupin,
> Qui, dans sa manière, est unique,
> A l'esprit méchant et bien fin;
> Et si jamais Gascon s'en pique,
> Gascon fera mauvaise fin.

Au reste, sans faire ici les goguenards sur messieurs les Gascons, puisque Gascons y a, nous commencions nous-mêmes à courir quelque risque, et notre retraite un peu précipitée ne fut pas mal à propos... Rien ne nous empêcha de gagner Encausse sur les coureurs que M. de Chamerault nous avait promis et qui nous attendaient depuis un mois à Agen. C'est de ce véritable ami qu'on peut assurer

> Et dire, sans qu'on le cajole,
> Qu'il sait bien tenir sa parole.

Encausse est un lieu dont nous ne vous entretiendrons guère; car, excepté ses eaux qui sont admirables pour l'estomac, rien ne s'y rencontre. Il est au pied des Pyrénées, éloigné de tout commerce, et l'on n'y peut avoir d'autre divertissement que celui de voir revenir sa santé. Un petit ruisseau, qui serpente à vingt pas du village, entre des saules et des prés les plus verts qu'on puisse s'imaginer, était toute notre consolation. Nous allions tous les matins prendre nos eaux en ce bel endroit, et les après-dînées nous promener. Un jour que nous étions sur les bords, assis sur l'herbe, et que, nous ressouvenant des hautes marées de la Garonne, dont nous avions la mémoire encore assez fraîche, nous examinions les raisons que donnent Descartes et Gassendi du flux et reflux de la mer, sortit tout d'un coup d'entre les roseaux les plus proches un homme qui nous avait apparemment écoutés : c'était

> Un vieillard tout blanc, pâle et sec,
> Dont la barbe et la chevelure
> Pendaient plus bas que la ceinture :
> Ainsi l'on peint Melchisedech;
> Ou plutôt telle est la figure
> D'un certain vieux évêque grec,

Qui, faisant le salamalec,
Dit à tous la bonne aventure :
Car il portait un chapiteau,
Comme un couvercle de lessive,
Mais d'une grandeur excessive,
Qui lui tenait lieu de chapeau ;
Et ce chapeau, dont les grands bords
Allaient tombant sur ses épaules,
Était fait de branches de saules,
Et couvrait presque tout son corps.
Son habit, de couleur verdâtre,
Était d'un tissu de roseaux,
Le tout couvert de gros morceaux
D'un cristal épais et bleuâtre.

A cette apparition, la peur nous fit faire deux signes de croix et trois pas en arrière ; mais la curiosité prévalut sur la crainte, bien qu'avec quelques petits battements de cœur, d'attendre le vieillard extraordinaire, dont l'abord fut tout à fait gracieux et qui nous parla fort civilement de cette sorte :

« Messieurs, je ne puis pas surpris
Que de ma rencontre imprévue
Vous ayez un peu l'âme émue :
Mais lorsque vous aurez appris
En quel rang les destins ont mis
Ma naissance à vous inconnue,
Et le sujet de ma venue,
Vous rassurerez vos esprits.
Je suis le dieu de ce ruisseau,
Qui d'une urne jamais tarie
Qui penche au pied de ce coteau,
Prends le soin dans cette prairie
De verser incessamment l'eau
Qui la rend si verte et fleurie.
Depuis huit jours, matin et soir
Vous me venez réglément voir,
Sans croire me rendre visite :
Ce n'est pas que je ne mérite
Que l'on me rende ce devoir ;
Car, enfin, j'ai cet avantage

Qu'un canal si clair et si net
Est le lieu de mon apanage.
Dans la Gascogne, un tel partage
Est bien joli pour un cadet :
Aussi l'avez-vous trouvé tel,
Louant mes bords et ma verdure,
Ce qui me plaît, je vous assure,
Plus qu'une offrande ou qu'un autel ;
Et tout à l'heure, je le jure,
Vous serez, foi d'un immortel !
Récompensés avec usure.
Dans ce petit vallon champêtre,
Soyez donc les très bien venus :
Chacun de vous y sera maître ;
Et puisque vous voulez connaître
Les causes du flux et reflux,
Je vous instruirai là-dessus,
Et vous ferai bientôt paraître
Que les raisonnements cornus
De tout temps sont les attributs
De la faiblesse de votre être ;
Car tous les dits et les redits
De ces vieux rêveurs de jadis
Ne sont que contes d'Amadis [1] :
Même dans vos sectes dernières,
Les Descartes, les Gassendis,
Quoique en différentes manières
Et plus heureux et plus hardis
A fouiller les causes premières,
N'ont jamais traité ces matières
Que comme de vrais étourdis.
Moi, qui sais le fin de ceci,
Comme étant chose qui m'importe,
Pour vous mon amour est si forte,
Qu'après en avoir éclairci
Votre esprit de si bonne sorte
Qu'il n'en soit jamais en souci,
Je veux que la docte cohorte
Vous en doive le grand merci. »

Il nous prit lors tous deux par la main, et nous fit

---

1. *Amadis de Gaule,* roman célèbre dont il sera question dans une des lettres de La Fontaine.

asseoir sur le gazon à ses côtés. Nous nous regardions assez souvent sans rien dire, fort étonnés de nous voir en conversation avec un fleuve : mais, tout d'un coup,

>Il se moucha, cracha, toussa ;
>Puis en ces mots il commença :
>« Lorsque l'onde en partage échut
>Au frère du grand dieu qui tonne [1].
>L'avènement à la couronne
>De ce nouveau monarque fut
>Publié partout, et fallut
>Que chaque dieu-fleuve, en personne,
>Allât lui porter son tribut.
>Dans ce rencontre, la Garonne,
>Entre tous les autres, parut ;
>Mais si brusque et si fanfaronne,
>Que sa démarche lui déplut ;
>Et le puissant dieu résolut
>De châtier cette Gasconne
>Par quelque signalé rebut.
>De fait, il en fit peu de cas :
>Quand elle lui vint rendre hommage,
>Il se renfrogna le visage,
>Et la traita de haut en bas :
>Mais elle, au lieu de l'apaiser,
>Ayant pris soin d'apprivoiser,
>Avec la puissante Dordogne,
>Mille autres fleuves de Gascogne,
>Sembla le vouloir offenser :
>Lui, d'une orgueilleuse manière,
>Comme il a l'humeur fort altière,
>Amèrement s'en courrouça,
>Et d'une mine froide et fière,
>Deux fois si loin la repoussa,
>Que cette insolente rivière
>Toutes les deux fois rebroussa
>Plus de six heures en arrière.
>Bien qu'au vrai cette téméraire
>Se fût attiré sur les bras
>Un peu follement cette affaire,
>Les grands fleuves ne crurent pas

[1]. Neptune, frère de Jupiter.

Devoir, en un tel embarras,
Se séparer de leur confrère,
Ni l'abandonner ; au contraire,
Ils en murmurèrent tout bas,
Accusant le roi trop sévère.
Mais lui, branlant ses cheveux blancs,
Tout dégouttants de l'onde amère :
« Taisez-vous, dit-il, insolents,
« Ou vous saurez en peu de temps
« Ce que peut Neptune en colère. »
Sur le champ, au lieu de se taire,
Plus haut encore on murmura.
Le dieu lors en furie entra,
Son trident par trois fois serra,
Et trois fois par le Styx jura :
« Quoi donc ! ici l'on osera
« Dire hardiment ce qu'on voudra?
« Chaque petit dieu glosera
« Sur ce que Neptune fera;
« *Per Dio! questo non sarà*[1] *!*
« Chacun d'eux s'en repentira,
« Et pareil traitement aura ;
« Car deux fois par jour on verra
« Qu'à sa source on retournera,
« Et deux fois mon courroux fuira;
« Mais plus loin que pas un ira
« Celui qui, pour son malheur, a
« Causé tout ce désordre-là ;
« Et cet exemple durera
« Tant que Neptune régnera. »
A ce dieu du moite élément
Ces rebelles lors se soumirent,
Et, quoique grondants, obéirent
Par force à ce commandement.
Voilà ce qu'on n'a jamais su,
Et ce que tout le monde admire :
Aussi nous avions résolu,
Pour notre honneur, de n'en rien dire ;
Mais aujourd'hui vous m'avez plu
Si fort que je n'ai jamais pu
M'empêcher de vous en instruire. »

---

1. Par Dieu ! cela ne sera pas !

Il n'eut pas achevé ces mots, qu'il s'écoula d'entre nous deux, mais si vite, qu'il était à plus de vingt pas avant que nous nous en fussions aperçus. Nous le suivîmes le plus légèrement que nous pûmes, et, voyant qu'il était impossible de l'attraper, nous lui criâmes plusieurs fois :

« Hé ! Monsieur le Fleuve, arrêtez,
Ne vous en allez pas si vite :
Hé ! de grâce, un mot écoutez. »
Mais il se remit dans son gîte,

Et rentra dans ces mêmes roseaux dont nous l'avions vu sortir. Nous allâmes en vain jusqu'à cet endroit ; car le bon homme était déjà tout fondu en eau quand nous arrivâmes, et sa voix n'était plus

Qu'un murmure agréable et doux ;
Mais cet agréable murmure
N'est entendu que des cailloux ;
Il ne put pas l'être de nous,
Et même, sans vous faire injure,
Il ne l'eût pas été de vous.

Après l'avoir appelé plusieurs fois inutilement, enfin la nuit nous obligea de retourner en notre logis, où nous fîmes mille réflexions sur cette aventure. Notre esprit n'était pas entièrement satisfait de cet éclarcissement, et nous ne pouvions concevoir pourquoi, dans une sédition où tous les fleuves avaient trempé, il n'y en avait eu qu'une partie de châtiés. Nous revînmes plusieurs fois en ce même lieu, tant que nous demeurâmes à Encausse, pour y conjurer cet honnête Fleuve de nous vouloir donner à ce sujet un quart d'heure de conversation ; mais il ne parut plus, et, nos eaux étant prises, le temps vint enfin de s'en aller. Un carrosse, que M. le sénéchal d'Armagnac[1] avait envoyé, nous mena bien à notre aise chez lui, à Castille, où nous fûmes reçus avec tant de joie, qu'il était aisé de juger que nos visages n'étaient pas désagréables au maître de la maison.

> C'est chez cet illustre Fontrailles,
> Où les tourtes, les ortolans,
> Les perdrix rouges et les cailles,
> Et mille autres vols[2] succulents
> Nous firent horreur des mangeailles
> Dont Carbon[3] et tant de canailles
> Vous affrontent depuis vingt ans,

vous autres casaniers, qui ne connaissez que la Vallée de misère[4] et vos rôtisseurs de Paris! Vous ne savez ce que c'est que la bonne chère : si vous vous y connaissez et si vous l'aimez, comme vous dites,

> Soyez donc assez braves gens
> Pour quitter enfin vos murailles;
> Et si vous êtes de bon sens,
> Allez et courez chez Fontrailles
> Vous gorger de mets excellents.

Vous y serez bien reçus assurément, et vous le trouverez toujours le même. Sans plus s'embarrasser des affaires du monde, il se divertit à faire achever sa maison, qui sera parfaitement belle. Les honnêtes gens de sa province en savent fort bien le chemin; mais les autres ne l'ont pu trouver. Après nous y être empiffrés quatre jours avec M. le président de Marmiesse, qui prit la peine de s'y rendre aussitôt qu'il

---

1. Louis d'Artarac, marquis de Fontrailles, qui, pour avoir pris part à la conspiration dite de Cinq-Mars contre Richelieu, avait été banni de France, où il était cependant rentré après la mort du cardinal.
2. Pour *volatiles*, terme de vénerie.
3. Traiteur parisien.
4. La Vallée, ancien nom d'un lieu de Paris où se tenait le marché à la volaille, sur la rive gauche de la Seine, un peu en amont du Pont-Neuf.

fut averti de notre arrivée, nous allâmes tous ensemble à Toulouse descendre chez M. l'abbé de Beauregard, qui nous attendait et qui nous donna ces repas qu'on ne peut faire qu'à Toulouse. Le lendemain, M. le président de Marmiesse nous voulut faire voir, dans un dîner, jusques où peut aller la splendeur et la magnificence, ou plutôt, avec sa permission, la profusion et la prodigalité. Le festin du *Menteur*[1] n'était rien en comparaison ; et c'est ici qu'il faut redoubler nos efforts, pour vous en faire une description magnifique.

<pre>
Toi qui présides aux repas,
O Muse, sois-nous favorable ;
Décris avec nous tous les plats
Qui parurent sur cette table.
Pour notre honneur et pour ta gloire,
Fais qu'aucun de tous ces grands mets
Ne s'échappe à notre mémoire,
Et fais qu'on en parle à jamais.
Mais comme notre esprit s'abuse
De s'imaginer qu'aux festins
Puisse présider une Muse,
Et qu'elle se connaisse en vin !
Non, non, les doctes demoiselles
N'eurent jamais un bon morceau,
Et ces vieilles sempiternelles
Ne burent jamais que de l'eau.
A qui donc adresser ses vœux,
En des occasions pareilles ?
Est-ce à vous, Bacchus, roi des treilles ;
A vous, dieu des mets savoureux ?
Mais, pour rimer, Bacchus et Côme[2]
Sont des dieux de peu de secours,
Et jamais, de mémoire d'homme,
On ne leur fit un tel discours.
</pre>

1. Repas extraordinaire que décrit Dorante, le héros de la comédie de Pierre Corneille, acte I, sc. 5.
2. Comus, dieu des plaisirs.

Tout nous manque au besoin, et de notre chef nous n'oserions entreprendre une si grande affaire. Il faut donc contenter de vous dire que jamais on ne vit rien de si splendide; et nous eussions cru Toulouse, ce lieu si renommé pour la bonne chère, épuisé pour jamais de toute sorte de gibier, si l'un de vos amis et des nôtres ne nous eût encore, le lendemain, dans un dîner, fait admirer cette ville, comme un prodige, pour la quantité des belles choses qu'elle fournit. Vous devinerez aisément son nom, quand nous vous dirons

> Que c'est un de ces beaux esprits,
> Dont Toulouse fut l'origine;
> C'est le seul Gascon qui n'a pris
> Ni l'air ni l'accent du pays;
> Et l'on jugerait à sa mine
> Qu'il n'a jamais quitté Paris.

Enfin, c'est l'agréable M. d'Osneville, dont l'air et l'esprit n'ont rien que d'un homme qui n'aurait jamais bougé de la cour.

> Vous saurez qu'il est marié
> Environ depuis une année,
> Et qu'il est tout à fait lié
> Du sacré lien d'hyménée;
> Lié tout à fait, c'est-à-dire
> Qu'il est lié tout à fait bien,
> Et qu'il ne lui manque plus rien,
> Et qu'il a tout ce qu'il désire.
> L'épouse est bien apparentée,
> Et bien apparenté l'époux;
> Elle est jeune, riche, espritée
> Il est jeune, riche, esprit doux.

---

1. *Espritée*, qui a de l'esprit. On doit regretter que ce mot très expressif, que nous trouvons employé par les meilleurs écrivains du xviie siècle, ne soit plus d'usage : *spirituel* ne l'a pas complètement remplacé. Dans l'*Histoire comique des États et Empires de la Lune,* par Cyrano de

Avec lui, et dans son carrosse, nous quittâmes Toulouse pour aller à Grouille, où M. le comte d'Aubijoux nous reçut fort civilement. Nous le trouvâmes dans un petit palais qu'il a fait bâtir au milieu de ses jardins, entre des fontaines et des bois, et qui n'est composé que de trois chambres, mais bien peintes et tout à fait appropriées. Il a destiné ce lieu pour se retirer en particulier avec deux ou trois de ses amis, ou, quand il est seul, s'entretenir avec ses livres.

> Malgré l'injustice des cours,
> Dans cet agréable hermitage
> Il coule doucement ses jours
> Et vit en véritable sage.

De vous dire qu'il tenait une fort bonne table et bien servie, ce ne serait vous apprendre rien de nouveau ; mais peut-être serez-vous surpris de savoir que, faisant si grande chère, il ne vivait que d'une croûte de pain par jour : aussi son visage était-il d'un homme mourant. Bien que son parc fût très grand, et qu'il eût mille endroits, tous plus beaux les uns que les autres, pour se promener, nous passions les journées dans une petite île plantée et tenue aussi propre qu'un jardin, et dans laquelle on trouve, comme par miracle, une fontaine qui jaillit, et va mouiller le haut du berceau de grands cyprès qui l'environnent.

Quoique Grouille ait tant de charmes, M. d'Aubijoux ne nous put tenir que trois jours, après lesquels il nous donna son carrosse pour aller à Chastres prendre celui de M. de Penautier, qui nous mena chez lui, à Penautier, à une lieue de Carcassonne. Vos santés y furent bues mille fois avec le cher ami Belzant,

---

Bergerac, qui fait partie de la même collection que le présent volume, nous lisons, page 70 : « Un savant est opposé à un autre savant, un *esprité* à un autre esprité. »

qui ne nous quitta pas un moment. La comédie fut aussi un de nos divertissements assez grands, parce que la troupe n'était pas mauvaise, et qu'on y voyait toutes les dames de Carcassonne. Quand nous en partîmes, M. de Penautier, qui sans doute est un des plus honnêtes hommes du monde, voulut absolument que nous prissions encore son carrosse pour aller à Narbonne, quoiqu'il y eût une grande journée; le temps était si beau que nous espérions le lendemain, sur nos chevaux frais et qui suivaient en main depuis Encausse, aller coucher près de Montpellier; mais, par malheur,

> Dans cette vilaine Narbonne
> Toujours il pleut, toujours il tonne :
> Toute la nuit doncques il plut,
> Et tant d'eau cette nuit il chut,
> Que la campagne submergée
> Tint deux jours la ville assiégée.

Que cela ne vous surprenne point : quand il pleut six heures en cette ville, comme c'est toujours par orage et qu'elle est située dans un fond, tout environnée de montagnes, en peu de temps les eaux se ramassent en si grande abondance, qu'il est impossible d'en sortir sans courir risque de se noyer. Nous le voulûmes pourtant hasarder; mais l'accident d'un laquais emporté par une ravine, et qui, sans doute, était perdu si son cheval ne l'eût sauvé à la nage, nous fit rentrer bien vite pour attendre que les passages fussent libres. Des messieurs que nous trouvâmes se promenant dans la grande place, et qui nous parurent être des principaux du pays, ayant appris notre aventure, crurent qu'il était de leur honneur de ne pas nous laisser ennuyer. Ils nous voulurent donc faire voir les raretés de leur ville, et nous menèrent d'abord dans l'église cathédrale, qu'ils prétendaient être un chef-d'œuvre pour la hauteur de ses voûtes ; mais nous ne saurions pas bien dire au vrai

> Si l'architecte qui la fit,
> La fit ronde, ovale ou carrée ;
> Et moins encor s'il la bâtit
> Haute, basse, large ou serrée :
> Car, arrivés en ce saint lieu,
> Nous n'eûmes jamais autre envie
> Que de faire des vœux à Dieu,
> De ne le voir de notre vie.
> Ce qu'on y montre encor de rare,
> Est un vieux et sombre tableau,
> Où l'on voit sortir un Lazare
> A demi mort de son tombeau ;
> Mais le peintre l'a si bien fait
> Pâle, hideux, noir, effroyable,
> Qu'il semble bien moins le portrait
> Du bon Lazare que d'un diable [1].

Et comme toujours il pleuvait, nous passâmes deux jours bien désagréablement à Narbonne. Toi qui nous a si bien diverti,

> Digne objet de notre courroux,
> Vieille ville toute de fange,
> Qui n'es que ruisseaux et qu'égouts,
> Pourrais-tu prétendre de nous
> Le moindre vers à ta louange ?
> Va, tu n'eus jamais rien de beau,
> Rien qui mérite qu'on le prise ;
> Bien peu de chose est ton tableau,
> Et bien moins que rien ton église.

L'apostrophe est un peu violente, ou l'imprécation

---

[1]. Il est ici question de la *Résurrection de Lazare*, tableau du peintre vénitien Sébastiano Luciano (1485-1557), plus connu sous le nom de fra Sébastiano del Piombo, qualification due à ses fonctions de scelleur des brefs du pape. Fra del Piombo fit, dit-on, la *Résurrection de Lazare*, dont Michel-Ange lui aurait fourni le dessin, en concurrence avec Raphaël, lorsque celui-ci peignit pour François Ier son tableau de la *Transfiguration*.

un peu forte ; mais nous passâmes dans cette étrange demeure deux journées avec tant de chagrin, qu'elle en est quitte à bon marché. Enfin les eaux s'écoulèrent, et, nos chevaux n'en ayant plus que jusques aux sangles, il nous fut permis de sortir. Après avoir marché trois ou quatre lieues dans les plaines toutes noyées, et passé sur de méchantes planches un torrent qui s'était fait de l'égout des eaux, large comme une rivière, Béziers, cette ville si propre et si bien située, nous fit voir un pays aussi beau que celui dont nous partions était vilain. Le lendemain, ayant traversé les landes de Saint-Hubery, et goûté les bons muscats de Loupian, nous vîmes Montpellier se présenter à nous, environné de ces plantades [1] que vous connaissez. Nous y abordâmes à travers mille boules de mail; car on joue là, le long des chemins, à la chicane [2]. Dans la grande rue des parfumeurs, par où l'on entre d'abord, l'on croit être dans la boutique de Martial [3], et cependant

> Bien que de cette belle ville
> Viennent les meilleures senteurs,
> Son terroir en muscat fertile
> Ne lui produit jamais de fleurs.

Cette rue si parfumée conduit dans une grande place, où sont les meilleures hôtelleries...

... Un des principaux de la ville nous reçut chez lui, où nous trouvâmes grand nombre de dames, qu'on nous dit être les plus polies, les plus qualifiées et les plus spirituelles de la ville, quoique pourtant elles ne fussent ni trop belles ni trop bien mises. A leurs petites mignardises, leur parler gras et leurs discours

---

1. Bosquets.
2. Nom d'une sorte de jeu de mail.
3. Fameux marchand parfumeur de Paris.

extraordinaires, nous crûmes bientôt que c'était une assemblée des précieuses de Montpellier ; mais, bien qu'elles fissent de nouveaux efforts à cause de nous, elles ne paraissaient que des précieuses de campagne, et n'imitaient que faiblement les nôtres de Paris. Elles se mirent exprès sur le chapitre des beaux esprits, afin de nous faire voir ce qu'elles valaient par le commerce qu'elles ont avec eux. Il se commença donc une conversation assez plaisante.

> Les unes disaient que Ménage
> Avait l'air et l'esprit galant ;
> Que Chapelain n'était pas sage ;
> Que Costard n'était pas pédant.

Les autres croyaient M. de Scudéry

> Un homme de fort bonne mine,
> Vaillant, riche et toujours bien mis ;
> Sa sœur, une beauté divine,
> Et Pélisson, un Adonis [1].

Elles en nommèrent encore une très grande quantité, dont il ne nous souvient plus. Après avoir bien parlé de si beaux esprits, il fut question de juger de leurs ouvrages. Dans l'*Alaric* et dans le *Motse*, on ne loua que le jugement et la conduite ; et dans *la Pucelle*, rien du tout ; dans Sarrasin, on n'estima que la lettre de M. Ménage, et la préface de M. Pélisson fut traitée de ridicule ; Voiture même passa pour un homme gros-

---

[1]. Les précieuses de Montpellier, comme les appellent les narrateurs, semblent, dans ces divers traits, prendre en tout le contrepied de la réalité : ainsi Ménage avait la réputation d'un pédant gourmé, le poète Chapelain celle d'un homme très calme et très rangé, Scudéry et sa sœur manquaient de beauté presque autant que Pélisson, de qui Mme de Sévigné disait qu'il abusait de la permission qu'ont les hommes d'être laids, etc. Il va de soi que dans l'appréciation que ces dames font ensuite des principaux ouvrages des auteurs, leurs jugements ont la même rectitude.

sier. Quant aux romans, *Cassandre* fut estimé pour la délicatesse de la conversation ; *Cyrus* et *Clélie* [1], pour la magnificence de l'expression et la grandeur des événements. Mille autres choses se débitèrent, encore plus surprenantes que tout cela....

... Ayant quitté Montpellier, nous prîmes le chemin de Masselargues, où nous arrivâmes avant la nuit chez M. de Cauvisson, qui nous offrit bonne chère et bons lits. Nous ne pûmes, étant si proches de Nîmes, refuser à notre curiosité de nous détourner pour aller voir

> Ces grands et fameux bâtiments
> Du pont du Gard et des Arènes,
> Qui nous restent pour monuments
> Des magnificences romaines :
> Ils sont plus entiers et plus sains,
> Que tant d'autres restes si rares
> Échappés aux brutales mains
> De ce déluge de barbares
> Qui fut le fléau des humains.

Fort satisfaits du Languedoc, nous prîmes assez vite la route de Provence, par cette grande prairie de Beaucaire, si célèbre pour sa foire ; et le même jour nous vîmes de bonne heure

> Paraître sur les bords du Rhône
> Ces murs pleins d'illustres bourgeois,
> Glorieux d'avoir autrefois
> Eu chez eux la cour et le trône
> De trois ou quatre puissants rois [2].

On y aborde par

---

1. *Alaric*, poème par Scudéry, *Moïse* par Saint-Amant, *la Pucelle d'Orléans* par Chapelain, *Cassandre* par la Calprenède, *Cyrus* et *Clélie* par Mlle de Scudéry, ouvrages qui ne sont plus guère connus que par les vers où Boileau les a tournés en ridicule.
2. Arles fut longtemps la capitale d'un royaume.

> Cette heureuse et fertile plaine
> Qui doit son nom à la vertu
> Du grand et fameux capitaine [1]
> Par qui le fier Danois battu
> Reconnut la grandeur romaine.

Nous vîmes, pour vous parler un peu moins poétiquement, cette belle et célèbre ville d'Arles, qui, par son pont de bateaux, nous fît passer de Languedoc en Provence : c'est assurément y entrer par la plus belle porte. La situation admirable de ce lieu y a presque attiré toute la noblesse du pays, et les dames y sont propres, galantes et jolies, mais si couvertes de mouches [2], qu'elles en paraissent un peu coquettes. Le lendemain nous partîmes et traversâmes, avec bien de la peine,

> La vaste et pierreuse campagne,
> Couverte encor de ces cailloux
> Qu'un prince, revenant d'Espagne,
> Y fit pleuvoir dans son courroux [3].

C'est une grande plaine, toute couverte de cailloux effectivement jusques à Salon, petite ville qui n'a pas d'autres raretés que le tombeau de Nostradamus [4]. Nous y couchâmes.

---

1. Marius, qui défit près d'Arles les Cimbres, peuple dont on place le pays d'origine dans la presqu'île danoise, que les Romains appelaient *Chersonèse cimbrique*.

2. La mode des *mouches*, ou points noirs que les dames se peignaient ou s'attachaient au visage, était alors assez générale.

3. La plaine de la Crau que les Romains appelaient *Campi lapidei* (Champ des pierres). C'est, dit Pline (liv. VIII, ch. 4), un monument des combats d'Hercule. Comme il eut à combattre en ce lieu des géants, qui semblaient devoir prendre l'avantage sur lui, Jupiter, venant en aide au héros, fit tomber sur ses adversaires une pluie de pierres, qui couvrit toute la campagne. Nos auteurs, faisant allusion à cette fable, disent que ce prince revenait d'Espagne, sans doute après qu'il eut posé les fameuses colonnes qui marquaient les limites du monde. Il y a d'ailleurs plus d'une légende sur cette région d'un aspect si étrange.

4. Michel de Notredame ou Nostradamus, très savant médecin du

Étant montés à cheval de bon matin, cette diligence servit à nous faire considérer plus à notre aise, en arrivant à Marseille, cette multitude de maisons qu'ils appellent bastides, dont toute la campagne voisine est couverte. Le grand nombre en est plus surprenant que la beauté; car elles sont toutes fort petites et fort vilaines. Vous avez tant ouï parler de Marseille, que de vous en entretenir présentement, ce serait répéter les mêmes choses, et peut-être vous ennuyer.

> Tout le monde sait que Marseille
> Est riche, illustre et sans pareille,
> Pour son terroir et pour son port;
> Mais il faut vous parler du fort,
> Qui, sans doute, est une merveille :
> C'est Notre-Dame de la Garde,
> Gouvernement commode et beau,
> A qui suffit, pour toute garde,
> Un suisse avec sa hallebarde,
> Peint sur la porte du château.

Le fort est sur le sommet d'un rocher presque inaccessible, et si haut élevé, que s'il commandait à tout ce qu'il voit au-dessous de lui, la plupart du genre humain ne vivrait que sous son plaisir.

> Aussi voyons-nous que nos rois
> En connaissent bien l'importance :
> Pour le confier, ils font choix
> Toujours de gens de conséquence,
> De gens pour qui, dans les alarmes,
> Le danger aurait eu des charmes,
> De gens prêts à tout hasarder,

xvi⁰ siècle. Des tracasseries, que lui suscitèrent ses confrères, l'ayant poussé dans la retraite, il se crut doué de l'esprit prophétique et rédigea en style énigmatique un recueil qui eut une grande vogue et qui a rendu son nom populaire. Né en 1503, il mourut en 1566. On a longtemps prétendu que périodiquement l'on retrouvait sur son tombeau de nouvelles prophéties.

> Qu'on eût vu longtemps commander,
> Et dont le poil poudreux eût blanchi sous les armes [1].

Une description magnifique qu'on a faite autrefois de cette place nous donna la curiosité de l'aller voir. Nous grimpâmes plus d'une heure avant que d'arriver à l'extrémité de cette montagne, où l'on est bien surpris de ne voir qu'une méchante masure tremblante, prête à tomber au premier vent. Nous frappâmes à la porte, mais doucement, de peur de la jeter par terre ; après avoir heurté longtemps, sans entendre même un chien aboyer sur la tour,

> Des gens qui travaillaient là proche,
> Nous dirent : « Messieurs, là-dedans
> On n'entre plus depuis longtemps :
> Le gouverneur de cette roche,
> Retournant en cour par le coche,
> A, depuis environ quinze ans,
> Emporté la clef dans sa poche. »

La naïveté de ces bonnes gens nous fit bien rire, surtout quand ils nous firent remarquer un écriteau, que nous lûmes avec assez de peine, car le temps l'avait presque effacé :

> « Portion du gouvernement
> « A louer tout présentement. »

Plus bas, en petits caractères :

> « Il faut s'adresser à Paris,
> « Ou chez Conrart le secrétaire,
> « Ou chez Courbé, l'homme d'affaire
> « De tous messieurs les beaux esprits [2]. »

---

[1]. Ce qui précède est une raillerie à l'adresse de Scudéry, qui, sans être homme de guerre, avait été nommé gouverneur du fort de Notre-Dame de la Garde, dont il avait fait, selon sa coutume, une description très pompeuse.

[2]. Conrart, secrétaire de l'Académie ; Courbé, libraire fameux. Dire que

Croyant, après cela, n'avoir plus rien de rare à voir en ce pays, nous le quittâmes sur-le-champ, et même avec empressement, pour aller goûter des muscats à la Ciotat. Nous n'y arrivâmes pourtant que fort tard, parce que les chemins sont rudes, et que, passant par Cassis, il est bien difficile de ne s'y pas arrêter à boire. Vous n'êtes pas assurément curieux de savoir de la Ciotat

> Que les marchands et les nochers
> La rendent fort considérable :
> Mais pour le muscat adorable
> Qu'un soleil proche et favorable
> Confit dans ses brûlants rochers,
> Vous en aurez, frères très chers,
> Et du meilleur, sur votre table.

Les grandes affaires que nous avions en ce lieu furent achevées aussitôt que nous eûmes acheté le meilleur vin : aussi, le lendemain vers midi, nous nous acheminâmes vers Toulon. Cette ville est dans une situation admirable, exposée au midi, et couverte du septentrion par des montagnes élevées jusqu'aux nues, qui rendent son port le plus grand et le plus sûr qui soit au monde. Nous y trouvâmes M. le chevalier Paul[1], qui, par sa charge, son mérite et par sa dépense, est le premier et le plus considérable du pays.

c'est à eux qu'il faut s'adresser pour louer la portion du fort qui appartient au gouvernement, c'est insinuer, par continuation de la plaisanterie précédente, que ce poste de gouverneur est à la discrétion de « messieurs les beaux esprits ».

[1]. Le chevalier Paul, fils d'une très pauvre femme, dont il naquit en pleine mer, au fort d'une tempête, ne dut qu'à lui-même son avancement, dans un temps où les grades élevés n'étaient guère conférés aux enfants de la classe populaire. Engagé comme simple mousse sur un vaisseau marchand, il mérita, par son audace et son habileté dans la guerre navale, le titre de chevalier servant, puis celui de chevalier de justice dans l'ordre de Malte : enfin il fut nommé lieutenant général des armées navales de France et vice-amiral des mers du Levant.

> C'est ce Paul dont l'expérience
> Gourmande la mer et le vent,
> Dont le bonheur et la vaillance
> Rendent formidable la France
> A tous les peuples du Levant.

Ces vers sont aussi magnifiques que sa mine ; mais, en vérité, quoiqu'elle ait quelque chose de sombre, il ne laisse pas d'être commode, doux et tout à fait honnête. Il nous régala dans sa cassine[1], propre et si bien entendue qu'elle semble un petit palais enchanté. Nous n'avions trouvé jusque-là que des oliviers de médiocre grandeur, et dans des jardins : l'envie d'en voir de gros comme des chênes, et dans le milieu des campagnes, nous fit aller jusques à Hières. Que ce lieu nous plut! qu'il est charmant! et quel séjour serait-ce que Paris sous un si beau climat!

> Que c'est avec plaisir qu'aux mois
> Si fâcheux en France, et si froids,
> On est contraint de chercher l'ombre
> Des orangers, qu'en mille endroits
> On y voit, sans rang et sans nombre,
> Former des forêts et des bois !
> Là, jamais les plus grands hivers
> N'ont pu leur déclarer la guerre :
> Cet heureux coin de l'univers
> Les a toujours beaux, toujours verts,
> Toujours fleuris en pleine terre.

Qu'ils nous ont donné de mépris pour les nôtres, dont les plus conservés et les mieux gardés ne doivent pas être, en comparaison, appelés des orangers :

> Car ces petits nains contrefaits,
> Toujours tapis entre deux ais,
> Et contraints sous des casemates,

---

1. Diminutif de *casa*, mot italien qui signifie maison ; *cassine* se dit dans le Midi d'une petite maison de plaisance.

> Ne sont, à bien parler, que vrais
> Et misérables culs-de-jattes.

Nous ne pouvions terminer notre voyage par un lieu qui nous laissât une idée plus agréable : aussi, dès le moment, ne songeâmes-nous plus qu'à retourner à Paris. Notre dévotion nous fit pourtant détourner un peu, pour aller à la Sainte-Beaume [1]. C'est un lieu presque inaccessible, et qu'on ne peut voir sans effroi : c'est un antre dans le milieu d'un rocher escarpé de plus de quatre-vingts toises de haut, fait assurément par miracle ; car il est bien aisé de voir que les hommes

> N'y peuvent avoir travaillé ;
> Et l'on croit, avec apparence,
> Que les saints esprits ont taillé
> Ce roc, qu'avec tant de constance
> La sainte a si longtemps mouillé
> Des larmes de sa pénitence ;
> Mais si d'une adresse admirable
> L'ange a taillé ce roc divin,
> Le démon, cauteleux et fin,
> En a fait l'abord effroyable,
> Sachant bien que le pèlerin
> Se donnerait cent fois au diable,
> Et se damnerait en chemin.

Nous y montâmes cependant, avec bien de la peine, par une horrible pluie, et, par la grâce de Dieu, sans murmurer un seul mot ; mais nous n'y fûmes pas plus tôt arrivés, qu'il nous prit une extrême impatience d'en sortir, sans savoir pourquoi. Nous examinâmes donc assez brusquement la bizarrerie de cette demeure, et nous nous instruisîmes, en un moment, des religieux, de leur ordre, de leurs coutumes et de leur ma-

---

[1]. Grotte où la légende veut que se soit retirée, pour y pleurer ses erreurs, la Magdeleine repentante, après que Jésus-Christ lui eut fait entendre des paroles de miséricorde.

nière de traiter les passants ; car ce sont eux qui les reçoivent, et qui tiennent hôtellerie.

> L'on n'y mange jamais de chair,
> L'on n'y donne que du pain d'orge
> Et des œufs, qu'on y vend bien cher.
> Les moines hideux ont de l'air
> Des gens qui sortent d'une forge :
> Enfin, ce lieu semble un enfer,
> Ou, pour le moins, un coupe-gorge ;
> L'on ne peut être sans horreur
> Dedans cette horrible demeure,
> Et la faim, la soif et la peur
> Nous en firent sortir sur l'heure.

Bien qu'il fût presque nuit, et qu'il fît le plus vilain temps du monde, nous aimâmes mieux hasarder de nous perdre dans les montagnes que de demeurer à la Sainte-Beaume. Les reliques qui sont à Saint-Maximin[1] nous portèrent bonheur, et nous y firent arriver avec l'aide d'un guide, sans nous y être égarés, mais non pas sans y être mouillés. Aussi, le lendemain, la matinée s'étant passée tout entière en dévotion, c'est-à-dire à faire toucher des chapelets à quantité de corps saints et à mettre d'assez grosses pièces à tous les troncs, nous allâmes nous enivrer d'excellente blanquette de Négreaux, et de là coucher à Aix. C'est une capitale[2] sans rivière, et dont tous les dehors sont fort désagréables; mais, en récompense, belle et assez bien bâtie, et de bonne chère. Orgon fut ensuite notre couchée, lieu célèbre pour ses bons vins ; et le jour d'après, Avignon nous fit admirer la beauté de ses murailles. Madame de Castellane y était, à qui nous rendîmes visite aussitôt, le même jour, qui fut le

---

1. Petite ville à huit lieues d'Aix.
2. Capitale de la Provence.

jour des Morts. Nous la trouvâmes chez elle en bonne compagnie; elle n'était pas, comme les autres veuves, dans les églises, à prier Dieu :

> Car, bien qu'elle ait l'âme assez tendre
> Pour tout ce qu'elle aurait chéri,
> On aurait peine à la surprendre
> Sur le tombeau de son mari [1].

Avignon nous avait paru si beau, que nous voulûmes y demeurer deux jours pour l'examiner plus à loisir....

... Notre lettre finira par un bel endroit, quoiqu'elle soit écrite de Lyon. Ce n'est pas que nous n'ayons encore à vous mander des beautés du pont Saint-Esprit, des bons vins de Condrieux et de Côte-Rôtie [2]; mais, en vérité, nous sommes si las d'écrire, que la plume nous tombe des mains, outre que nous voulons avoir de quoi vous entretenir lorsque nous aurons le plaisir de vous revoir. Cependant

> Si nous allions tout vous déduire,
> Nous n'aurions plus rien à vous dire ;
> Et vous saurez qu'il est plus doux
> De causer, buvant avec vous,
> Qu'en voyageant de vous écrire.
> Adieu, les deux frères nourris
> Aussi bien que gens de la ville,
> Que nous aimons plus que dix mille
> Des plus aimables de Paris.

---

1. Certain commentateur a pensé qu'il s'agit ici d'Anne-Elisabeth de Bossan, qui, à la cour de Louis XIV, avait été surnommée la *Belle Provençale*, et fut mariée, avant d'avoir quatorze ans, au marquis de Castellane, qui bientôt périt dans un naufrage sur les côtes de Sicile. En 1658, elle se remaria et devint marquise de Ganges, nom sous lequel elle est restée célèbre, pour sa fin tragique, qui donna lieu à l'un des plus scandaleux procès du xviie siècle.
2. La Côte-Rôtie, célèbre vignoble dépendant du village d'Ampuis.

ADRESSE

A Messieurs les aînés Broussins,
Chacun enseignera la rue :
Car leur demeure est plus connue
Au Marais que les Capucins.

J. DE LA FONTAINE

(1621-1695)

La subite disgrâce du fameux surintendant Fouquet est un des événements les plus connus du règne de Louis XIV. « Ce surintendant des finances, encore plus célèbre par sa chute que par ses succès, dit Walckenaer [1], avait profité des désordres des temps pour accumuler d'immenses richesses. Il mettait à en jouir le même empressement que pour les acquérir. Doué d'une grande capacité pour les affaires, d'une prodigieuse facilité pour la rédaction, d'un esprit très orné, prompt, adroit, fertile en expédients, mais né avec un caractère ardent et présomptueux, vain et avide de louanges, ne connaissant pour ses desseins d'autre puissance que celle de l'or, éclipsant par son luxe le souverain même, ce qui fut d'ailleurs la cause principale de sa perte, il savait distinguer et encourager par des largesses les gens de lettres et les artistes qui naissaient alors à la gloire. L'homme le plus éloquent de ce temps, Pélisson, était son premier commis. Le Nôtre dessinait ses jardins ; il commandait à Le Brun des tableaux pour ses palais, à Molière des pièces pour ses fêtes... »

J. de La Fontaine, marié de très bonne heure, exerçait tant bien que mal à Château-Thierry, son pays natal, la charge de maître des eaux et forêts. Il avait atteint sa trente-troisième année sans que son génie poétique se fût révélé autrement que par une assez insignifiante traduction de

---

1. Walckenaer, *Histoire de la vie et des ouvrages de J. de la Fontaine*. — Nous marquons de l'initiale W. les notes que nous empruntons à ce commentateur du poète.

Térence, lorsqu'il fut emmené à Paris par un oncle de sa femme, nommé Jannart, ami et substitut du surintendant Fouquet dans sa qualité de procureur général au Parlement.

« La Fontaine plut à Fouquet, qui le prit pour son poète, se l'attacha et lui fit une pension, à condition qu'il en acquitterait chaque quartier par une pièce de vers; condition qui fut exactement remplie. La Fontaine, savourant avec délices la tranquillité qu'il devait au surintendant, fut tout à lui : sa reconnaissance en fit un héros. Il l'aima véritablement dans sa prospérité, mais il l'aima plus encore dans son malheur. »

On sait que le surintendant fut arrêté presque au lendemain d'une fête magnifique donnée par lui au roi dans le château de Vaux; puis, après une interminable instruction du procès, jugé et condamné au bannissement perpétuel, peine que Louis XIV trouva trop douce et aggrava en faisant conduire Fouquet dans la forteresse de Pignerol, où il devait rester jusqu'à sa mort.

Les courtisans que Fouquet avait enrichis l'abandonnèrent dans son malheur, les gens de lettres qu'il avait aidés à vivre le défendirent tous. Pélisson se couvrit de gloire par son héroïque dévouement. De la Bastille, où on l'avait renfermé, oubliant le soin de sa propre sûreté, il sut faire répandre pour la défense de Fouquet des plaidoyers dont Voltaire compare l'éloquence à celle de Cicéron. Mais personne ne contribua plus que La Fontaine à intéresser le public en faveur de Fouquet. Dès qu'il eut fait paraître son *Élégie aux nymphes de Vaux*[1], toute l'animosité qui existait contre le surintendant se calma. On imprima cette pièce dans tous les recueils du temps, et les amateurs de poésie la récitaient tout entière. La Fontaine se glorifiait avec raison de ce succès; mais ce n'était pas un poète dont l'amour-propre jouissait d'une vaine renommée, c'était un ami dont le cœur était satisfait d'avoir fait quelque chose d'utile pour un ami dans l'infortune.

Après le jugement de Fouquet, Jannart, qui avait été son

---

1. Cette pièce est presque toujours imprimée à la suite des *Fables*.

intime et son substitut, fut exilé à Limoges. La Fontaine, par ordre royal, le suivit dans son exil.

C'est au cours de ce voyage, et pendant son séjour en Limousin, que La Fontaine écrivit à sa femme les lettres qu'on va lire.

RELATION
D'UN VOYAGE DE PARIS EN LIMOUSIN
PAR
J DE LA FONTAINE

Première lettre à Mme de La Fontaine.

A Clamart, ce 25 août 1663.

Vous n'avez jamais voulu, Madame, lire d'autres voyages que ceux des chevaliers de la Table Ronde ; mais le nôtre mérite bien que vous le lisiez. Il s'y rencontrera pourtant des matières peu convenables à votre goût ; c'est à moi de les assaisonner, si je puis, en telle sorte qu'elles vous plaisent, et c'est à vous de louer en cela mon intention, quand elle ne serait pas suivie du succès : il pourra même arriver, si vous goûtez ce rien, que vous en goûterez après de plus sérieux. Vous ne jouez, ni ne travaillez, ni ne vous souciez du ménage ; et, hors le temps que vos bonnes amies vous donnent par charité, il n'y a que les romans qui vous divertissent. C'est un fonds bientôt épuisé : vous avez lu tant de fois les vieux que vous les savez : il s'en fait peu de nouveaux ; et, parmi ce peu, tous ne sont pas bons : ainsi vous demeurez souvent à sec. Considérez, je vous prie, l'utilité que ce vous serait, si, en badinant, je vous avais accoutumée à l'histoire, soit des lieux, soit des personnes : vous auriez de quoi vous désennuyer toute vôtre vie, pourvu que ce soit sans intention de rien retenir, moins encore de rien citer. Ce n'est pas une belle qualité pour une femme d'être savante, et c'en est une très mauvaise d'affecter de paraître telle [1].

Nous partîmes donc de Paris, le 23 du courant, après que M. Jannart eut reçu les condoléances d'une quantité de personnes de condition, et de ses amis. M. le Lieutenant criminel en usa généreusement, libéralement, royalement; il ouvrit sa bourse, et nous dit que nous n'avions qu'à puiser. Le reste du voisinage fit des merveilles. Quand il eût été question de transférer le quai des Orfèvres, la cour du Palais et le Palais même à Limoges, la chose ne se serait pas autrement passée. Enfin, ce n'était que processions de gens abattus et tombés des nues : avec tout cela, je ne pleurai point; ce qui me fait croire que j'acquerrai une grande réputation de constance dans cette affaire. La fantaisie de voyager m'était entrée quelque temps auparavant dans l'esprit, comme si j'eusse eu des pressentiments de l'ordre du roi. Il y avait plus de quinze jours que je ne parlais d'autre chose que d'aller tantôt à Saint-Cloud, tantôt à Charonne; et j'étais honteux d'avoir tant vécu sans rien voir : cela ne me sera plus reproché, grâce à Dieu. Quoi qu'il en soit, j'ai tout à fait bonne opinion de notre voyage; nous avons déjà fait trois lieues [2] sans aucun mauvais accident, sinon que l'épée

---

1. Le ton de ce préambule semble assez étrange; si le mari dit vrai, on doit y prendre une idée fort peu avantageuse des goûts et des qualités de Mᵐᵉ de La Fontaine; on sait, d'ailleurs, que le ménage du fabuliste ne se fit pas essentiellement remarquer par la compatibilité des caractères.

2. Clamart, où le voyageur s'arrête le premier jour, n'est pas à trois lieues de Paris, mais, avec un distrait tel que le narrateur, il faut s'attendre à toutes les inexactitudes.

de M. Jannart s'est rompue; mais, comme nous sommes gens à profiter de nos malheurs, nous avons trouvé qu'aussi bien elle était trop longue et l'embarrassait.

Présentement nous sommes à Clamart, au-dessous de cette fameuse montagne où est situé Meudon; là nous devons nous rafraîchir deux ou trois jours. En vérité, c'est un plaisir que de voyager; on rencontre toujours quelque chose de remarquable. Vous ne sauriez croire combien est excellent le beurre que nous mangeons; je me suis souhaité vingt fois de pareilles vaches, un pareil herbage, des eaux pareilles et ce qui s'ensuit, hormis la batteuse, qui est un peu vieille. Le jardin de Mad. C... mérite aussi d'avoir place dans cette histoire. Il a beaucoup d'endroits fort champêtres, ce que j'aime sur toutes choses. Ou vous l'avez vu, ou vous ne l'avez pas vu; si vous l'avez vu, souvenez-vous de ces deux terrasses que le parterre a en face et à la main gauche, et des rangs de chênes et de châtaigniers qui les bordent : je me trompe si cela n'est beau. Souvenez-vous aussi de ce bois qui paraît en enfoncement, avec la noirceur d'une forêt âgée de dix siècles; mais toujours peuvent-ils passer pour les plus anciens du village, et je ne crois pas qu'il y en ait de plus vénérables sur la terre. Ces deux allées qui sont à droite et à gauche, me plaisent encore : elles ont cela de particulier, que ce qui les borne est ce qui les fait paraître plus belles. Celle de la droite a tout à fait la mine d'un jeu de paume; elle est à présent bordée d'un amphithéâtre de gazon, et a le fond relevé de huit ou dix marches. Il y a de l'apparence que c'est l'endroit où les divinités du lieu reçoivent l'hommage qui leur est dû.

Si le Dieu Pan, ou le Faune,
Prince des bois, ce dit-on,

Se fait jamais faire un trône,
C'en sera là le patron.

Deux châtaigniers, dont l'ombrage
Est majestueux et frais,
Le couvrent de leur feuillage,
Ainsi que d'un riche dais.

Je ne vois rien qui l'égale,
Ni qui me charme à mon gré,
Comme un gazon qui s'étale
Le long de chaque degré.

J'aime cent fois mieux cette herbe
Que les précieux tapis
Sur qui l'Orient superbe
Voit les empereurs assis.

Beautés simples et divines !
Vous contentiez nos aïeux,
Avant qu'on tirât des mines
Ce qui nous frappe les yeux.

De quoi sert tant de dépense ?
Les Grands ont beau s'en vanter :
Vive la magnificence
Qui ne coûte qu'à planter !

Nonobstant ces moralités, j'ai conseillé à Mad. C. de faire bâtir une maison proportionnée, en quelque manière, à la beauté de son jardin, et de se ruiner pour cela. Nous partirons de chez elle demain, 26, et nous irons prendre au Bourg-la-Reine la commodité du carrosse de Poitiers, qui y passe tous les dimanches. Là se doit trouver un valet de pied du roi [1], qui a ordre de nous accompagner jusqu'à Limoges. Je vous écrirai ce qui nous arrivera en chemin et ce qui me semblera digne d'être observé.

1. Un M. de Châteauneuf, dont il sera souvent question dans la suite.

Seconde lettre.

Les occupations que nous eûmes à Clamart, votre oncle et moi, furent différentes. Il ne fit aucune chose digne de mémoire : il s'amusa à des expéditions, à des procès, à d'autres affaires. Il n'en fut pas ainsi de moi ; je me promenai, je dormis, et je passai le temps avec les dames qui nous vinrent voir. Le dimanche étant arrivé, nous partîmes de grand matin ; M. C. et notre tante nous accompagnèrent jusqu'au Bourg-la-Reine. Nous y attendîmes près de trois heures ; et pour nous désennuyer, ou pour nous ennuyer encore davantage (je ne sais pas bien lequel je dois dire), nous ouîmes une messe paroissiale. La procession, l'eau bénite et le prône, rien n'y manquait ; de bonne fortune pour nous, le curé était ignorant et ne prêcha point. Dieu voulut enfin que le carrosse passât ; le valet de pied y était, point de moines, mais, en récompense, trois femmes, un marchand qui ne disait mot, et un notaire qui chantait toujours et qui chantait très mal ; il reportait en son pays quatre volumes de chansons [1]. Parmi les trois femmes, il y avait une Poitevine qui se qualifiait comtesse ; elle paraissait assez jeune et de taille raisonnable, témoignait avoir de l'esprit, déguisait son nom, et venait de plaider en séparation contre son mari, toutes qualités de bon augure ; et j'y eusse trouvé matière de cajolerie, si la beauté s'y fût rencontrée ; mais sans elle rien ne me touche ; c'est, à mon avis, le principal point. Je vous défie de me faire trouver un grain de sel dans une personne à qui elle manque. Telle était donc la

---

[1]. Dans le personnel de ce carosse nous avons un avant-goût de la fameuse description qui forme le début de la Fable *le Coche et la Mouche*.

compagnie que nous avons eue jusqu'au Port-de-Pilles. Il fallut à la fin que l'oncle et la tante se séparassent ; les derniers adieux furent tendres et l'eussent été beaucoup davantage, si le cocher nous eût donné le loisir de les achever. Comme il voulait regagner le temps qu'il avait perdu, il nous mena d'abord avec diligence.

On laisse, en sortant du Bourg-la-Reine, Sceaux à la droite, et, à quelques lieues de là, Chilly à la gauche, puis Montléry du même côté. Est-ce Montléry qu'il faut dire, ou Montlehéry? C'est Montlehéry quand le vers est trop court, et Montléry quant il est trop long [1]. Montléry donc, ou Montlehéry, comme vous voudrez, était jadis une forteresse que les Anglais, lorsqu'ils étaient maîtres de la France, avaient fait bâtir sur une colline assez élevée. Au pied de cette colline est un bourg qui en a gardé le nom. Pour la forteresse, elle est démolie, non point par les ans : ce qui en reste, qui est une tour fort haute, ne se dément point, bien qu'on en ait ruiné un côté ; il y a

---

1. En fait d'étymologie historique le poète ne jure que par la contexture des vers. « En réalité, dit M. Walckenaer, dans ses annotations sur les œuvres de notre auteur, l'usage a fait prévaloir *Montlhéri*, mais le véritable nom est *Montlehéri* de *Mons Letherici* qui est celui qu'on trouve dans les anciens titres. Ce nom vient de la situation élevée du lieu et d'un *Lethericus* ou Lederic qui, dit-on, y fit le premier construire un château ou qui, selon d'autres, fut forestier de la forêt charbonnière au vi[e] siècle. Mais cela est incertain ; ce qui ne l'est pas, c'est l'erreur de La Fontaine attribuant aux Anglais la construction de Montlhéri. Les anciens écrits qui font mention de la forteresse de Montlhéri en placent l'origine vers l'an 1015. A cette époque un Thibaud surnommé *Fils-Étoupes*, à cause de ses blonds cheveux, fit, dit-on, bâtir ce château. Les descendants de ce Thibaud, forestier du roi Robert, que les Montmorency reconnaissent pour ancêtre, inquiétèrent beaucoup Philippe Ier et Louis le Gros, au moyen de cette forteresse. Ce dernier s'en empara, la fit raser, et ne conserva que la tour, qui servit depuis de prison. Pendant les guerres civiles et autres, la situation de Montlhéri l'a souvent fait choisir comme poste militaire et l'a rendu le théâtre de plusieurs combats. »

encore une escalier qui subsiste, et deux chambres où l'on voit des peintures anglaises, ce qui fait foi de l'antiquité et de l'origine du lieu. Voilà ce que j'en ai appris de votre oncle, qui dit avoir entré dans les chambres. Pour moi, je n'en ai rien vu. Le cocher ne voulait arrêter qu'à Châtres [1], petite ville qui appartient à M. de Condé, l'un de nos grands maîtres. Nous y dînâmes; après le dîner, nous vîmes encore à droite et à gauche force châteaux : je n'en dirai mot, ce serait un œuvre infini. Seulement nous passâmes auprès du Plessis-Paté [2], et nous traversâmes ensuite la vallée de Caucatrix, après avoir monté celle de Tréfou; car, sans avoir étudié en philosophie, vous pouvez vous imaginer qu'il n'y a point de montagne sans vallée. Je ne songe pas à cette vallée de Tréfou [3] que je ne frémisse :

> C'est un passage dangereux,
> Un lieu, pour les voleurs, d'embûche et de retraite.
> A gauche un bois, une montagne à droite [4],
> Entre les deux,
> Un chemin creux.
> La montagne est toute pleine
> De rochers faits comme ceux
> De notre petit domaine.

Tout ce que nous étions d'hommes dans le carrosse, nous descendîmes pour soulager les chevaux. Tant

---

1. Aujourd'hui Arpajon.
2. Autre distraction du voyageur, qui brouillait fort la géographie de son voyage. Puisqu'il dîna à Châtres ou Arpajon, il avait déjà dépassé le Plessis-Paté, autrement dit le Plessis d'Argouges, qui est à près de deux lieues au nord-est d'Arpajon.   W.
3. Le vrai nom du lieu est *Torfou*.
4. Par droit de prononciation usuelle ou de licence poétique, les rimes de cette espèce étaient encore tolérées. Nous en trouvons des exemples dans les meilleurs écrivains du temps, et notamment dans les *Fables;* ainsi dans *la Goutte et l'Araignée,* liv. III, f. 8 :

> Voyez-vous ces cases *étroites*...
> Je me suis proposé d'en faire vos *retraites*...

que le chemin dura, je ne parlai d'autre chose que des commodités de la guerre : en effet, si elle produit des voleurs, elle les occupe, ce qui est un grand bien pour tout le monde [1], et particulièrement pour moi, qui crains naturellement de les rencontrer. On dit que ce bois que nous cotoyâmes en fourmille : cela n'est pas bien, il méritait qu'on le brûlât [2].

> République de loups, asile de brigands,
>   Faut-il que tu sois dans le monde ?
>   Tu favorises les méchants,
>   Par ton ombre épaisse et profonde.
>
> Ils égorgent celui que Thémis, ou le gain,
> Ou le désir de voir fait sortir de sa terre.
> En combien de façons, hélas ! le genre humain
>   Se fait à soi-même la guerre !
>
> Puisse le feu du ciel désoler ton enceinte !
> Jamais celui d'amour ne s'y fasse sentir,
>   Ni ne s'y laisse amortir !
> Qu'au lieu d'Amarillis, de Diane et d'Aminte,
> On n'y trouve chez toi que vilains bûcherons,
>   Charbonniers noirs comme démons,
>   Qui t'accommodent de manière
>   Que tu sois à tous les larrons
>   Ce qu'on appelle un cimetière !

---

[1]. Autrement dit, en temps de paix le pays est à la merci d'aventuriers qui en temps de guerre seraient enrôlés, et qui, la guerre finie, n'ont d'autres ressources que le brigandage.

[2]. Ce lieu était devenu célèbre par les meurtres et les vols que deux gardes-chasse de la maréchale de Bassompierre y avaient commis auparavant. Ces deux hommes avaient pratiqué sous une roche une sorte de cave qui leur servait de repaire. Là ils avaient des habits de différents ordres religieux et aussi des livrées les plus distinguées ; par ce moyen ils changeaient de forme et de figure à toutes les heures du jour ; et, à la faveur de ces déguisements répétés plusieurs fois, ils se répandaient le long du grand chemin et ne faisaient point de quartier à ceux qui tombaient entre leurs mains. Ils furent enfin découverts, arrêtés et condamnés à être rompus vifs : ce qui fut exécuté, dit-on, au bas de la vallée, où leurs corps restèrent longtemps exposés sur la roue.
W.

Notre première traite s'acheva plus tard que les autres ; il nous resta toutefois assez de jour pour remarquer, en entrant dans Étampes, quelques monuments de nos guerres : ce n'est pas les plus riches que j'aie vus ; j'y trouvai beaucoup de gothique : aussi est-ce l'ouvrage de Mars, méchant maçon s'il en fut jamais[1]

> Il nous laisse ces monuments
> Pour marque de nos mouvements :
> Quand Turenne assiégea Tavanne,
> Turenne fit ce que la cour lui dit :
> Tavanne, non ; car il se défendit,
> Et joua de la sarbacane.
> Beaucoup de sang français fut alors répandu ;
> On perd des deux côtés dans la guerre civile :
> Notre prince eût toujours perdu,
> Quand même il eût gagné la ville.

Enfin, nous regardâmes avec pitié les faubourgs d'Étampes. Imaginez-vous une suite de maisons sans toits, sans fenêtres, percées de tous côtés ; il n'y a rien de plus laid et de plus hideux. Cela me remet en mémoire les ruines de Troye la Grande. En vérité, la fortune se moque bien du travail des hommes ; j'en entretins le soir notre compagnie, et le lendemain nous traversâmes la Beauce, pays ennuyeux, et qui, outre l'inclination que j'ai à dormir, nous en fournissait un très beau sujet. Pour s'en empêcher, on mit une question de controverse sur le tapis ; notre comtesse en fut la cause ; elle est de la religion luthérienne, et

---

1. Pendant les troubles de la Fronde, l'armée des princes s'empara de la ville d'Étampes en 1652, malgré les habitants. Mais l'armée du roi assiégea aussitôt cette place. M. de Turenne et le maréchal Hocquincourt forcèrent d'abord les faubourgs, tuèrent plus de mille hommes des meilleures troupes de M. le Prince (le grand Condé) et firent beaucoup de prisonniers. On était au troisième jour du siège, lorsque l'arrivée du duc de Lorraine, qui parut aux environs de Paris à la tête de neuf mille hommes, fit renoncer à l'attaque. W.

nous montra un livre de Dumoulin [1]. M. de Châteauneuf (c'est le nom du valet de pied) l'entreprit, et lui dit que sa religion ne valait rien, pour bien des raisons. Enfin, il lui conseilla de se convertir, si elle ne voulait aller en enfer ; car le purgatoire n'était pas fait pour des gens comme elle. La Poitevine se mit aussitôt sur l'Écriture, et demanda un passage où il fût parlé du purgatoire. Pendant cela, le notaire chantait toujours ; M. Jannart et moi nous nous endormîmes. L'après-dînée, de crainte que M. de Châteauneuf ne nous remît sur la controverse, je demandai à notre comtesse inconnue s'il y avait de belles personnes à Poitiers. Elle nous en nomma quelques-unes, entre autres une fille appelée *Barigny*, de condition médiocre ; car son père n'était que tailleur ; mais, au reste, on ne pouvait dire assez de choses de la beauté de cette personne. C'était une clair-brune, de belle taille, de l'embonpoint et tout ce qu'il en fallait, tous les traits du visage bien faits, les yeux beaux ; si bien qu'à tout prendre, il y avait peu de chose à souhaiter. Enfin, non seulement les astres de la Province, mais ceux de la Cour lui devaient céder, jusque-là que dans un bal où était le Roi, dès que la Barigny fut entrée, elle effaça ce qu'il y avait de brillant ; les plus grands soleils ne parurent auprès que des étoiles simples. Outre cela, elle savait les romans, et ne manquait pas d'esprit. Autrefois un gentilhomme, appelé *Miravaux*, en avait été passionnément épris, et voulait l'épouser à toute force : les parents du gentilhomme s'y opposèrent ; ils n'y eussent pourtant rien gagné, si Cloton [2] ne se fût mise de la partie. Miravaux mourut à l'armée, où il commandait un régi-

---

1. Célèbre théologien et controversiste protestant.
2. La Parque, qui tranche les jours des humains.

ment. Les dernières actions de sa vie et ses derniers soupirs ne furent que pensers pour la demoiselle : il lui laissa douze mille écus par son testament, outre quantité de meubles et de nippes de conséquence, qu'il lui avait donnés auparavant. A la nouvelle de cette mort, Mlle Barigny dit les choses du monde les plus pitoyables, protesta qu'elle se laisserait mourir tôt ou tard, et, en attendant, recueillit le legs que lui avait fait le défunt. Procès pour cela au présidial de Poitiers, appel à la Cour : mais qui ne préférerait une belle à des héritiers? Les juges firent ce que j'aurais fait. Le cœur de la dame fut contesté avec plus de chaleur encore : ce fut un nommé Cartignon qui en hérita. Voilà l'histoire de la Barigny. Ces aventures nous divertirent de telle sorte, que nous entrâmes dans Orléans sans nous en être presque aperçus; il semblait même que le soleil se fût amusé à les entendre aussi bien que nous; car, quoique nous eussions fait vingt lieues, il n'était pas encore au bout de sa traite. Bien davantage, soit que la Barigny fût, cette soirée, à la promenade, soit qu'il dût se coucher au sein de quelque rivière charmante, comme la Loire, il s'était tellement paré, que M. de Châteauneuf et moi nous l'allâmes regarder de dessus le pont. Par ce même moyen, je vis la Pucelle [1]; mais, ma foi, ce fut sans plaisir. Je ne lui trouvai ni l'air, ni la taille, ni le visage d'une amazone. L'infante Gradafillée [2] en vaut dix comme elle, et

---

[1]. La statue de Jeanne d'Arc, dite la Pucelle d'Orléans. — Ce monument avait été élevé par la piété et la reconnaissance de Charles VII, en 1458; mais en 1567, pendant les troubles religieux, toutes les figures furent brisées, à l'exception de celle du roi. On les refondit en 1571. Ce monument, successivement enlevé, replacé et réparé à diverses époques, a été enfin détruit en 1793. Alors la figure de Jeanne d'Arc faite par le premier sculpteur ne s'y trouvait plus, et on en avait sculpté une autre. Mais il n'est pas même probable que la figure primitive fût celle de l'héroïne, dont aucun portrait authentique n'a été conservé. W.

[2]. L'infante Gradafillée est un des personnages du célèbre roman

si ce n'était que M. Chapelain est son chroniqueur [1], je ne sais si j'en ferais mention. Je la regardai, pour l'amour de lui, plus longtemps que je n'aurais fait. Elle est à genoux devant une croix, et le roi Charles, en même posture, vis-à-vis d'elle ; le tout fort chétif et de petite apparence : c'est un monument qui se sent de la pauvreté de son siècle. Le pont d'Orléans ne me parut pas non plus d'une largeur ni d'une majesté proportionnées à la noblesse de son emploi, et à la place qu'il occupe dans l'univers.

> Ce n'est pas petite gloire
> Que d'être pont sur la Loire :
> On voit à ses pieds rouler
> La plus belle des rivières
> Que de ses vastes carrières
> Phébus regarde couler.

Elle est près de trois fois aussi large à Orléans que la Seine l'est à Paris ; l'horizon très beau de tous les côtés, et borné comme il doit être ; si bien que, cette rivière étant basse à proportion, ses eaux sont claires, son cours sans replis : on dirait que c'est un canal. De chaque côté du pont, on voit continuellement des barques qui vont à voiles : les unes montent, les autres descendent ; et comme le bord n'est pas si grand qu'à Paris, rien n'empêche qu'on les distingue toutes. On

---

d'*Amadis de Gaule* (Voy. livres VI, VII et VIII), fille du roi de l'île géante, « damoiselle si excellente en beauté qu'il n'y avait femme en toutes les îles prochaines digne de s'égaler à elle ». Lisuart, prince de Grèce, ayant été fait prisonnier en attaquant Trébizonde, Gradafilée, qui s'était éprise de lui, le fit évader en lui portant des habits de femme dans sa prison. (*Note communiquée par M. Pauly, conservateur de la Bibliothèque nationale.*) — En nommant la belle princesse, La Fontaine sait bien qu'il va présenter à son épouse une personne de connaissance.

1. Trait malicieux à l'adresse du poète qui, pour célébrer les mérites de Jeanne d'Arc, fit, comme dit Boileau :

> De méchants vers douze fois douze cents.

les compte, on remarque en quelle distance elles sont les unes des autres; c'est ce qui fait une de ses beautés : en effet, ce serait dommage qu'une eau si pure fût entièrement couverte par des bateaux. Les voiles de ceux-ci sont fort amples; cela leur donne une majesté de navires, et je m'imagine voir le port de Constantinople en petit. D'ailleurs, Orléans, à le regarder du côté de la Sologne, est d'un bel aspect. Comme la ville va en montant, on la découvre quasi tout entière : le mail et les autres arbres, qu'on a plantés en beaucoup d'endroits, le long du rempart, font qu'elle paraît à demi fermée de murailles vertes; et, à mon avis, cela lui sied bien. De la particulariser en dedans, je vous ennuierais : c'en est déjà trop pour vous de cette matière. Vous saurez cependant que le quartier par où nous descendîmes au pont est fort laid; le reste est assez beau : des rues spacieuses, nettes, agréables et qui sentent leur bonne ville. Je n'eus pas assez de temps pour voir le rempart; mais je m'en suis laissé dire beaucoup de bien, ainsi que de l'église de Sainte-Croix[1]. Enfin, notre compagnie, qui s'était dispersée de tous les côtés, revint satisfaite. L'un parla d'une chose, l'autre d'une autre. L'heure du souper venue, chevaliers et dames se furent seoir à leurs tables, assez mal servies, puis se mirent au lit incontinent, comme on peut penser; et sur ce, le chroniqueur fait fin au présent chapitre.

A Amboise, ce 30 août 1663.

---

[1]. La cathédrale, rebâtie par Henri IV, qui en posa la première pierre le 18 avril 1601. Le clocher ne fut terminé que vers l'époque où La Fontaine écrivait cette lettre.

W.

Troisième lettre.

A Richelieu, ce 3 septembre 1663.

Autant que la Beauce m'avait semblé ennuyeuse, autant le pays qui est depuis Orléans jusqu'à Amboise, me parut agréable et divertissant. Nous eûmes au commencement la Sologne, province beaucoup moins fertile que le Vendômois, lequel est de l'autre côté de la rivière : aussi a-t-on un niais du pays pour très peu de chose ; car ceux-là ne sont pas fols comme ceux de la Champagne ou de Picardie [1]. Je crois que les niaises coûtent davantage. Le premier lieu où nous nous arrêtâmes fut Cléri. J'allai aussitôt visiter l'église : c'est une collégiale assez bien rentée pour un bourg, non que les chanoines en demeurent d'accord ou que je leur aie ouï dire. Louis XI y est enterré : on le voit à genoux sur son tombeau, quatre enfants aux coins ; ce seraient quatre anges, et ce pourrait être quatre amours, si on ne leur avait pas arraché les ailes. Le bon apôtre de roi fait là le saint homme, et est bien mieux pris que quand le Bourguignon le mena à Liège.

> Je lui trouvai la mine d'un matois :
> Aussi l'était ce prince, dont la vie
> Doit rarement servir d'exemple aux rois,
> Et pourrait être, en quelque point, suivie.

A ses genoux sont ses heures et son chapelet, et autres menus ustensiles, sa main de justice, son sceptre,

---

[1]. La Fontaine fait ici allusion au proverbe relatif aux habitants de Sologne, qui passent pour avoir d'autant plus d'intelligence qu'ils en laissent moins paraître. *Niais de Sologne, qui ne se trompe qu'à son profit.*
W.

son chapeau et sa Notre-Dame ; je ne sais comment le statuaire n'y a pas mis le prévôt Tristan [1] : le tout est en marbre blanc et m'a semblé d'assez bonne main. Au sortir de cette église, je pris une autre hôtellerie pour la nôtre, il s'en fallut peu que je n'y commandasse à dîner, et, m'étant allé promener dans le jardin, je m'attachai tellement à la lecture de Tite-Live, qu'il se passa plus d'une bonne heure sans que je fisse réflexion sur mon appétit [2] : un valet de ce logis m'ayant averti de cette méprise, je courus au lieu où nous étions descendus ; et j'arrivai assez à temps pour compter.

De Cléri à Saint-Dié, qui est le gîte ordinaire, il n'y que quatre lieues, chemin agréable et bordé de haies ; ce qui me fit faire une partie de la traite à pied. Il ne m'arriva aucune aventure digne d'être écrite, sinon que je rencontrai, ce me semble, deux ou trois gueux et quelques pèlerins de Saint-Jacques. Comme Saint-Dié n'est qu'un bourg et que les hôtelleries y sont mal meublées, notre comtesse n'étant pas satisfaite de sa chambre, M. de Châteauneuf voulant toujours que votre oncle fût le mieux logé, la comtesse se plaignit fort des puces le lendemain : je ne sais si ce fut cela qui éveilla le cocher : je veux dire les puces du cocher, et non celles de la comtesse ; tant il y a qu'il nous fit partir de si grand matin, qu'il n'était quasi que huit heures quand nous nous trouvâmes vis-à-vis de Blois, rien que la Loire entre deux. Blois est en pente comme Orléans, mais plus petit et plus ramassé ; les toits des maisons y sont disposés, en beaucoup d'endroits, de

1. On sait que ce profond politique avait une dévotion toute particulière à une petite image de plomb représentant la Vierge, qu'il portait à son chapeau, et qu'il invoquait même pour le succès des moins avouables desseins. Le prévôt Tristan, qu'il appelait son compère, était l'exécuteur de ses ordres les plus terribles.

2. Les distractions et oublis de ce genre ne sont pas rares dans la vie du fabuliste.

telle manière qu'ils ressemblent aux degrés d'un amphithéâtre : cela me parut très beau, et je crois que difficilement on pourrait trouver un aspect plus riant et plus agréable. Le château est à un bout de la ville ; à l'autre bout, Sainte-Solemne ; cette église paraît fort grande et n'est cachée d'aucunes maisons ; enfin, elle répond tout à fait bien au logis du prince : chacun de ces bâtiments est situé sur une éminence dont la pente se vient joindre vers le milieu de la ville, de sorte qu'il s'en faut peu que la ville ne fasse un croissant, dont Sainte-Solemne et le château font les cornes. Je ne me suis pas informé des mœurs anciennes. Quant à présent, la façon de vivre y est fort polie, soit que cela ait été ainsi de tout temps et que le climat et la beauté du pays y contribuent, soit que le séjour de Monsieur[1] ait amené cette politesse, ou le nombre de jolies femmes. Je m'en fis nommer quelques-unes, à mon ordinaire ; on me voulut, outre cela, montrer des bossus, chose assez commune dans Blois, à ce qu'on m'a dit, encore plus commune dans Orléans. Je crus que le Ciel, ami de ces peuples, leur envoyait de l'esprit par cette voie-là : car on dit que bossu n'en manqua jamais ; et cependant il y a de vieilles traditions qui en donnent une autre raison. La voici telle qu'on me l'a apprise : elle regarde aussi la constitution de la Beauce et du Limousin.

La Beauce avait jadis des monts en abondance,
    Comme le reste de la France :
    De quoi la ville d'Orléans,
Pleine de gens heureux, délicats, fainéants,
    Qui voulaient marcher à leur aise,

---

1. Gaston, duc d'Orléans. Après avoir presque sans cesse conspiré contre Louis XIII, son frère, ce prince prit une part active aux troubles de la Fronde pendant la minorité de Louis XIV, qui en rentrant dans sa capitale en 1652, après la retraite de la cour à Pontoise, fit donner à

Se plaignit et fit la mauvaise,
Et Messieurs les Orléanois
Dirent au sort, tous d'une voix,
Une fois, deux fois et trois fois,
Qu'il eût à leur ôter la peine
De monter, de descendre, et remonter encor.
« Quoi ! toujours mont, et jamais plaine !
Faites-nous avoir triple haleine,
Jambes de fer, naturel fort,
Ou nous donnez une campagne
Qui n'ait plus ni mont ni montagne.
— Oh! oh ! leur repartit le Sort,
Vous faites les mutins ! et dans toutes les Gaules
Je ne vois que vous seuls qui des monts vous plaigniez.
Puis donc qu'ils nuisent à vos pieds,
Vous les aurez sur vos epaules. »
Lors la Beauce de s'aplanir,
De s'égaler, de devenir
Un terroir uni comme glace ;
Et bossus de naître en la place,
Et monts de déloger des champs.
Tout ne put tenir sur les gens ;
Si bien que la troupe céleste,
Ne sachant que faire du reste,
S'en allait les placer dans le terroir voisin,
Lorsque Jupiter dit : « Épargnons la Touraine
Et le Blaisois ; car ce domaine
Doit être un jour à mon cousin [1] :
Mettons-les dans le Limousin. »

Ceux de Blois, comme voisins et bons amis de ceux d'Orléans, les ont soulagés d'une partie de leurs charges: les uns et les autres doivent encore avoir une génération de bossus, et puis c'en est fait. Vous aurez pour cette tradition telle croyance qu'il vous plaira : ce que je vous assure être fort vrai, c'est que M. de

---

son oncle l'ordre de quitter Paris. Gaston d'Orléans se retira dans son château de Blois, où il mourut en 1661, après avoir exclusivement consacré les dernières années de sa vie à des actes de dévotion.

1. Gaston d'Orléans, qui en sa qualité de prince royal est considéré comme de race divine.

Châteauneuf et moi nous déjeûnâmes très bien, et allâmes voir ensuite le logis du prince. Il a été bâti à plusieurs reprises, une partie sous François Ier, l'autre sous quelqu'un de ses devanciers. Il y a en face un corps de logis à la moderne, que feu Monsieur a fait commencer : toutes ces trois pièces ne font, Dieu merci, nulle symétrie, et n'ont rapport ni convenance l'une avec l'autre ; l'architecte a évité cela autant qu'il a pu. Ce qu'a fait faire François Ier, à le regarder du dehors, me contenta plus que tout le reste : il y a force petites galeries, petites fenêtres, petits balcons, petits ornements sans régularité et sans ordre ; cela fait quelque chose de grand qui plaît assez. Nous n'eûmes pas le loisir de voir le dedans : je n'en regrettai que la chambre où Monsieur est mort ; car je la considère comme une relique. En effet, il n'y a personne qui ne doive avoir une extrême vénération pour la mémoire de ce prince ; les peuples de ces contrées le pleurent avec raison. Jamais règne[1] ne fut plus doux, plus tranquille, plus heureux que n'a été le sien ; et, en vérité, de semblables princes devraient naître un peu plus souvent, ou ne point mourir. J'eusse aussi fort souhaité de voir son jardin de plantes, lequel on tenait, pendant sa vie, pour le plus parfait qui fût au monde : il ne plut pas à notre cocher, qui ne se soucia que de déjeûner largement, puis nous faire partir. Tant que la journée dura, nous eûmes beau temps, beau chemin, beau pays ; surtout la levée ne nous quitta point, ou nous ne quittâmes point la levée : l'un vaut l'autre. C'est une chaussée qui suit les bords de la Loire et retient cette rivière dans son lit : ouvrage qui a coûté bien du temps à faire, et qui en coûte encore beaucoup à entre-

---

1. Par *règne* il faut entendre le séjour du prince dans cette région, qui lui formait un apanage, et ou, d'après ce que dit ici La Fontaine, son autorité s'exerçait avec douceur.

tenir. Quant au pays, je ne vous en saurais dire assez de merveilles : point de ces montagnes pelées qui choquent tant notre cher M. de Maucroix[1]; mais, de part et d'autre, coteaux les plus agréablement vêtus qui soient dans le monde. Vous m'en entendrez parler plus d'une fois; mais, en attendant,

>   Que dirons-nous que fut la Loire
>   Avant que d'être ce qu'elle est ?
>   Car vous savez qu'en son histoire
>   Notre bon Ovide s'en tait ?
>   Fut-ce quelque aimable personne,
>   Quelque reine, quelque Amazone,
>   Quelque nymphe au cœur de rocher
>   Qu'aucun amant ne sut toucher ?
>   Ces origines sont communes ;
>   C'est pourquoi n'allons pas chercher
>   Les Jupiters et les Neptunes,
>   Ou les dieux Pans, qui poursuivaient
>   Toutes les belles qu'ils trouvaient.
>   Laissons là ces métamorphoses,
>   Et disons ici, s'il vous plaît,
>   Que la Loire était ce qu'elle est
>   Dès le commencement des choses.
>
>   La Loire est donc une rivière
>   Arrosant un pays favorisé des Cieux,
>   Douce quand il lui plaît, quand il lui plaît si fière
>   Qu'à peine arrête-t-on son cours impérieux.
>   Elle ravagerait mille moissons fertiles,
>   Engloutirait des bourgs, ferait flotter des villes,
>   Détruirait tout en une nuit ;
>   Il ne faudrait qu'une journée
>   Pour lui voir entraîner le fruit
>   De tout le labeur d'une année,
>   Si, le long de ses bords, n'était une levée
>   Qu'on entretient soigneusement.
>   Dès lors qu'un endroit se dément,
>   On le rétablit tout à l'heure ;

---

[1]. François de Maucroix, traducteur et poète, ami intime de La Fontaine (1619-1708.)

La moindre brèche n'y demeure
Sans qu'on y touche incessamment ;
Et pour cet entretènement,
Unique obstacle à tels ravages,
Chacun a son département,
Communautés, bourgs et villages.
Vous croyez bien qu'étant sur ces rivages,
Nos gens et moi nous ne manquâmes pas
De promener à l'entour notre vue.
J'y rencontrai de si charmants appas,
Que j'en ai l'âme encore émue.
Coteaux riants y sont des deux côtés ;
Coteaux non pas si voisins de la nue
Qu'en Limousin, mais coteaux enchantés ;
Belles maisons, beaux parcs et bien plantés,
Prés verdoyants, dont ce pays abonde,
Vignes et bois, tant de diversités,
Qu'on croit d'abord être en un autre monde...
Mais le plus bel objet, c'est la Loire, sans doute ;
On la voit rarement s'écarter de sa route,
Elle a peu de replis dans son cours mesuré :
Ce n'est pas un ruisseau qui serpente en un pré ;
C'est la fille d'Amphitrite,
C'est elle dont le mérite,
Le nom, la gloire et les bords
Sont dignes de ces provinces,
Qu'entre leurs plus grands trésors,
Ont toujours placés nos princes.
Elle répand son cristal,
Mais avec magnificence ;
Et le jardin de la France
Méritait un tel canal.

Je lui veux du mal en une chose, c'est que l'ayant vue, je m'imaginai qu'il n'y avait plus rien à voir ; il ne me resta ni curiosité ni désir. Richelieu [1] m'a bien fait changer de sentiment : c'est un admirable objet que ce Richelieu ; j'en ai daté ma lettre, parce que je l'y ai achevée. Voyez l'obligation que vous m'avez : il ne s'en

---

1. Domaine paternel du fameux cardinal ministre, qui, dit-on, y était né et qui s'était plu à en faire la plus magnifique résidence.

faut pas un quart d'heure qu'il ne soit minuit, et nous devons nous lever demain avant le soleil, bien qu'il ait promis, en se couchant, qu'il se lèverait de fort grand matin. J'emploie cependant les heures qui me sont les plus précieuses à vous faire des relations, moi qui suis enfant du sommeil et de la paresse. Qu'on me parle après cela des maris qui se sont sacrifiés pour leurs femmes : je prétends les surpasser tous, et vous ne sauriez vous acquitter envers moi, si vous ne me souhaitez d'aussi bonnes nuits que j'en aurai de mauvaises avant que notre voyage soit achevé.

Quatrième lettre.

A Châtellerault, ce 5 septembre 1665.

Nous arrivâmes à Amboise d'assez bonne heure, mais par un fort mauvais temps : je ne laissai pas d'employer le reste du jour à voir le château ; de vous en faire le plan, c'est à quoi je ne m'amuserai pas, et pour cause. Vous saurez, sans plus, que devers la ville il est situé sur un roc, et paraît extrêmement haut vers la campagne ; le terrain d'alentour est plus élevé. Dans l'enceinte il y a trois ou quatre choses fort remarquables ; la première est ce bois de cerf dont on parle tant, et dont on ne parle pas assez, selon mon avis : car soit qu'on le veuille faire passer pour naturel ou pour artificiel, j'y trouve un sujet d'étonnement presque égal. Ceux qui le trouvent artificiel tombent d'accord que c'est bois de cerf, mais de plusieurs pièces ; or, le moyen de les avoir jointes sans qu'il y paraisse de liaison ? De dire aussi qu'il soit naturel et que l'univers ait jamais produit un animal assez grand pour le porter, cela n'est guère croyable.

Il en sera toujours douté,
Quand bien ce cerf aurait été
Plus ancien qu'un patriarche.
Tel animal, en vérité,
N'eût jamais su tenir dans l'arche [1].

Ce que je remarquai encore de singulier, ce furent deux tours bâties en terre comme des puits ; on a fait dedans des escaliers en forme de rampes, par où l'on descend jusqu'au pied du château, si bien qu'elles touchent, ainsi que les chênes dont parle Virgile,

D'un bout au ciel, d'autre bout aux enfers.

Je les trouvai bien bâties, et leur structure me plut autant que le reste du château nous parut indigne de nous y arrêter. Il a toutefois été un temps qu'on le faisait servir de berceau à nos jeunes rois, et véritablement c'était un berceau d'une matière assez solide et qui n'était pas pour se renverser facilement. Ce qu'il y a de beau, c'est la vue ; elle est grande, majestueuse, d'une étendue immense, l'œil ne trouve rien qui l'arrête ; point d'objet qui ne l'occupe le plus agréablement du monde. On s'imagine découvrir Tours, quoiqu'il soit à quinze ou vingt lieues ; du reste, on a en aspect la côte la plus riante et la mieux diversifiée que j'aie encore vue, et aux pieds d'une prairie qu'arrose la Loire : car cette rivière passe à Amboise.

De tout cela le pauvre M. Fouquet [2] ne put jamais, pendant son séjour, jouir un petit moment ; on avait

---

1. On crut longtemps que ce bois de cerf était naturel, mais l'illusion qu'on s'était faite cessa lorsque Philippe, duc d'Anjou, passant à Amboise, en 1700 pour aller occuper le trône d'Espagne, eut examiné et fait examiner ce dont il était question. On reconnut alors que ce prétendu bois de cerf était fait de main d'homme, aussi bien qu'un os de col et quelques côtes du même animal que l'on montrait comme des prodiges.   W.

2. Enfermé pendant quelque temps au château d'Amboise.

bouché toutes les fenêtres de sa chambre, et on n'y avait laissé qu'un trou par le haut. Je demandai à la voir : triste plaisir, je vous le confesse, mais enfin je le demandai. Le soldat qui nous conduisait n'avait pas la clef; au défaut, je fus longtemps à considérer la porte, et me fis conter la manière dont le prisonnier était gardé : je vous en ferais volontiers la description, mais ce souvenir est trop affligeant.

>   Qu'est-il besoin que je retrace
>   Une garde au soin nonpareil,
>   Chambre murée, étroite place,
>   Quelque peu d'air pour toute grâce,
>   Jours sans soleil,
>   Nuits sans sommeil,
>   Trois portes en six pieds d'espace?
>   Vous peindre un tel appartement,
>   Ce serait attirer vos larmes :
>   Je l'ai fait insensiblement,
>   Cette plainte a pour moi des charmes.

Sans la nuit on n'eût jamais pu m'arracher de cet endroit; il fallut enfin retourner à l'hôtellerie; et le lendemain nous nous écartâmes de la Loire et la laissâmes à la droite : j'en suis très fâché, non pas que les rivières nous aient manqué dans notre voyage.

>   Depuis ce lieu jusques au Limousin,
>   Nous en avons passé quatre en chemin,
>   De fort bon compte, au moins qu'il m'en souvienne;
>   L'Indre, le Cher, et la Creuse et la Vienne [1] :
>   Ce ne sont pas simples ruisseaux.
>   Non, non, la carte nous les nomme;
>   Ceux qui sont péris sous leurs eaux
>   Ne l'ont pas été dire à Rome.

La première que nous rencontrâmes, ce fut l'Indre.

---

1. Les noms de rivières ne sont pas cités ici dans leur ordre naturel.

Après l'avoir passée, nous trouvâmes au bord trois hommes d'assez bonne mine, mais mal vêtus et fort délabrés. L'un de ces héros guzmanesques[1] avait fait une tresse de ses cheveux, laquelle lui pendait en derrière comme une queue de cheval. Non loin de là nous aperçûmes quelques Philis, je veux dire Philis d'Égypte, qui venaient vers nous dansant, folâtrant, montrant leurs épaules et traînant après elles des douégnas[2] détestables à proportion, et qui nous regardaient avec autant de mépris que si elles eussent été belles et jeunes. Je frémis d'horreur à ce spectacle, et j'en ai été plus de deux jours sans pouvoir manger. Deux femmes fort blanches marchaient ensuite; elles avaient le teint délicat, la taille bien faite, de la beauté médiocrement, et n'étaient anges, à bien parler, qu'en tant que les autres étaient de véritables démons. Nous saluâmes ces deux avec beaucoup de respect, tant à cause d'elles que de leurs jupes, qui véritablement étaient plus riches que ne semblait le promettre un tel équipage; le reste de leur habit consistait en une cape d'étoffe blanche, et sur la tête un petit chapeau à l'anglaise, de taffetas de couleur avec un galon d'argent. Elles ne nous rendirent notre salut qu'en faisant une légère inclination de la tête, marchant toujours avec une gravité de déesses, et ne daignant presque jeter les yeux sur nous, comme simples mortels que nous étions. D'autres douégnas les suivaient, non moins laides que les précédentes ; et la caravane était fermée par un cordelier. Le bagage marchait en queue, partie sur chariots, partie sur bêtes de somme, puis quatre carrosses vides et quelques valets à l'entour,

---

car les voyageurs durent trouver le Cher avant l'Indre. Pour être exact La Fontaine aurait dû dire : le Cher et l'Indre, et la Creuse et la Vienne.

1. Se donnant des airs de héros espagnol.
2. Vieilles femmes laides.

> Non sans écureuils et turquets [1],
> Ni, je pense, sans perroquets.

Le tout escorté par M. de la Fourcade, garde du corps. Je vous laisse à deviner quels gens c'étaient. Comme ils suivaient notre route et qu'ils débarquèrent à la même hôtellerie où notre cocher nous avait fait descendre, le scrupule nous prit, à Tours, de coucher en mêmes lits qu'eux et de boire en mêmes verres. Il n'y en avait point qui s'en tourmentât plus que la comtesse. Nous allâmes le jour suivant coucher à Montels [2], et dîner le lendemain au Port-de-Piles [3], où notre compagnie commença de se séparer. La comtesse envoya un laquais, non chez son mari, mais chez un de ses parents, porter les nouvelles de son arrivée et donner ordre qu'on lui amenât un carrosse avec quelque escorte. Pour moi, comme Richelieu n'était qu'à cinq lieues, je n'avais garde de manquer de l'aller voir : les Allemands se détournent bien pour cela de plusieurs journées. M. de Châteauneuf, qui connaissait le pays, s'offrit à m'accompagner ; je le pris au mot : et aussi votre oncle demeura seul et alla coucher à Châtellerault, où nous promîmes de nous rendre le lendemain de grand matin. Le Port-de-Piles est un lieu passant et où l'on trouve toutes sortes de commodités, même incommodes : il s'y rencontre de méchants chevaux,

> Encore mal ferrés, et plus mal embouchés,
> Et très mal enharnachés.

---

1. Petits chiens.
2. Il faut sans doute lire Mantelan, qui est entre Amboise et Port-de-Piles. — Aucun lieu de cette région ne se nomme Montels.   W.
3. Petit hameau au bord de la Creuse, à environ six lieues de Richelieu.   W.

Mais quoi, nous n'avions pas à choisir ; tels qu'ils étaient je les fis mettre en état,

Laisse le pire, et sur le meilleur monte.

Pour plus d'assurance, nous prîmes un guide, qu'il nous fallut mener en trousse l'un après l'autre afin de gagner du temps ; avec cela nous n'en eûmes que ce qu'il fallut pour voir les choses les plus remarquables. J'avais promis de sacrifier au Vent du midi une brebis noire, aux Zéphirs une brebis blanche, et à Jupiter le plus gras bœuf que je pourrais rencontrer dans le Limousin : ils nous furent tous favorables. Je crois toutefois qu'il suffira que je les paye en chansons, car les bœufs du Limousin sont trop chers, et il y en a qui se vendent cent écus dans le pays.

Étant arrivés à Richelieu, nous commençâmes par le château, dont je ne vous enverrai pourtant la description qu'au premier jour. Ce que je vous puis dire en gros de la ville, c'est qu'elle aura bientôt la gloire d'être le plus beau village de l'univers ; elle est désertée petit à petit à cause de l'infertilité du terroir, ou pour être à quatre lieues de toute rivière et de tout passage. En cela, son fondateur, qui prétendait en faire une ville de renom, a mal pris ses mesures : chose qui ne lui arrivait pas fort souvent. Je m'étonne, comme on dit qu'il pouvait tout, qu'il n'ait pas fait transporter la Loire aux pieds de cette nouvelle ville, ou qu'il n'y ait fait passer le grand chemin de Bordeaux. Au défaut, il devait choisir un autre endroit, et il en eut aussi la pensée ; mais l'envie de consacrer les marques de sa naissance l'obligea de faire bâtir autour de la chambre où il était né. Il avait de ces vanités que beaucoup de gens blâmeront, et qui sont pourtant communes à tous les héros, témoin celle-là d'Alexandre le Grand qui faisait laisser où il passait des mors et des brides plus grands qu'à l'ordinaire, afin que la postérité crût que lui et ses gens étaient d'autres hommes, puisqu'ils se servaient de si grands chevaux [1]. Peut-être aussi que l'ancien parc de Richelieu, et les bois de ses avenues, qui étaient beaux, semblèrent à leur maître dignes d'un château plus somptueux que celui de son patrimoine : et ce château attire à la ville, comme le principal fait l'accessoire.

> Enfin, elle est, à mon avis,
> Mal située, et bien bâtie ;
> On en a fait tous les logis
> D'une pareille symétrie.
>
> Ce sont des bâtiments fort hauts ;
> Leur aspect vous plairait sans faute :
> Les dedans ont quelques défauts ;
> Le plus grand, c'est qu'ils manquent d'hôte.
>
> La plupart sont inhabités,
> Je ne vis personne en la rue,
> Il m'en déplut ; j'aime aux cités
> Un peu de bruit et de cohue.
>
> J'ai dit la rue, et j'ai bien dit ;
> Car elle est seule et des plus droites :
> Que Dieu lui donne le crédit
> De se voir un jour des cadettes [2].
>
> Vous vous souviendrez bien et beau
> Qu'à chaque bout est une place
> Grande, carrée, et de niveau,
> Ce qui, sans doute, a bonne grâce.
>
> C'est aussi tout, mais c'est assez.
> De savoir si la ville est forte,

---

1. Ce fait est signalé par Quinte-Curce.
2. Rime justifiée par la prononciation du temps ; droites se prononçait *draites*.

Je m'en remets à ses fossés,
Murs, parapets, remparts et porte.

Au reste, je ne vous saurais mieux dépeindre tous ces logis de même parure que par la place Royale : les dedans sont beaucoup plus sombres, vous pouvez croire, et moins ajustés. J'oubliais à vous marquer que ce sont des gens de finance et du Conseil, secrétaires d'Etat et autres personnes attachées à ce cardinal qui ont fait faire ces bâtiments, pour la plupart par complaisance et pour lui faire leur cour. Les beaux esprits auraient suivi leurs exemples, si ce n'était qu'ils ne sont pas grands édificateurs, comme dit Voiture ; car, d'ailleurs, ils étaient tout pleins de zèle et d'affection pour ce grand ministre : voilà tout ce que j'avais à vous dire touchant la ville de Richelieu. Je remets la description du château à une autre fois, afin d'avoir plus souvent occasion de vous demander de vos nouvelles, et pour ménager un amusement qui vous doit faire passer notre exil avec moins d'ennui.

Cinquième lettre à la même.

SUITE DU MÊME VOYAGE

A Limoges, ce 12 septembre 1663.

Je vous promis par le dernier ordinaire la description du château de Richelieu, assez légèrement pour ne vous en point mentir, et sans considérer mon peu de mémoire, ni la peine que cette entreprise me devait donner : pour la peine, je n'en parle point : ce qui me retient, c'est le défaut de mémoire ; pouvant dire la plupart du temps que je n'ai rien vu de ce que j'ai vu, tant je sais bien oublier les choses. Avec cela, je crois qu'il est bon de ne point passer par-dessus cet endroit de mon voyage sans vous en faire la relation. Quelque mal que je m'en acquitte, il y aura toujours à profiter : et vous n'en vaudrez que mieux de savoir sinon toute l'histoire de Richelieu, au moins quelques singularités qui ne me sont point échappées, parce que je m'y suis particulièrement arrêté. Ce ne sont peut-être pas les plus remarquables ; mais que vous importe ? De l'humeur dont je vous connais, une galanterie sur ces matières vous plaira plus que tant d'observations savantes et curieuses. Ceux qui chercheront de ces observations savantes dans les lettres que je vous écris se tromperont fort. Vous savez mon ignorance en matière d'architecture, et je n'ai rien dit de Vaux[1] que sur des mémoires. Le même avantage me manque pour Richelieu : véritablement, au lieu de cela j'ai eu les avis de la concierge et ceux de M. de Châteauneuf: avec l'aide de Dieu et de ces personnes j'en sortirai; ne laissez pas de mettre la chose au pis, car il vaut mieux, ce me semble, être trompée de cette façon que de l'autre. En tous cas, vous aurez recours à ce que M. Desmarets a dit de cette maison; c'est un grand maître en fait de descriptions. Je me garderais bien de particulariser aucun des endroits où il a pris plaisir à s'étendre, si ce n'était que la manière dont je vous écris ces choses n'a rien de commun avec celle de ses *Promenades*[2].

Nous arrivâmes donc à Richelieu par une avenue qui borde un côté du parc. Selon la vérité, cette avenue

---

1. Dans les écrits qu'il a consacrés à décrire et louer les beautés du château et du parc de Vaux, propriété de Fouquet, où se donna la fameuse fête qui acheva d'indisposer Louis XIV contre lui.
2. La Fontaine fait ici mention d'un ouvrage intitulé *Promenades de Richelieu ou les Vertus chrétiennes*, publié en 1653 par J. Desmarets. Ce sont huit sermons en vers, dans lesquels l'auteur a introduit une description du château de Richelieu.

peut avoir une demi-lieue ; mais, à compter selon l'impatience où j'étais, nous trouvâmes qu'elle avait une bonne lieue tout au moins. Jamais préambule ne s'est rencontré si mal à propos et ne m'a semblé si long. Enfin on se trouve en une place fort spacieuse : je ne me souviens pas bien de quelle figure elle est : demi-ronde ou demi-ovale, cela ne fait rien à l'histoire, et pourvu que vous soyez avertie que c'est la principale entrée de cette maison, il suffit. Je ne me souviens pas non plus en quoi consistent la basse-cour, l'avant-cour, les arrière-cours, ni du nombre des pavillons et corps de logis du château, moins encore de leur structure. Ce détail m'est échappé ; de quoi vous êtes femme encore une fois à ne pas vous soucier bien fort : c'est assez que le tout est d'une beauté, d'une magnificence, d'une grandeur, dignes de celui qui l'a fait bâtir. Les fossés sont larges et d'une eau très pure. Quand on a passé le pont-levis, on trouve la porte gardée par deux dieux, Mars et Hercule. Je louai fort l'architecte de les avoir placés à ce poste-là ; car puisque Apollon servait quelquefois de simple commis à Son Éminence, Mars et Hercule pouvaient bien lui servir de suisses. Ils mériteraient que je m'arrêtasse à eux un peu davantage, si cette porte n'avait des choses encore plus singulières. Vous vous souviendrez surtout qu'elle est couverte d'un dôme, et qu'il y a une Renommée au sommet : c'est une déesse qui ne se plaît pas d'être enfermée, et qui s'aime mieux en cet endroit que si on lui avait donné pour retraite le plus bel appartement du logis.

> Mais elle est en une posture
> Toute prête à prendre l'essor ;
> Un pied dans l'air, à chaque main un cor,
> Légère et déployant les ailes,
> Comme allant porter des nouvelles
> Des actions de Richelieu,

Cardinal, duc et demi-dieu :
Telle enfin qu'elle devait être
Pour bien servir un si bon maître ;
Car tant moins elle a de loisir
Tant plus on lui fait de plaisir.

Cette figure est de bronze et fort estimée [1]. Aux deux côtés du frontispice que je décris, on a élevé en manière de statues, de pyramides si vous voulez, deux colonnes du corps desquelles sortent des bouts de navires. (Bouts de navires ne vous plaira guère, et peut-être aimeriez-vous mieux le terme de pointes ou celui de becs ; choisissez le moins mauvais de ces trois mots-là : je doute fort que pas un soit propre, mais j'aime autant m'en servir que d'appeler cela colonnes rostrales.) Ce sont des restes d'amphithéâtre qu'on a rencontrés fort heureusement, n'y ayant rien qui convienne mieux à l'amirauté, laquelle celui qui a fait bâtir ce château joignait à tant d'autres titres. De dedans la cour, et sur le fronton de la même entrée, on voit trois petits Hercules autant poupins et autant mignons que le peuvent être de petits Hercules, chacun d'eux garni de sa peau de lion et de sa massue. (Cela ne vous fait-il point souvenir de saint Michel garni de son diable ?) Le statuaire, en leur donnant la contenance du père et en les proportionnant à sa taille, leur a aussi donné l'air d'enfants, ce qui rend la chose si agréable qu'en un besoin ils passeraient pour Jeux ou pour Ris, un peu membrus à la vérité. Tout ce frontispice est de l'ordonnance de Jacques Lemercier [2], et a de part et d'autre un mur en terrasse qui découvre entièrement la maison, et par où il y a apparence

---

1. Elle était du sculpteur Berthelot, ainsi qu'une statue de Louis XIII en marbre blanc lui faisant face. W.
2. Architecte célèbre, à qui l'on doit la Sorbonne, le Palais-Cardinal, les églises de l'Oratoire et Saint-Roch (1600-1660).

que se communiquent deux pavillons qui sont aux deux bouts.

Si le reste du logis m'arrête à proportion de l'entrée, ce ne sera pas ici une lettre, mais un volume; qu'y ferait-on? Il faut bien que j'emploie à quelque chose le loisir que le roi nous donne. Autour du château sont force bustes et force statues, la plupart antiques; comme vous pourriez dire des Jupiters et des Apollons, des Bacchus, des Mercures et autres gens de pareille étoffe; car pour les dieux je les connais bien, mais pour les héros et grands personnages je n'y suis pas fort expert: même il me souvient qu'en regardant ces chefs-d'œuvre, je pris Faustine pour Vénus (à laquelle des deux faut-il que je fasse réparation d'honneur?); et puisque nous sommes sur le chapitre de Vénus, il y en a quatre de bon compte dans Richelieu, une entre autres divinement belle, et dont M. de Maucroix dit que le Poussin lui a fort parlé, jusqu'à la mettre au-dessus de celle de Médicis. Parmi les autres statues qui ont là leur appartement et leurs niches, l'Apollon et le Bacchus emportent le prix, au goût des savants : ce fut toutefois Mercure que je considérai davantage, à cause de ces hirondelles qui sont si simples que de lui confier leurs petits, tout larron qu'il est. Lisez cet endroit des *Promenades de Richelieu*, il m'a semblé beau; aussi bien que la description de ces deux captifs dont M. Desmarets dit que l'un porte ses chaînes patiemment, l'autre avec force et contrainte. On les a placés en lieu remarquable, c'est-à-dire à l'endroit du grand degré, l'un d'un côté du vestibule, l'autre de l'autre : ce qui est une espèce de consolation pour ces marbres, dont Michel-Ange pouvait faire deux empereurs.

Il m'est impossible de tomber sur ce mot d'esclave sans m'arrêter; que voulez-vous? Chacun aime à parler de son métier, ceci soit dit toutefois sans nous faire tort. Pour revenir à nos deux captifs, je pense bien qu'il y a eu autrefois des esclaves de notre façon qu'on a estimés, mais ils auraient de la peine à valoir autant que ceux-ci. On dit qu'il ne se peut rien voir de plus excellent, et qu'en ces statues Michel-Ange a surpassé non seulement les sculpteurs modernes, mais aussi beaucoup de choses des anciens. Il y a un endroit qui n'est quasi qu'ébauché, soit que la mort, ne pouvant souffrir l'accomplissement d'un ouvrage qui devait être immortel, ait arrêté Michel-Ange en cet endroit-là, soit que ce grand personnage l'ait fait à dessein et afin que la postérité reconnût que personne n'est capable de toucher à une figure après lui. De quelque façon que cela soit, je n'en estime que davantage ces deux captifs, et je tiens que l'ouvrier tire autant de gloire de ce qui leur manque que de ce qu'il leur a donné de plus accompli[1].

> Qu'on ne se plaigne pas que la chose ait été
>   Imparfaite trouvée,
> Le prix en est plus grand, l'auteur plus regretté
>   Que s'il l'eût achevée.

Au lieu de monter aux chambres par le grand degré[2], comme nous devions en étant si proches, nous nous laissâmes conduire par la concierge, ce qui nous fit perdre l'occasion de le voir, et il n'en fut fait nulle mention. M. de Châteauneuf lui-même, qui l'avait vu, ne se souvint pas d'en parler.

> De quoi je ne lui sais aucunement bon gré,
> Car d'autres gens m'ont dit qu'ils avaient admiré

---

[1]. Ces deux statues de Michel-Ange, données par Robert Strozzi à François Ier et par celui-ci au connétable de Montmorency, et ensuite acquises par Richelieu, passèrent ensuite au Musée du Louvre. W.
[2]. Grand escalier.

> Ce degré,
> Et qu'il est de marbre jaspé.

Pour moi, ce n'est ni le marbre ni le jaspe que je regrette, mais les antiques qui sont au haut; particulièrement ce favori de l'empereur Adrien, Antinoüs, qui dans sa statue contestait de beauté et de bonne mine contre Apollon, avec cette différence pourtant que celui-ci aurait l'air d'un dieu, et l'autre d'un homme.

Je ne m'amuserai point à vous décrire les divers enrichissements ni les meubles de ce palais. Ce qui s'en peut dire de beau, M. Desmarets l'a dit; puis nous n'eûmes quasi pas le loisir de considérer ces choses, l'heure et la concierge nous faisant passer de chambre en chambre sans nous arrêter qu'aux originaux des Titien, des Poussin, des Pérugin, des Mantègne[1] et autres héros dont l'espèce est aussi commune en Italie que les généraux d'armée en Suède.

Il y eut pourtant un endroit où je demeurai longtemps. Je ne me suis pas avisé de remarquer si c'est un cabinet ou une antichambre; quoi que ce soit, le lieu est tapissé de portraits.

> Pour la plupart environ grands
> Comme des miroirs de toilette;
> Si nous eussions eu plus de temps
> Moins de hâte, un autre interprète,
> Je vous dirais de quelles gens.

Vous pouvez juger que ce ne sont pas gens de petite étoffe. Je m'attachai particulièrement au cardinal de Richelieu, cardinal qui tiendra plus de place dans l'histoire que trente papes; au duc[2] qui a hérité de

---

1. André Mantegna, peintre et graveur du xvᵉ siècle (1430-1505).
2. Armand-Jean de Vignerat, petit-neveu du cardinal, qui le fit héritier de son nom et de ses biens.   W.

son nom, de ses belles inclinations et de son château ; au feu amiral de Brézé [1] ; c'est dommage qu'il soit mort si jeune, car chacun en parle comme d'un seigneur qui était merveilleusement accompli, et bien auprès de Mars, d'Armand et de Neptune [2]. Monsieur le prince et lui auraient entrepris de remplir le monde [3] de leurs merveilles : Monsieur le prince, la terre, et le duc de Brézé, la mer. Le premier est venu à bout de son entreprise, l'autre l'aurait fort avancée s'il eût vécu ; mais un coup de canon l'arrêta et l'alla choisir au milieu d'une armée navale. Je ne sais si on me montra le marquis et l'abbé de Richelieu. Il y a toute apparence que leurs portraits sont aussi dans ce cabinet, quoiqu'ils ne fussent qu'enfants lorsqu'on le mit en l'état qu'il est. Tous deux sont bien dignes d'y avoir place. Tant que le marquis a vécu, il a été aimé du roi et des belles ; l'abbé l'est de tout le monde, par une fatalité dont il ne faut point chercher la cause parmi les astres. Outre la famille de Richelieu, je parcourus celle de Louis XIII. Le reste est plein de nos rois et reines, des grands seigneurs, des grands personnages de France (je fais deux classes des grands personnages et des grands seigneurs, sachant bien qu'en toute chose il est bon d'éviter la confusion). Enfin c'est l'histoire de notre nation que ce cabinet.

Enfin nous sortîmes de cet endroit et traversâmes je ne sais combien de chambres riches, magnifiques, des mieux ornées et dont je ne dirai rien car : de m'amuser à des lambris et à des dorures, moi que Richelieu a rempli d'originaux et d'antiques, vous ne me

---

1. **Armand Maillé de Brézé**, fils d'une sœur du cardinal, tué en mer à 27 ans.
2. C'est-à-dire favorisé du dieu de la guerre, de son oncle le cardinal, qui avait le prénom d'Armand, et du dieu de la mer.
3. Le prince de Condé.

le conseilleriez pas ; toutefois je vous avouerai que l'appartement du roi m'a semblé merveilleusement superbe ; celui de la reine ne l'est pas moins ; il y a tant d'or, qu'à la fin je m'en ennuyais. Voyez ce que peuvent faire les grands seigneurs, et quelle misère c'est d'être riche : il a fallu qu'on ait inventé les chambres de stuc, où la magnificence se cache sous une apparence de simplicité. Il est encore bon que vous sachiez que l'appartement du roi consiste en diverses pièces, dont l'une, appelée le grand cabinet, est remplie de peintures exquises : il y a entre autres des Bacchanales du Poussin et un combat burlesque et énigmatique de Pallas et de Vénus d'un peintre que la concierge ne nous put nommer [1]. Vénus a le casque en tête et une longue estocade. Je voudrais pour beaucoup me souvenir des autres circonstances de ce combat et des différents personnages dont est composé le tableau, car chacune de ces déesses a son parti qui la favorise. Vous trouveriez fort plaisantes les visions que le peintre a eues. Il fait demeurer l'avantage à la fille de Jupiter ; mais, à propos, elles sont toutes deux ses filles [2]. Je voulais dire à celle qui est née dans son cerveau [3]. La pauvre Vénus est blessée par son ennemie. En quoi l'ouvrier a représenté les choses non comme elles sont, car d'ordinaire c'est la beauté qui est victorieuse de la vertu, mais plutôt comme elles doivent être.

Ce grand cabinet dont je parle est accompagné d'un autre petit où quatre tableaux pleins de figures représentent les quatre éléments. Ces quatre tableaux sont

---

1. Tableau du Pérugin, maître de Raphaël.
2. Les mythologues ne donnent pas tous Jupiter pour père à Vénus. Les uns la font fille du Ciel et de la Terre, d'autres disent qu'elle naquit de l'écume de la mer.
3. Pallas.

de Rembrandt[1]; la concierge nous le dit, si je ne me trompe, et quand je me tromperais, ce n'en seraient pas moins les quatre éléments. On y voit des feux d'artifice, des courses de bague, des carrousels, des divertissements de traîneaux, et autres gentillesses semblables. Si vous me demandez ce que tout cela signifie, je vous répondrai que je n'en sais rien.

Au reste, le cardinal de Richelieu, comme cardinal qu'il était, a eu soin que son château fût suffisamment fourni de chapelles : il y en a trois, dont nous vîmes les deux d'en haut; pour celle d'en bas, nous n'eûmes pas le temps de la voir, et j'en ai regret à cause d'un Saint Sébastien que l'on prise fort. Dans l'une de celles qui sont en haut je trouvai l'original de cette dondon que notre cousin a fait mettre sur la cheminée de la salle. C'est une Madeleine du Titien, grosse et grasse, et fort agréable : comme aux premiers jours de sa pénitence, auparavant que le jeûne eût commencé d'empiéter sur elle. Il me semble que je n'ai point parlé trop dévotement de la Madeleine; aussi n'est-ce pas mon fait que de raisonner sur des matières spirituelles, j'y ai eu mauvaise grâce toute ma vie : c'est pourquoi je passerai sous silence les raretés de ces deux chapelles et m'arrêterai seulement à un Saint Jérôme tout de pièces rapportées, la plupart grandes comme des têtes d'épingles, quelques-unes comme des cirons[2]. Il n'y en a pas une qui n'ait été employée avec sa couleur; cependant leur assemblage est un Saint Jérôme achevé, que le pinceau n'aurait pu mieux faire; aussi semble-t-il que ce soit peinture, même à ceux qui regardent de près cet ouvrage.

---

1. Fausse indication. Les tableaux étaient des paysages de Claude Lorrain, où un autre peintre, Dervet, avait placé des figures.   W.

2. Travail en mosaïque. On sait que la mosaïque est l'art de produire ou reproduire des peintures en se servant de petits morceaux de stuc

J'admirai non seulement l'artifice, mais la patience de l'ouvrier. De quelque façon que l'on considère son entreprise, elle ne peut être que singulière.

> Et, dans l'art de niveler,
> L'auteur de ce Saint Jérôme
> Devait sans doute exceller
> Sur tous les gens du royaume.

Ce n'est pas que je sache son pays, pour en parler franchement, ni même son nom; mais il est bon de dire qu'il est Français, afin de faire paraître cette merveille d'autant plus grande. Je voudrais, pour comble de nivelerie, qu'un autre entreprît de compter les pièces qui la composent.

Mais ne passerais-je pas moi-même pour un nivelier, de tant m'arrêter à ce Saint Jérôme ? Il faut le laisser; aussi bien dois-je réserver mes louanges pour cette fameuse table dont vous devez avoir entendu parler, et qui fait le principal ornement de Richelieu. On l'a mise dans le salon, c'est-à-dire au bout de la galerie, le salon n'en étant séparé que par une arcade. Il me semble que j'aurais bien fait d'invoquer les Muses pour parler de cette table assez dignement.

> Elle est de pièces de rapport,
> Et chaque pièce est un trésor ;
> Car ce sont toutes pierres fines,
> Agates, jaspes, cornalines,
> Pierres de prix, pierres de nom,
> Pierres d'éclat et de renom :
> Voilà bien de la pierrerie.
> Considérez que de ma vie
> Je n'ai trouvé d'objet qui fût si précieux.
> Ce qu'on prise aux tapis de Perse et de Turquie,
> Fleurons, compartiments, animaux, broderie,

colorés, rapportés les uns à côté des autres et liés par un ciment particulier.

> Tout cela s'y présente aux yeux :
> L'aiguille et le pinceau ne rencontrent pas mieux.
> J'en admirai chaque figure ;
> Et qui n'admirerait ce qui naît sous les cieux ?
> Le savoir de Pallas, aidé de la teinture,
> Cède au caprice heureux de la simple nature.
> Le hasard produit des morceaux
> Que l'art n'a plus qu'à joindre et qui sont, sans peinture,
> Des modèles parfaits de fleurons et d'oiseaux.

Tout cela pourtant n'est rien de compté : ce qui fait la valeur de cette table, c'est une agate qui est au milieu, grande presque comme un bassin, taillée en ovale et de couleurs extrêmement vives. Les veines sont délicates et mêlées de feuilles mortes, isabelle et couleur d'aurore. Au reste, vraie agate d'Orient, laquelle a toutes les qualités qu'on peut souhaiter aux pierres de cette espèce ;

> Et, pour dire en un mot, la reine des agates.

Dans tout l'empire des Camayeux[1] (ce sont peuples dont les agates font une branche) je ne crois pas qu'il se trouve encore une merveille aussi grande que celle-ci, ni que rien de plus rare nous soit venu

> Des bords où le soleil commence sa carrière.

J'en excepte cette agate qui représentait Apollon et les neuf muses ; car je la mets la première, et celle de Richelieu la seconde.

> Ce palais si fameux des princes de Florence,
> Riche et brillant séjour de la magnificence ;
> Le trésor de Saint-Marc ; celui dont les François
> Recommandent la garde aux cendres de leurs rois[2] ;

---

1. *Camaïeu* : ce nom, donné à une pierre précieuse de deux couleurs, sert en art à désigner un travail peint avec un seul ton sur blanc.

2. Le Trésor de Saint-Denis, où les rois de France avaient leur sépulture.

> Les vastes magasins dont le sérail abonde,
> Magasins enrichis des dépouilles du monde ;
> Jule[1] enfin n'eut jamais rien de plus précieux.

Et pour m'exprimer familièrement et en termes moins poétiques,

> Saint-Denis, et Saint-Marc, le palais du grand-duc,
> L'hôtel de Mazarin, le sérail du grand Turc,
> N'ont rien, à ce qu'on dit, de plus considérable.
> Je me suis informé du prix de cette table :
> Voulez-vous le savoir ? Mettez cent mille écus,
> Doublez-les, ajoutez cent autres par-dessus ;
> Le produit en sera la valeur véritable.

Dans le lieu même où on l'a mise sont quatre ou cinq bustes et quelques statues, parmi lesquelles on me nomma Tibère et Livie ; ce sont personnes que vous connaissez et dont M. de la Calprenède[2] vous entretient. Je ne vous en dirai rien davantage, aussi bien ma lettre commence à me sembler un peu longue. Il m'est pourtant impossible de ne point parler d'un certain buste dont la draperie est de jaspe : belle tête, mais mal peignée, des traits de visage grossiers, quoique bien proportionnés, et qui ont quelque chose d'héroïque et de farouche tout à la fois, un regard fier et terrible, enfin la vraie image d'un jeune Scythe ; vous ne prendriez jamais cette tête pour celle d'un de nos galants : c'est aussi celle d'Alexandre. J'eusse fait tort à ce prince si j'eusse regardé après lui un moindre héros que le grand Armand. Nous rentrâmes pour ce sujet dans la galerie. On y voit ce ministre peint en habit de cavalier et de cardinal, encourageant des

---

1. Jules de Médicis.
2. Cet auteur, fort critiqué par Boileau et ses amis, choisissait pour héros de ses interminables romans des personnages célèbres de l'antiquité, à qui il faisait jouer les rôles les plus ridicules. Sa *Cassandre* a 10 volumes, sa *Cléopâtre*, 23.

troupes par sa présence et monté sur un cheval parfaitement beau. Ce pourrait bien être ce barbe qu'on appelait l'Impudent; animal sans considération ni respect, et qui, devant les majestés et les éminences, riait à toutes celles qui lui plaisaient. Les tableaux de cette galerie représentent une partie des conquêtes que nous avons faites sous le ministère d'Armand.

Après que j'eus jeté l'œil sur les principales, nous descendîmes dans les jardins, qui sont beaux sans doute et fort étendus; rien ne les sépare d'avec le parc. C'est un pays que ce parc, on y court le cerf. Quant aux jardins, le parterre est grand et l'ouvrage de plus d'un jour. Il a fallu pour le faire qu'on ait tranché toute la croupe d'une montagne. La retenue des terres est couverte d'une palissade de phyliréa [1] apparemment ancienne, car elle est chauve en beaucoup d'endroits : il est vrai que les statues qu'on y a mises réparent en quelque façon les ruines de sa beauté. Ces endroits, comme vous savez, sont d'ordinaire le quartier des Flores : j'y en vis une, et une Vénus, un Bacchus moderne, un consul (que fait ce consul parmi de jeunes déesses?), une dame grecque, une autre dame romaine, avec une autre sortant du bain. Le déclin du jour et la curiosité de voir une partie des jardins en furent la cause. Du lieu où nous regardions ces statues, on voit à droite une fort longue pelouse, et ensuite quelques allées profondes, couvertes, agréables; en un mot, de ces ennemies du jour tant célébrées par les poètes : à midi, véritablement, on y entrevoit quelque chose,

Comme au soir lorsque l'ombre arrive en un séjour,
Ou lorsqu'il n'est plus nuit, et n'est pas encor jour [2].

---

1. Ou *filaria*, arbrisseau à feuilles persistantes.
2. La Fontaine se ressouvint plus tard de ces deux vers pour les placer, avec une légère variante, dans la fable des *Lapins*, liv. X, fable 5.

Je m'enfonçai dans l'une de ces allées. M. de Châteauneuf, qui était las, me laissa aller. A peine eus-je fait dix ou douze pas, que je me sentis forcé par une puissance secrète de commencer quelques vers à la gloire du grand Armand. Je les ai depuis achevés sur les mémoires que me donnèrent les nymphes de Richelieu : leur présence, à la vérité, m'a manqué trop tôt ; il serait à souhaiter que j'eusse mis la dernière main à ces vers au lieu même qui me les a fait ébaucher. Imaginez-vous que je suis dans une allée, où je me dis ce qui s'ensuit :

> Mânes du grand Armand, si ceux qui ne sont plus
> Peuvent goûter encor des honneurs superflus,
> Recevez ce tribut de la moindre des Muses :
> Jadis de vos bontés ses sœurs étaient confuses ;
> Aussi n'a-t-on point vu que d'un silence ingrat
> Phébus de vos bienfaits ait étouffé l'éclat :
> Ses enfants ont chanté les pertes de l'Ibère,
> Et le destin, forcé de nous être prospère,
> Partout où vos conseils, plus craints que le dieu Mars,
> Ont porté la terreur de nos fiers étendards :
> Ils ont représenté les vents et la fortune
> Vainement indignés du tort fait à Neptune,
> Quand vous tîntes ce dieu si longtemps enchaîné.
> Le rempart qui couvrait un peuple mutiné[1],
> Nos voisins, envieux de notre diadème,
> Et les rois de la mer et la mer elle-même
> Ne purent arrêter le cours de vos efforts.
> La Seine vous revit triomphant sur ses bords.
> Que ne firent alors les peuples du Permesse !
> On leur ouït chanter vos faits, votre sagesse,
> Vos projets élevés, vos triomphes divers ;
> Le son en dure encore aux bouts de l'univers.
> Je n'y puis ajouter qu'une simple prière :
> Que la nuit d'aucun temps ne borne la carrière
> De ce renom si beau, si grand, si glorieux !
> Que Flore et les Zéphyrs ne bougent de ces lieux !

---

1. Allusion à la digue que Richelieu fit construire lors du siège de la Rochelle.

> Qu'ainsi que votre nom leur beauté soit durable !
> Que leur maître ait le sort à ses vœux favorable ;
> Qu'il vienne quelquefois visiter ce séjour,
> Et soit toujours content du prince et de la cour !

Je serais encore au fond de l'allée où je commençai ces vers, si M. de Châteauneuf ne fût venu m'avertir qu'il était tard. Nous repassâmes dans l'avant-cour, afin de gagner plus tôt l'autre côté des jardins. Comme nous étions près du pont-levis, un vieux domestique nous aborda fort civilement, et me demanda ce qu'il me semblait de Richelieu. Je lui répondis que c'était une maison accomplie ; mais que, n'ayant pu tout voir, nous reviendrions le lendemain et reconnaîtrions ses civilités et les offres qu'il nous faisait (je ne songeais pas à notre promesse). — On ne manque jamais de dire cela, repartit cet homme ; j'y suis tous les jours attrapé par des Allemands. Sans la crainte de nous fâcher et par conséquent de ne rien avoir, il aurait, je pense, ajouté : à plus forte raison le serais-je par des Français ; même je vis bien que le haut-de-chausses de M. de Châteauneuf lui semblait de mauvais augure. Cela me fit rire, et je lui donnai quelque chose.

A peine l'eûmes-nous congédié, que le peu qui restait de jour nous quitta. Nous ne laissâmes pas de nous renfoncer en d'autres allées, non du tout si sombres que les précédentes ; elles pourront l'être dans deux cents ans. De tout ce canton je ne remarquai qu'un mail et deux jeux de longue paume, dont l'un pourrait bien être tourné vers l'orient et l'autre vers le midi ou vers le septentrion ; je suis assuré que c'est l'un des deux : on se sert apparemment de ces jeux de paume selon les différentes heures du jour pour n'avoir pas le soleil en vue. Du lieu où ils sont, il fallut rentrer en de nouvelles obscurités et marcher quelque temps sans nous voir, tant qu'enfin nous nous retrouvâmes dans cette place qui est au-devant du château, moi fort satisfait, et M. de Châteauneuf, qui était en grosses bottes, fort las.

Sixième lettre [1].

A Limoges, ce 17 septembre 1663.

Ce serait une belle chose que de voyager, s'il ne se fallait point lever si matin. Las que nous étions, M. de Châteauneuf et moi : lui pour avoir fait tout le tour de Richelieu en grosses bottes, ce que je crois vous avoir mandé, n'ayant pas su omettre une circonstance remarquable ; moi pour m'être amusé à vous écrire au lieu de dormir, notre promesse et la crainte de faire attendre le voiturier nous obligèrent de sortir du lit devant que l'aurore fût éveillée. Nous nous disposâmes à prendre congé de Richelieu sans le voir. Il arriva, malheureusement pour nous et plus malheureusement encore pour le sénéchal, dont nous fûmes contraints d'interrompre le sommeil, que les portes se trouvèrent fermées par son ordre. Le bruit courait que quelques gentilshommes de la province avaient fait complot de sauver certains prisonniers soupçonnés de l'assassinat d'un marquis. Mon impatience ordinaire me fit maudire cette rencontre. Je ne louai même que sobrement la prudence du sénéchal. Pour me contenter, M. de Châteauneuf lui parla et lui dit que nous portions le paquet du roi [2]. Aussitôt il donna ordre qu'on nous ouvrît, si bien que nous eûmes du temps

---

1. Nous reproduisons cette lettre d'après l'original conservé à la Bibliothèque de l'Arsenal, dans la collection manuscrite dite *Papiers de Conrart*.
2. Qu'ils étaient chargés de porter des dépêches royales.

de reste et arrivâmes à Châtellerault qu'on nous croyait encore à moitié chemin. Nous y trouvâmes votre oncle, en maison d'ami. On lui avait promis des chevaux pour achever son voyage, et il s'était résolu de laisser Poitiers, comme le plus long, pourvu que je n'eusse point une curiosité trop grande de voir cette ville. Je me contentai de la relation qu'il m'en fit, et son ami le pria de ne point partir qu'il n'en fût pressé par le valet de pied qui l'accompagnait. Nous accordâmes à cet ami un jour seulement; ce n'est pas qu'il ne dépendit de nous de lui en accorder davantage, M. de Châteauneuf étant honnête homme, et s'acquittant de telles commissions au gré de ceux qu'il conduit aussi loin que la cour; mais nous jugeâmes qu'il valait mieux obéir ponctuellement aux ordres du roi.

Tout ce qui se peut imaginer de franchise, d'honnêteté, de bonne chère, de politesse, fut employé pour nous régaler. La Vienne passe au pied de Châtellerault, et en ce canton elle nourrit des carpes qui sont petites quand elles n'ont qu'une demi-aune. On nous en servit des plus belles, avec des melons que le maître du logis méprisait et qui me semblèrent excellents. Enfin cette journée se passa avec un plaisir non médiocre, car nous étions non seulement en pays de connaissance, mais de parenté. Je trouvai à Châtellerault un Pidoux dont notre hôte avait épousé la belle-sœur. Tous les Pidoux ont du nez, et abondamment[1]. On nous assura de plus qu'ils vivaient longtemps, et que la mort, qui est un accident si commun chez les hommes, passait pour prodige parmi ceux de cette lignée. Je serais

---

1. La femme de la Fontaine était par sa mère de la famille des Pidoux, qui à cette époque comptait parmi les plus illustres du Poitou. On peut inférer du dernier trait de ce passage que cette dame avait le nez long.
W.

merveilleusement curieux que la chose fût véritable. Quoi que c'en soit, mon parent de Châtellerault demeure onze heures à cheval sans s'incommoder, bien qu'il passe quatre-vingts ans. Ce qu'il a de particulier, et que ses parents de Château-Thierry n'ont pas, il aime la chasse et la paume, sait l'écriture et compose des livres de controverse : au reste, l'homme le plus gai que vous ayez vu, et qui songe le moins aux affaires, excepté celle de son plaisir. Je crois qu'il s'est marié plus d'une fois; la femme qu'il a maintenant est bien faite et a certainement du mérite; je lui sais bon gré d'une chose, c'est qu'elle cajole son mari et vit avec lui comme si c'était son galant. Il y a ainsi d'heureuses vieillesses, à qui les plaisirs et les grâces tiennent compagnie jusqu'au bout : il n'y en a guère, mais il y en a, et celle-ci en est une. De vous dire quelle est la famille de ce parent et quel nombre d'enfants il a, c'est ce que je n'ai pas remarqué, mon humeur n'étant nullement de m'arrêter à ce petit peuple. Trop bien me fit-on voir une grande fille, que je considérai volontiers, et à qui la petite vérole a laissé des grâces et en a ôté. C'est dommage, car on dit que jamais fille n'a eu plus d'espérance que celle-là.

> Quelles imprécations
> Ne mérites-tu point, cruelle maladie,
> Qui ne peux voir avec envie
> Le sujet de nos passions !
> Sans ton venin, cause de tant de larmes,
> Ma parente m'aurait fait moitié plus d'honneur:
> Encore est-ce un grand bonheur
> Qu'elle ait eu tel nombre de charmes.
> Tu n'as pas tout détruit, sa bouche en est témoin,
> Ses yeux, ses traits, et d'autres belles choses.
> Tu lui laissas des lys si tu lui pris des roses.

On nous assura qu'elle dansait bien, et je n'eus pas

de peine à le croire. Ce qui m'en plut davantage fut le ton de voix et les yeux : son humeur aussi me sembla douce. Du reste, ne m'en demandez rien de particulier : car, pour parler franchement, je l'entretins peu, et de choses indifférentes. Je ne vous en saurais apprendre autre chose sinon qu'elle aime fort les romans : c'est à vous, qui les aimiez fort aussi, de juger quelle conséquence on en peut tirer : outre cette parente de Châtellerault, je dois avoir à Poitiers un cousin germain, dont je n'ai point mémoire qu'on m'ait rien dit : je m'en souviens seulement parce qu'il m'a plaidé [1] autrefois.

Poitiers est ce que l'on appelle proprement un village, qui, tant en maisons que terres labourables, peut avoir deux ou trois lieues de circuit. Ville mal pavée, pleine d'écoliers, abondante en prêtres et en moines [2]. Il y a en récompense nombre de belles dames : c'est de la comtesse que je le sais. J'eus quelque regret de n'y point passer : vous en pourrez aisément deviner la cause.

> Ce n'est ni la Pierre-Levée
> Ni le rocher Passe-Lourdin :
> Pour vous en dire ma pensée,
> Je les ai laissés sans chagrin [3] ;
> Et quant à cet autre cousin,
> Mon âme en est fort consolée...

1. Il a plaidé contre moi.
2. Il y avait à Poitiers une université, quatre abbayes, des capucins, des carmélites, des dames de la Visitation et quinze paroisses, pour une population qui ne dépassait guère 8,000 à 9,000 individus.   W.
3. La *Pierre-Levée* est une masse énorme de forme oblongue irrégulière, qui a environ sept mètres de long sur six de large. Elle est élevée sur cinq piliers d'environ un mètre et demi de hauteur. On la trouve à un kilomètre environ de Poitiers, en sortant par la porte Joubert, à gauche de la route qui conduit à Bourges. Cette *Pierre-Levée*, qui doit être un monument gaulois, a été longtemps attribuée à un miracle de sainte Radegonde. — On appelle *Passe-Lourdin* une grosse roche formant un précipice sur les bords de la Clain, qui en baigne la base et qui n'offre qu'un passage très étroit. Il y a dans ce roc une grotte où il est difficile

Pour revenir à Châtellerault, vous saurez qu'il est mi-parti de huguenots et de catholiques, et que nous n'eûmes aucun commerce avec les premiers. Le terme que nous étions convenus avec notre hôte étant écoulé, il fallut prendre congé de lui; ce ne fut pas sans qu'il renouvelât ses prières. Nous lui donnâmes le plus de temps qu'il nous fut possible, et le lui donnâmes de bonne grâce, c'est-à-dire en déjeunant bien et en tenant table longtemps: de sorte qu'il ne nous resta de l'heure que pour gagner Chassigny, misérable gîte, et où commencent tels mauvais chemins et l'odeur des aulx: deux propriétés qui distinguent le Limousin des autres provinces du monde. Notre seconde couchée fut Bellac. L'abord de ce lieu m'a semblé une chose singulière et qui vaut la peine d'être décrite : quand de huit ou dix personnes qui y ont passé sans descendre de cheval ou de carrosse il n'y en a que trois ou quatre qui se soient rompu le cou en remerciant Dieu.

> Ce sont morceaux de rochers
> Entés les uns sur les autres,
> Et qui font dire aux cochers
> De terribles patenôtres.
> Des plus sages à la fin
>   Ce chemin
> Épuise la patience :
> Qui n'y fait que murmurer,
>   Sans jurer,
> Gagne cent ans d'indulgence.

Monsieur de Châteauneuf l'aurait cent fois maudit

---

d'arriver et dont le retour est encore plus difficile. Dans les guerres civiles, les paysans, pour échapper aux vexations des soldats battant la campagne, se retiraient dans cette grotte. Autrefois les écoliers nouvellement arrivés à l'université de Poitiers étaient contraints par leurs camarades de passer le long du rocher, au risque de tomber dans la Clain. De là le nom de Passe-Lourdin donné à ce rocher. Rabelais, dans son *Pantagruel*, liv. II, ch. v, parle de la *Pierre-Levée* et du *Passe-Lourdin*. C'est évidemment par lui que La Fontaine les connaissait.

W.

Si d'abord je n'eusse dit :
« Ne plaignons point notre peine :
« Ce sentier rude et peu battu
« Doit être celui qui mène
« Au séjour de la vertu. »

Votre oncle reprit qu'il fallait donc que nous nous soyons détournés. « Ce n'est pas, ajouta-t-il, qu'il n'y ait d'honnêtes gens à Bellac aussi bien qu'ailleurs; mais quelques rencontres ont mis ses habitants en mauvaise odeur. Là-dessus il nous conta qu'étant de la commission des grands jours [1], il fit le procès à un lieutenant de robe courte de ce lieu-là, pour avoir obligé un gueux à prendre la place d'un criminel condamné à être pendu, moyennant vingt pistoles données à ce gueux et quelque assurance de grâce dont on le leurra. Il se laissa conduire et guinder à la potence fort gaiement, comme un homme qui ne songeait qu'à ses vingt pistoles, le prévôt lui disant toujours qu'il ne se mit point en peine et que la grâce allait arriver. A la fin le pauvre diable s'aperçut de sa sottise; mais il ne s'en aperçut qu'en faisant le saut, temps mal propre à se repentir et à déclarer qui on est. Le tour est bon, comme vous voyez, et Bellac se peut vanter d'avoir eu un prévôt aussi hardi et aussi pendable qu'il y en ait. Autant que l'abord de cette ville est fâcheux, autant est-elle désagréable, ses rues vilaines, ses maisons mal accommodées et mal prises. Dispensez-moi, vous qui êtes propre, de vous en rien dire. On place en ce pays-là la cuisine au second étage. Qui a une fois vu ces cuisines n'a pas grande curiosité pour les sauces

---

1. Les guerres civiles ayant interrompu le cours ordinaire de la justice et entraîné beaucoup de désordres, principalement dans le Poitou, le roi jugea devoir y faire tenir en 1634 une cour dite des grands jours (commission formée de magistrats royaux chargés de poursuivre et punir rigoureusement les abus de toutes sortes commis par les personnes investies d'une autorité quelconque). W.

qu'on y apprête : ce sont gens capables de faire un très méchant mets d'un très bon morceau. Quoique nous eussions choisi la meilleure hôtellerie, nous y bûmes du vin à teindre les nappes, et qu'on appelle communément la tromperie de Bellac.

Ce proverbe a cela de bon que Louis XIII en est l'auteur. Rien ne m'aurait plu dans la fille du logis, jeune personne et assez jolie, je la cajolai (complimentai) sur sa coiffure; c'était une espèce de cale[1] à oreilles des plus mignonnes et bordée d'un galon d'or large de trois doigts. La pauvre fille, croyant bien faire, alla quérir aussitôt sa cale de cérémonie pour me la montrer. Passé Chattigny, l'on ne parle quasi plus français; cependant cette personne m'entendit sans beaucoup de peine : les compliments s'entendent par tout pays, et ont cela de commode qu'ils portent avec eux leur trucheman. Tout méchant qu'était notre gîte, je ne laissai pas d'y avoir une nuit bien douce. Mon sommeil ne fut nullement bigarré de songes comme il a coutume de l'être. M. Jannart se leva devant qu'il fut jour; mais sa diligence ne servit de rien, car tous nos chevaux étaient déferrés; il fallut attendre, et, pour mes péchés, je vis les rues de Bellac encore une fois. Tandis que je faisais presser le maréchal, M. de Châteauneuf, qui avait entrepris de nous guider ce jour-là, s'informa tant des chemins, que cela ne servit pas peu à lui faire prendre les plus longs et les plus mauvais. De bonne fortune, notre traite n'était pas grande.

Comme Limoges n'est éloigné de Bellac que d'une petite journée, nous eûmes tout loisir de nous égarer; de quoi nous nous acquittâmes très bien, et en gens qui

---

1. Le *Dictionnaire* de l'Académie de 1696 définit la *cale*, une espèce de bonnet ou coiffure pour les femmes de fort basse condition.

ne connaissaient ni la langue ni le pays. Dès que nous fûmes arrivés, mon fidèle Achate (qui pourrait-ce être que M. de Châteauneuf?) disposa les choses pour son retour et choisit la voie du messager à cheval qui devait partir le lendemain. Je fus fâché de ce qu'il nous quittait si tôt; car, en vérité, il était honnête homme, et sait débiter ce qui se passe à la cour de fort bonne grâce; puis, il me semble qu'il ne fait pas mal son personnage dans cette relation. Désormais nous tâcherons de nous en passer, avec autant moins de peine qu'il ne reste à vous apprendre que ce qui concerne le lieu de notre retraite : cela mérite une lettre entière. En attendant, si vous désirez savoir comme je m'y trouve, je vous dirai : assez bien; et votre oncle s'y doit trouver encore mieux, vu les témoignages d'estime et de bienveillance que chacun lui rend, l'évêque principalement. C'est un prélat qui a toutes les belles qualités que vous sauriez vous imaginer; splendide surtout, et qui tient la meilleure table du Limousin : il vit en grand seigneur, et l'est en effet. N'allez pas vous figurer que le reste du diocèse soit malheureux et disgracié du Ciel, comme on se le figure dans nos provinces. Je vous donne les gens de Limoges pour aussi fins et aussi polis que peuple de France : les hommes ont de l'esprit en ce pays-là, et les femmes de la blancheur; mais leurs coutumes, façon de vivre, occupations, compliments surtout, ne me plaisent point.

J. RACINE

(1639-1699)

« Parmi ceux qu'une même inclination pour les lettres et surtout pour la poésie avait liés avec La Fontaine, dit Walkenaer dans son histoire du fabuliste, il était un jeune homme qui s'unit avec lui de la plus étroite amitié. Ce jeune homme n'avait encore composé que des vers d'assez mauvais goût; mais, quoiqu'il eût dix-huit ans de moins que La Fontaine, il avait fait des études plus profondes, plus complètes, et il était plus que lui initié dans la connaissance des modèles de l'antiquité. La langue d'Homère lui était familière, et La Fontaine se faisait souvent expliquer par lui les œuvres de ce prince des poètes.

« Ce jeune homme s'appelait Racine.

« Racine était de la Ferté-Milon, pays de la femme de La Fontaine, ce qui leur procura des connaissances communes à tous deux et des occasions plus fréquentes de se trouver ensemble; mais l'estime qu'ils conçurent l'un pour l'autre, la confiance mutuelle qui en fut la suite, les rapports sympathiques de deux cœurs susceptibles d'attachement, purent seuls donner à cette liaison le degré de stabilité et de durée qui la rendit inaltérable.

« Pendant le procès de Fouquet (voy. la notice en tête du *Voyage* de La Fontaine), le jeune Racine se trouvait à Uzès, chez un de ses oncles, génovefain, qui s'engageait à lui résigner tous ses bénéfices s'il voulait embrasser l'état ecclésiastique. Racine s'était fait tonsurer, et il étudiait la théologie par intérêt et par nécessité; mais son goût l'entraînait vers la littérature, et il regrettait la capitale... La première lettre que Racine écrivit, dès qu'il fut arrivé en Languedoc, fut adressée à La Fontaine, qui, ainsi que lui, avait eu les fièvres peu de temps auparavant... »

Il est curieux de voir, dans les quelques pages que nous reproduisons, le futur auteur d'*Andromaque*, de *Phèdre*, d'*Athalie*, des *Plaideurs*, faisant ou tâchant de faire son apprentissage de futur prébendier.

VOYAGE A UZÈS

PAR

J. RACINE

A M. de La Fontaine.

Uzès, 11 novembre 1661.

J'ai bien vu du pays et j'ai bien voyagé
Depuis que de vos yeux les miens ont pris congé

Mais tout cela ne m'a pas empêché de songer autant à vous que je faisais lorsque nous nous voyions tous les jours,

Avant qu'une fièvre importune
Nous fît courir même fortune,
Et nous mit chacun en danger
De ne plus jamais voyager.

Je ne sais pas sous quelle constellation je vous écris présentement ; mais je vous assure que je n'ai point encore fait tant de vers depuis ma maladie : je croyais même en avoir tout à fait oublié le métier. Serait-il possible que les Muses eussent plus d'empire en ce pays que sur les rives de la Seine ? Nous le reconnaîtrons dans la suite. Cependant je commencerai à vous dire en prose que mon voyage a été plus heureux que je ne pensais. Nous n'avons eu que deux heures de pluie jusqu'à Lyon. Notre compagnie était gaie et assez plaisante : il y avait trois huguenots, un Anglais, deux Italiens, un conseiller du Châtelet, deux secrétaires du roi et deux de ses mousquetaires; enfin nous étions au nombre de neuf ou dix. Je ne manquais pas tous les soirs de prendre le galop devant les autres pour aller retenir mon lit; car j'avais fort bien retenu cela de M. Botreau, et je lui en suis infiniment obligé : ainsi j'ai toujours été bien couché; et quand je suis arrivé à Lyon, je ne me suis senti non plus fatigué que si du quartier de Sainte-Geneviève j'avais été à celui de la rue Galande.

A Lyon je ne suis resté que deux jours, et je m'embarquai sur le Rhône avec deux mousquetaires de notre troupe, qui étaient du Pont-Saint-Esprit. Nous nous embarquâmes, il y a huit jours, dans un vaisseau tout neuf et bien couvert, que nous avions retenu exprès avec le meilleur patron du pays; car il n'y a pas trop de sûreté de se mettre sur le Rhône qu'à bonnes enseignes : néanmoins, comme il n'avait point plu du tout devers Lyon, le Rhône étant fort bas, il avait perdu beaucoup de sa rapidité ordinaire.

> On pouvait sans difficulté
> Voir ses naïades toutes nues,
> Et qui, honteuses d'être vues,
> Pour mieux cacher leur nudité,
> Cherchaient des places inconnues.
> Ces nymphes sont de gros rochers,
> Auteurs de mainte sépulture,
> Et dont l'effroyable figure
> Fait changer de visage aux plus hardis nochers.

Nous fûmes deux jours sur le Rhône, et nous couchâmes à Vienne et à Valence. J'avais commencé dès Lyon à ne plus guère entendre le langage du pays et à n'être plus intelligible moi-même. Ce malheur s'accrut à Valence, et Dieu voulut qu'ayant demandé à une servante un pot de chambre, elle mit un réchaud sous mon lit. Mais c'est encore bien pis dans ce pays. Je vous jure que j'ai autant besoin d'un interprète qu'un Moscovite en aurait besoin dans Paris. Néanmoins, je commence à m'apercevoir que c'est un langage mêlé d'espagnol et d'italien; et comme j'entends assez bien ces deux langues, j'y ai quelquefois recours pour entendre les autres et pour me faire entendre. Mais il arrive souvent que je perds toutes mes mesures, comme il arriva hier qu'ayant besoin de petits clous à broquettes[1] pour ajuster ma chambre, j'envoyai le valet de mon oncle en ville, et lui dis de m'acheter deux ou trois cents de broquettes; il m'apporta incontinent trois bottes d'allumettes. Jugez s'il y a sujet d'enrager en de semblables malentendus; cela irait à l'infini, si je voulais dire tous les inconvénients qui arrivent aux nouveaux venus dans ce pays, comme moi.

Au reste, pour la situation d'Uzès, vous saurez qu'elle est sur une montagne fort haute, et cette montagne n'est qu'un rocher continuel, si bien qu'en quelque temps qu'il fasse on peut aller à pied sec tout autour de la ville. Les campagnes qui l'environnent sont couvertes d'oliviers, qui portent les plus belles olives du monde, mais bien trompeuses pourtant; car j'y ai été attrapé moi-même. Je voulus en cueillir quelques-unes au premier olivier que je rencontrai et je les mis dans ma bouche, avec le plus grand appétit qu'on puisse avoir; mais Dieu me préserve de sentir jamais une amertume pareille à celle que je sentis! J'en eus la bouche toute perdue plus de quatre heures durant; et l'on m'a appris depuis qu'il fallait bien des lessives et des cérémonies pour rendre les olives douces comme on

---

1. Petits clous à tête plate, dits aujourd'hui clous de tapissier.

les mange. L'huile qu'on en tire sert ici de beurre, et j'appréhendais bien ce changement; mais j'en ai goûté aujourd'hui dans les sauces, et, sans mentir, il n'y a rien de meilleur. On sent bien moins l'huile qu'on ne sentirait le meilleur beurre de France. Mais c'est assez vous parler d'huile, et vous pourrez me reprocher, plus justement qu'on ne faisait à un ancien orateur, que mes ouvrages sentent l'huile.

Il faut vous entretenir d'autres choses, ou plutôt remettre cela à un autre voyage, pour ne vous pas ennuyer. Je ne me saurais empêcher de vous dire un mot des beautés de cette province. On m'en avait dit beaucoup de bien à Paris; mais, sans mentir, on ne m'en avait encore rien dit au prix de ce qui en est et pour le nombre et pour l'excellence; il n'y a pas une villageoise, pas une savetière, qui ne disputât de beauté avec les belles Parisiennes. Si le pays, de soi, avait un peu de délicatesse et que les rochers y fussent un peu moins fréquents, on le prendrait pour un vrai pays de Cythère. Toutes les femmes y sont éclatantes et s'y ajustent d'une façon qui leur est la plus naturelle du monde. Mais je ne veux pas en parler davantage; aussi bien ce serait profaner une maison de bénéficier comme celle où je suis, que d'y faire de longs discours sur cette matière. *Domus mea, domus orationis*[1]. C'est pourquoi vous devez vous attendre que je ne vous en parlerai plus du tout. On m'a dit : Soyez aveugle. Si je ne le puis être tout à fait, il faut du moins que je sois muet. Car, voyez-vous, il faut être régulier avec les réguliers, comme j'ai été loup avec vous et avec les autres loups vos compères. Adiousias.

[1]. Ma maison est une maison de prière.

A M. Vitart[1].

Uzès, 15 novembre 1661.

Il y a aujourd'hui huit jours que je partis du Pont-Saint-Esprit et que je vins à Uzès, où je fus reçu de mon oncle avec toute sorte d'amitiés. Il m'a donné une chambre auprès de lui, et il prétend que je le soulagerai un peu dans le grand nombre de ses affaires. Je vous assure qu'il en a beaucoup ; non seulement il fait toutes celles du diocèse, mais il a même l'administration de tous les revenus du chapitre, jusqu'à ce qu'il ait payé quatre-vingt mille livres de dettes, où le chapitre s'est engagé. Il s'y entend tout à fait, et il n'y a point de dom Côme[2] dans son affaire. Avec tout cet embarras, il a encore celui de faire bâtir. Il est fort fâché de ce que je n'ai point apporté de *démissoire*[3], il m'aurait déjà mené à Avignon pour y prendre la tonsure ; et la raison de cela est que le bénéfice qui viendra à vaquer est à sa nomination. Si vous pouviez me faire avoir un démissoire, vous m'obligeriez infiniment ; il faudra l'envoyer demander à Soissons. Au reste, nous ne laisserons pas d'aller à Avignon, car mon oncle veut m'acheter des livres, et il veut que j'étudie. Je ne demande pas mieux, et vous assure que je n'ai pas encore eu la curiosité de voir la ville d'Uzès, ni quelque personne que ce soit. Il est bien aise que j'apprenne un peu de théologie dans saint Thomas, et j'en suis tombé d'accord fort volontiers. Enfin, je m'accorde le plus aisément du monde à tout ce qu'il veut : il me

1. Oncle de Racine.
2. Moine dont Racine avait à se plaindre, parce qu'il l'avait traversé dans la recherche d'un bénéfice ecclésiastique.
3. Lettres par lesquelles un évêque consent à ce qu'un de ses diocésains soit promu à la cléricature ou aux ordres sacrés par un autre évêque.

témoigne toutes les tendresses possibles, il me demande tous les jours mon ode *de la paix* [1], et non seulement lui, mais tous les chanoines m'en demandent. J'avais négligé d'en apporter des exemplaires : si vous en avez encore, je vous prie d'en faire bien couper les marges et de me les envoyer.

On me fait ici force caresses à cause de mon oncle : il n'y a pas un curé ni maître d'école qui ne m'ait fait le compliment gaillard, auquel je ne saurais répondre que par des révérences : car je n'entends pas le français de ce pays-ci, et on n'y entend pas le mien ; ainsi je tire le pied fort humblement et je dis, quand tout est fait, *Adiousias*. Je suis marri pourtant de ne les point entendre ; car si je continue à ne leur point répondre, j'aurai bientôt la réputation d'un incivil ou d'un homme non lettré. Je suis perdu si cela est ; car en ce pays les civilités sont encore plus en usage qu'en Italie. Je suis épouvanté de voir tous les jours des villageois, pieds-nus ou ensabotés (ce mot doit bien passer, puisque *encapuchonné* a passé), qui font des révérences comme s'ils avaient appris à danser toute leur vie : outre cela, ils causent des mieux ; et j'espère que l'air du pays me va raffiner de moitié ; car je vous assure qu'on y est fin et délié. J'ai cru qu'il fallait vous instruire de tout ce qui passe ici : une autre fois j'abuserai moins de votre loisir.

---

[1]. *La Nymphe de la Seine, à la Reine,* premier ouvrage que publia le jeune Racine et qui attira l'attention sur lui. Cette pièce avait été portée par M. Vitart au poète Chapelain, qui alors, dit Racine le fils, en note des lettres de son père, était le souverain juge du Parnasse. Chapelain fit un grand éloge de cette composition et voulut en connaître l'auteur.

A M. le Vasseur[1].

Uzès, 24 novembre 1661.

J'ai été à Nîmes, et il faut que je vous en entretienne. Le chemin d'ici à Nîmes est plus diabolique mille fois que celui des Diables à Nevers, et la rue d'Enfer, et tels autres chemins réprouvés ; mais la ville est assurément aussi belle et aussi *polide*, comme on dit ici, qu'il y en ait dans le royaume ; il n'y a point de divertissements qui ne s'y trouvent.

> *Suoni, canti, vestir, giuocchi, vivande,*
> *Quanto puo cor pensar, puo chieder bocca*[2].

J'allai voir le feu de joie qu'un homme de ma connaissance avait entrepris. Les jésuites avaient fourni les devises, qui ne valaient rien du tout : ôtez cela, tout allait bien. Mais je n'y ai pas pris assez garde pour vous en parler...

Les arènes me plurent fort.

C'est un grand amphithéâtre un peu en ovale, tout bâti de prodigieuses pierres, longues de deux toises, qui se tiennent là depuis plus de seize cents ans sans mortier et par leur seule pesanteur. Il est tout ouvert en dehors par de grandes arcades, et en dedans ce ne sont autour que de grands sièges, où tout le peuple s'asseyait pour voir les combats des bêtes et des gladiateurs. Maintenant de quoi voulez-vous que je vous entretienne? De vous dire qu'il fait ici le plus beau temps du monde? vous ne vous en mettez guère en peine. De vous dire qu'on doit cette semaine créer des

---

1. Autre parent et ami intime de Racine.
2. Musique, chants, habits, jeux, festins ; autant que l'esprit peut en imaginer et que la bouche en peut soutenir.

consuls? cela vous touche fort peu. Cependant c'est une belle chose de voir le compère Cardeur et le menuisier Gaillard avec la robe rouge, comme un président, donner des arrêts et aller les premiers à l'offrande. Vous ne voyez pas cela à Paris.

A propos de consuls, il faut que je vous parle d'un échevin de Lyon qui doit l'emporter sur les plus fameux diseurs de quolibets. Je l'allai voir pour avoir un billet de sortie; car sans billet les chaînes du Rhône ne se lèvent point. Il me fit mes dépêches fort gravement; et après, quittant un peu cette gravité magistrale qu'on doit garder en donnant de telles ordonnances, il me demanda: *Quid novi? Que dit-on de l'affaire d'Angleterre?* Je répondis qu'on ne savait pas encore à quoi le roi se résoudrait. *A faire la guerre,* dit-il, *car il n'est pas parent du père Souffrant.* Je fis bien paraître que je ne l'étais pas non plus; je lui fis la révérence et le regardai avec un froid qui montrait bien la rage où j'étais de voir un grand quolibetier impuni. Je n'ai pas voulu en enrager tout seul, j'ai voulu que vous me tinssiez compagnie, et c'est pourquoi je vous fais part de cette marauderie. Enragez donc; et si vous ne trouvez point de termes assez forts pour faire des imprécations, dites avec l'emphatiste Brébeuf[1] :

> A qui, Dieux tout-puissants qui gouvernez la terre,
> A qui réservez vous les éclats du tonnerre?

Si vous ne vous hâtez de m'écrire, je vous ferai enrager encore par de semblables nouvelles.

Adieu.

---

[1]. Brébeuf, traducteur de la *Pharsale* de Lucain. Le style trop pompeusement recherché de ses vers nuisait à sa verve naturelle. Boileau a dit de lui :

> Malgré son fatras obscur,
> Souvent Brébeuf étincelle.

Au même.

Uzès, les 17 et 24 janvier 1662.

Les plus beaux jours que vous donne le printemps ne valent pas ceux que l'hiver nous laisse ici, et jamais le mois de mai ne vous paraît si agréable que l'est pour nous le mois de janvier.

> Le soleil est toujours riant,
> Depuis qu'il part de l'orient
> Pour venir éclairer le monde,
> Jusqu'à ce que son char soit descendu dans l'onde.
>
> La vapeur des brouillards ne voile point les cieux ;
> Tous les matins un vent officieux
> En écarte toutes les nues :
> Ainsi nos jours ne sont jamais couverts ;
> Et, dans le plus fort des hivers,
> Nos campagnes sont revêtues
> De fleurs et d'arbres toujours verts.
>
> Les ruisseaux respectent leurs rives ;
> Et leurs naïades fugitives,
> Sans sortir de leur lit natal,
> Errent paisiblement et ne sont point captives
> Sous une prison de cristal.
>
> Tous nos oiseaux chantent à l'ordinaire,
> Leurs gosiers n'étant point glacés,
> Et n'étant pas forcés
> De se cacher ou de se taire...
>
> ... Enfin, lorsque la nuit a déployé ses voiles,
> La lune, au visage changeant,
> Paraît sur un trône d'argent
> Et tient cercle avec les étoiles ;
> Le ciel est toujours clair tant que dure son cours,
> Et nous avons des nuits plus belles que vos jours.

J'ai fait une assez longue pause en cet endroit, parce

que, lorsque j'écrivais ces vers, il y a huit jours, la chaleur de la poésie m'emporta si loin, que je ne m'aperçus pas qu'il était trop tard pour porter mes lettres à la poste. Je recommence aujourd'hui 24 janvier, mais il est arrivé un assez plaisant changement : car en relisant mes vers je reconnais qu'il n'y en a pas un de vrai; il ne cesse de pleuvoir depuis trois jours, et l'on dirait que le temps a juré de me faire mentir. J'aurais autant sujet de faire une description du mauvais temps comme j'en ai fait une du beau.

Cette ville est la plus maudite ville du monde. Les habitants ne travaillent à autre chose qu'à se tuer tous tant qu'ils sont ou à se faire pendre: il y a toujours ici des commissaires; cela est cause que je n'y veux faire aucune connaissance, puisqu'en faisant un ami je m'attirerais cent ennemis. Ce n'est pas qu'on ne m'ait pressé plusieurs fois, et qu'on ne soit venu me solliciter, moi indigne, de venir dans les compagnies; car on a trouvé mon ode[1] chez une dame de la ville, et on est venu me saluer comme auteur; mais tout cela ne sert de rien.

Je n'aurais jamais cru être capable d'une si grande solitude, et vous-même n'aviez jamais tant espéré de ma vertu.

Je passe tout le temps avec mon oncle, avec saint Thomas et Virgile; je fais force extraits de théologie, et quelques-uns de poésie. Voilà comme je passe le temps; et je ne m'ennuie pas, surtout quand j'ai reçu quelque lettre de vous; elle me sert de compagnie pendant deux jours.

Mon oncle a toutes sortes de bons desseins pour moi; mais il n'en a point encore d'assuré, parce que les affaires du chapitre sont encore incertaines. J'at-

---

1. L'ode dont il a été déjà question plus haut.

tends toujours un démissoire. Cependant il m'a fait habiller de noir depuis les pieds jusqu'à la tête. La mode de ce pays est de porter un drap d'Espagne qui est fort beau, et qui coûte vingt-trois livres; il m'en a fait faire un habit. J'ai maintenant la mine d'un des meilleurs bourgeois de la ville. Il attend toujours l'occasion de me pourvoir de quelque chose; et ce sera alors que je tâcherai de payer une partie de mes dettes, si je puis, car je ne puis rien faire avant ce temps. Je me remets devant les yeux toutes les importunités que vous avez reçues de moi; j'en rougis à l'heure que je vous parle. Mais mes affaires n'en vont pas mieux, et cette sentence est bien fausse, si ce n'est que vous vouliez prendre cette rougeur pour reconnaissance de tout ce que je vous dois, dont je me souviendrai toute ma vie.

J.-F. REGNARD

(1656-1710)

Né riche, mis en possession du bien paternel au moment où il vient d'achever ce qu'on appelait alors ses humanités, un jeune Français est pris du beau désir de courir le monde. Il va en Italie, gagne au jeu une somme importante et retourne à Paris ; bientôt il repart pour le même pays où l'attend mainte aventure... Le voilà sur mer, et voilà le vaisseau qui le porte capturé par des corsaires d'Afrique, qui vont vendre leur prise à Alger.

Le jeune Français est acheté moyennant quinze cents livres par un Turc, qui l'emmène à Constantinople. Il reste là deux ans, réduit aux fonctions les plus serviles. Enfin sa famille avertie le fait racheter. Il revient en France « portant avec lui, dit un de ses biographes, la chaîne dont il avait été chargé pendant son esclavage, et qu'il conserva toujours depuis, pour se rappeler ce temps de disgrâce, lorsqu'il avait quelque chagrin qu'il mettait en balance avec celui qu'il avait ressenti en Turquie ».

A son retour en France, d'ailleurs, de graves mécomptes l'assaillent : pour les oublier il se remet à voyager.

Toutefois, comme le Midi ne lui a pas été favorable, c'est maintenant vers le Nord qu'il se dirige.

Et ainsi s'accomplit cette pérégrination aux régions boréales, dont ensuite il s'avise de rédiger et publier la relation.

Et s'il l'écrit, c'est sans prétendre au titre d'écrivain, sans paraître même se douter qu'on puisse faire profession d'écrire. Il a vu des pays, observé des mœurs, dont aucun Français avant lui n'a jamais rien raconté, et il raconte ce qu'il a vu, observé, mais ne cherchant aucun artifice de composition, aucune ornementation de langage; notes curieuses, faciles, claires, s'ajoutant les unes aux autres, parfois même formant redites, ainsi que souvent il arrive dans le récit oral.

C'est ce *Voyage en Laponie* que nous reproduisons, et qui d'ailleurs présente un intérêt tout particulier. Tandis que les autres récits réunis dans le présent recueil nous mettent sous les yeux des images d'autrefois, celui-là, bien que datant de deux siècles, est resté, autant que nous croyons pouvoir l'affirmer, un tableau presque rigoureusement fidèle de ce qui est, de ce qu'on peut encore voir dans les pays où il eut lieu; car cette région est une des très rares parties du globe où presque rien n'a pénétré de ce qui opère partout la transformation matérielle et intellectuelle des nations.

Quoi qu'il en soit, notre jeune Français revenu du fond de la Laponie passe de Stockolm à Dantzig, puis en Pologne, de là en Hongrie, en Allemagne; enfin, de retour à Paris, après deux ans d'absence, et ses chagrins dissipés, il achète (il est alors dans sa vingt-septième année) une charge de trésorier de France, charge ou plutôt sinécure largement productive, qui, dit encore le biographe que avons déjà cité, « lui permet de ne songer plus qu'aux plaisirs, qu'il recherche avec toute la délicatesse et tout le raffinement qu'on puisse imaginer; faisant une fort belle dépense, donnant souvent à manger, toujours avec goût, sans profusion, et recevant chez lui ce qu'il y a en France de plus grand et de distingué ».

Il a maison de ville et maison des champs, et sa vie n'est plus dès lors qu'une suite d'agréables journées.

Or, comme si nombreuses et si charmantes que soient les distractions qui, d'elles-mêmes en quelque sorte, viennent le trouver, il en est une pour laquelle il se met de temps en temps en frais de recherches, un jour, de la plume alerte et franche dont il retraça ses souvenirs du pays lapon, il écrit trois actes de comédie bouffonne. Il les porte aux acteurs italiens, qui les jouent et les font applaudir; puis une autre, et une autre... Enfin, vers 1694, toujours ne consacrant à la production de ces choses que quelques heures prises sur ses plaisirs ordinaires, un petit acte de sa façon se glisse à la Comédie française ; et pendant les quinze années qui suivent, tout en s'amusant, le ci-devant voyageur fait si bien de son esprit et de sa plume, que, quand il meurt, âgé seulement de cinquante-quatre ans, la France prend le deuil d'un poète comique, qu'elle regarde comme le successeur immédiat de Molière ; car celui qui vient de mourir s'appelle Regnard ; et il a signé ces chefs-d'œuvre de fine observation, de style naturel et de merveilleuse gaieté qui ont pour titres *le Joueur, le Distrait, les Folies amoureuses, le Légataire universel.*

VOYAGE DE LAPONIE

PAR

REGNARD[1]

Les voyageurs ont leurs travaux comme leurs plaisirs ; mais les fatigues qui se trouvent dans cet exercice, loin de nous rebuter, accroissent ordinairement l'envie de voyager. Cette passion, irritée par les peines, nous engage insensiblement à aller plus loin que nous ne voudrions, et l'on ne sort souvent de chez soi que pour aller en Hollande, qu'on se trouve, je ne sais comment, au bout du monde. La même chose m'est arrivée, Monsieur ; j'appris à Amsterdam que la cour de Danemarck était à Oldenbourg, qui n'est qu'à trois journées : j'eusse témoigné beaucoup de mépris pour cette cour, et bien peu de curiosité, si je n'eusse été la voir.

Je partis pour Oldenbourg ; mais le hasard, qui me voulait conduire plus loin, en avait fait partir le roi deux jours avant que j'y arrivasse. On me dit que je le trouverais encore à Altena, qui est à une portée de mousquet de Hambourg. Je crus être obligé d'honneur à poursuivre mon dessein, et à faire encore deux ou

---

[1]. L'auteur n'indique pas tout d'abord la date de son voyage, mais nous verrons plus loin, par une inscription citée dans le récit, que ce voyage eut lieu en 1681. Dans un autre ouvrage, d'ailleurs, Regnard dit qu'il partit de Paris pour les pays du Nord le 26 avril 1681.

trois jours de marche pour voir ce que je souhaitais. De plus, Hambourg est une ville anséatique, fameuse par le commerce qu'elle a avec toute la terre, et recommandable par ses fortifications et son gouvernement. J'y devais rencontrer la cour de Danemarck ; je n'y vis cependant qu'une partie de ce que je voulais voir. Je n'y trouvai que la reine mère et le prince Georges son fils, qui allaient aux eaux de Pyrmond. Je vis Hambourg, dont je fus content. Mais, après avoir fait tant de chemin pour voir le roi, je crus devoir l'aller chercher dans la ville capitale, où je devais infailliblement le trouver. J'entrepris le voyage de Copenhague. M. l'ambassadeur me présenta au roi [1], j'eus l'honneur de lui baiser les mains et de l'entretenir quelque temps. Le séjour que je fis à Copenhague me fut infiniment agréable. L'extrême envie que j'avais de voir aussi le roi de Suède [2] m'engagea à partir pour aller à Stockolm. Nous [3] eûmes l'honneur de saluer le roi et de l'entretenir pendant une heure entière. Ayant connu que nous voyagions pour notre curiosité, il nous dit que la Laponie méritait d'être vue par les curieux, tant par sa situation que par ses habitants, qui vivent d'une manière tout à fait inconnue au reste des Européens, et commanda même au comte de Steinbielk, grand trésorier, de nous donner toutes les recommandations nécessaires, si nous voulions faire ce voyage. Le moyen, Monsieur, de résister au conseil d'un roi, et d'un grand roi comme celui de Suède ? Ne peut-on

---

1. Christian V, qui régna de 1670 à 1699, fondateur de l'ordre du Danebrog, prince qui, pendant presque toute la durée de son règne, fut en guerre tantôt avec la Suède, tantôt avec la Hollande.

2. Charles XI, fils de Charles-Gustave, devenu roi par l'abdication de Christine, et père de Charles XII, dont Voltaire a écrit l'histoire.

3. Jusqu'ici Regnard a parlé au singulier, maintenant il dit « nous », mais sans indiquer quels sont les compagnons qui motivent ce pluriel. Nous saurons leurs noms plus tard, sans avoir toutefois aucun détail sur eux.

pas, avec son aveu, entreprendre toutes choses, et peut-on être malheureux dans une entreprise qu'il a lui-même conseillée, et dont il a souhaité le succès ? Les avis des rois sont des commandements ; cela fut cause qu'il mit ordre à toutes choses. Nous mîmes à la voile pour Torno le mercredi 23 juillet 1681, sur le midi, après avoir salué M. de Steinbielk, grand trésorier, qui, suivant l'ordre qu'il avait reçu du roi son maître, nous donna des recommandations pour les gouverneurs des provinces par où nous devions passer.

Nous fûmes portés d'un sud-ouest jusqu'à Varsal, où l'on visite les vaisseaux. Nous admirâmes, en y allant, la bizarre situation de Stockolm. Il est presque incroyable qu'on ait choisi un lieu comme celui où l'on voit cette ville pour en faire la capitale d'un royaume aussi grand que celui de Suède. On dit que les fondateurs de cette ville, cherchant un lieu pour la faire, jetèrent un bâton dans la mer, dans le dessein de la bâtir au lieu où il s'arrêterait. Ce bâton s'arrêta où l'on voit présentement cette ville, qui n'a rien d'affreux que sa situation : car les bâtiments en sont fort superbes et les habitants fort civils.

Nous vîmes la petite île d'Aland, à 40 milles de Stockolm. Cette île est très fertile et sert de retraite aux élans, qui y passent de Livonie et de Carélie lorsque l'hiver leur fait un passage sur les glaces. Cet animal est de la hauteur d'un cheval, et d'un poil tirant sur le blanc. Il porte un bois comme un daim, et il a le pied de même fort long, mais il le surpasse en légèreté et en force, dont il se sert contre les loups, avec lesquels il se bat souvent. La peau de cet animal appartient au roi. Les paysans sont obligés, sous peine de la vie, de la porter au gouverneur.

En quittant cette île, nous perdîmes la terre de vue et ne la revîmes que le vendredi matin, à la hauteur d'Hernen ou d'Hernesante, éloignée de Stockolm de cent milles, qui valent trois cents lieues de France ; et, le vent demeurant toujours extrêmement violent, nous ne fûmes pas longtemps sans découvrir les îles d'Ulfen, Schagen et Goben, en sorte que le mardi matin nous trouvâmes que nous avions laissé l'Angermanie, et que nous étions à la hauteur d'Urna, première ville de la Laponie, qui prend son nom du fleuve qui l'arrose ; cette ville donne son nom à toute la province, qu'on appelle Urna Lapmark ; elle se trouve au trente-huitième degré de longitude, et au soixante-cinquième huit minutes de latitude, éloignée de Stockolm de 150 milles, faisant environ 450 lieues de France.

Nous découvrîmes, le samedi, les îles de Quercken, et le vent continuant toujours sud-ouest nous fit voir, sur le midi, la petite île de Ratan, et sur les quatre heures du même jour nous nous trouvâmes à la hauteur du cap Barockluben.

Quand nous eûmes passé ce petit cap, nous perdîmes la terre de vue, et, le vent s'étant tenu au sud toute la nuit, nous nous trouvâmes à la hauteur de Mallurn, petite île à 8 milles de Torno. Il en sortit des pêcheurs dans une petite barque, aussi mince que j'en aie vu de ma vie, dont les planches étaient cousues ensemble à la mode des Russes. Ils nous apportèrent du strumfelin, et nous leur donnâmes du biscuit et de l'eau-de-vie, avec quoi ils s'en retournèrent fort contents.

Le vent durant toujours extrêmement favorable, nous arrivâmes à une lieue de Torno, où nous mouillâmes l'ancre.

Il est assez difficile de croire qu'on ait pu faire un aussi long chemin que celui que nous fîmes en quatre jours de temps. On compte de Stockolm à Torno

200 milles de Suède, par mer, qui font 600 lieues de France, et nous fîmes tout ce chemin avec un vent de sud et de sud-sud-ouest si favorable et si violent, qu'étant partis le mercredi à midi de Stockolm, nous arrivâmes à la même heure le dimanche suivant, sans avoir été obligés de changer les voiles pendant tout le voyage.

Torno est situé à l'extrémité du golfe Bothnique, au quarante-deuxième degré vingt-sept minutes de longitude, et au soixante-septième de latitude. C'est la dernière ville du monde du côté du nord, le reste, jusqu'au cap, n'étant habité que par les Lapons, gens sauvages qui n'ont aucune demeure fixe.

C'est en ce lieu où se tiennent les foires de ces nations septentrionales pendant l'hiver, lorsque la mer est assez glacée pour y venir en traîneau. C'est pendant ce temps qu'on y voit de toutes sortes de nations du Nord, des Russes, des Moscovites, des Finlandais et des Lapons de tous les trois royaumes, qui y viennent ensemble, sur des neiges et sur des glaces, dont la commodité est si grande qu'on peut facilement, par le moyen des traîneaux, aller en un jour de Finlande en Laponie, et traverser sur les glaces le golfe Bothnique, quoiqu'il ait, dans les moindres endroits, 30 ou 40 milles de Suède. Le trafic de cette ville est en poissons, qu'ils envoient fort loin, et la rivière de Torno est si fertile en saumons et brochets, qu'elle en fournit à tous les habitants de la mer Baltique. Ils salent les uns pour les transporter, et fument les autres dans des *basses-touches*, qui sont faits comme des bains. Quoique cette ville ne soit proprement qu'un amas de cabanes de bois, elle ne laisse pas de payer tous les ans 2,000 *dalles* de cuivre, qui font environ 1,000 livres de notre monnaie.

Nous logeâmes chez le patron de la barque qui nous avait amenés de Stockolm. Nous ne trouvâmes pas sa femme chez lui. Elle était allée à une foire qui se tenait à dix ou douze lieues de là, pour troquer du sel et de la farine contre des peaux de *rennes*, de petits-gris et autres ; car tout le commerce de ce pays se fait ordinairement en troc, et les Russes et les Lapons n'en font guère autrement.

Nous allâmes le jour suivant, lundi, pour voir *Joannes Tornœus*, homme docte, qui a tourné en lapon tous les psaumes de David, et qui a écrit leur histoire. C'était un prêtre de la campagne. Il était mort depuis trois jours, et nous le trouvâmes étendu dans son cercueil avec des habits conformes à sa profession, et qu'on lui avait fait faire exprès. Il était fort regretté dans le pays et avait voyagé dans une bonne partie de l'Europe.

Sa femme était d'un autre côté, couchée sur son lit, qui témoignait, par ses soupirs et par ses pleurs, le regret qu'elle avait d'avoir perdu un tel mari. Quantité d'autres femmes, ses amies, environnaient le lit, et répondaient par leurs gémissements à la douleur de la veuve.

Mais ce qui consolait un peu, dans une si grande affliction et une tristesse si générale, c'était quantité de grands pots d'argent, faits à l'antique, pleins les uns de vins de France, d'autres de vins d'Espagne, et d'autres d'eau-de-vie, qu'on avait soin de ne pas laisser longtemps vides. Nous tâtâmes de tout, et la veuve avait soin d'interrompre souvent ses soupirs pour nous presser de boire : elle nous fit même apporter du tabac, dont nous ne voulûmes pas prendre. On nous conduisit ensuite au temple dont le défunt était le pasteur, où nous ne vîmes rien de remarquable ; et, prenant congé de la veuve, il fallut encore boire à la mémoire du défunt, et faire, Monsieur, ce qui s'appelle *libare manibus*[1].

Nous allâmes ensuite chez une personne qui était en notre compagnie. La mère nous reçut avec toute l'affection possible, et ses gens, qui n'avaient jamais vu des Français, ne savaient comment nous témoigner la joie qu'ils avaient de nous voir en leur pays.

Le mardi, on nous apporta quantité de fourrures à acheter, de grandes couvertures fourrées de peaux de lièvres blancs, qu'on voulait donner pour un écu. On nous montra aussi des habits de Lapons, faits de peaux de jeunes rennes, avec tout l'équipage, les bottes, les gants, les souliers, la ceinture et le bonnet. Nous allâmes le même jour à la chasse autour de la maison : nous trouvâmes quantité de bécasses sauvages et autres animaux inconnus en nos pays, et nous nous étonnâmes que les habitants que nous rencontrions dans le chemin ne nous fuyaient pas moins que le gibier.

Le mercredi, nous reçûmes visite des bourgmestres de la ville et du bailli, qui nous firent offre de services en tout ce qui serait en leur pouvoir. Ils nous vinrent prendre après dîner dans leurs barques, et nous menèrent chez le prêtre de la ville, gendre du défunt Tornœus.

Ce fut là où nous vîmes pour la première fois un traîneau lapon, dont nous admirâmes la structure. Cette machine, qu'ils appellent *pulea*, est faite comme un petit canot, élevée sur le devant pour fendre la neige avec plus de facilité. La proue n'est faite que d'une seule planche, et le corps est composé de plusieurs morceaux de bois, qui sont cousus ensemble avec de gros fils de rennes, sans qu'il y entre un seul clou, et

---

[1]. Faire des libations en l'honneur des mânes, selon la formule antique, ou mieux en l'honneur de l'âme du mort.

qui se réunissent sur le devant à un morceau de bois assez fort, qui règne tout du long par-dessus, et qui, excédant le reste de l'ouvrage, fait le même effet que la quille d'un vaisseau. C'est sur ce morceau de bois que le traîneau glisse ; et, comme il n'est large que de quatre bons doigts, cette machine roule continuellement de côté et d'autre. On se met dedans jusqu'à la moitié du corps, comme dans un cercueil : l'on vous y lie, en sorte que vous y êtes entièrement immobile, et l'on vous laisse seulement l'usage des mains, afin que d'une main vous puissiez conduire le renne [1], et de l'autre vous soutenir lorsque vous êtes en danger de tomber. Il faut tenir son corps dans l'équilibre ; ce qui fait qu'à moins d'être exercé à cette manière de courir, on est souvent en danger de la vie, et principalement lorsque le traîneau descend des rochers les plus escarpés, sur lesquels vous courez d'une si horrible vitesse, qu'il est impossible de se figurer la promptitude de ce mouvement à moins de l'avoir expérimenté. Nous soupâmes, ce même soir, en public, avec le bourgmestre. Tous les habitants coururent en foule pour nous voir manger. Nous arrêtâmes, ce même soir, notre départ pour le lendemain et prîmes un trucheman.

Le jeudi, dernier juillet, nous partîmes de Torno, dans un petit bateau finlandais, fait exprès pour aller dans ce pays. Sa longueur peut être de douze pieds, et sa largeur de trois. Il ne se peut rien voir de si bien travaillé, ni de si léger, en sorte que deux ou trois hommes peuvent porter facilement ce bâtiment lorsqu'ils sont obligés de passer les cataractes du fleuve, qui sont si impétueuses, qu'elles roulent des pierres d'une grosseur extraordinaire. Nous fûmes obligés

---

1. Il sera longuement question plus loin de cet animal, sorte de cerf, *cervus frangifer* des naturalistes.

d'aller à pied tout le reste de la journée, à cause des torrents qui tombaient des montagnes, et d'un vent impétueux qui faisait entrer l'eau dans le bateau avec une telle abondance que, si l'on n'eût été extrêmement prompt à le vider, il eût été bientôt rempli. Nous allâmes le long de la côte de la rivière, toujours chassant ; nous tuâmes quelques pièces de gibier, et nous admirâmes la quantité de canards, d'oies, de courlis et de plusieurs autres oiseaux que nous rencontrions à chaque pas. Nous ne fîmes pas, ce jour-là, tout le chemin que nous avions déterminé de faire, à cause d'une pluie violente qui nous surprit et nous obligea de passer la nuit dans une maison de paysans, à une lieue et demie de Torno.

Nous marchâmes tout le vendredi sans nous reposer, et nous fûmes depuis quatre heures du matin jusqu'à la nuit à faire trois milles, si l'on peut appeler la nuit un temps où l'on voit toujours le soleil, sans que l'on puisse faire aucune distinction du jour au lendemain [1].

Nous fîmes plus de la moitié du chemin à pied, à cause des torrents effroyables qu'il fallait surmonter. Nous fûmes même obligés de porter notre bateau pendant quelque espace de chemin, et nous eûmes le plaisir de voir en même temps descendre deux petites barques au milieu de ces cataractes. L'oiseau le plus vite et le plus léger ne peut aller de cette impétuosité, et la vue ne peut suivre la course de ces bâtiments, qui se dérobent aux yeux, et s'enfoncent tantôt dans les vagues, où ils semblent ensevelis, tantôt se relèvent d'une hauteur surprenante. Pendant cette course ra-

---

1. On sait que plus on se rapproche du pôle boréal et plus en été les nuits sont courtes. Sous les plus hautes latitudes il arrive même que le soleil reste sur l'horizon pendant plusieurs jours, et dans les régions du nord, vu le peu de temps qui sépare le coucher du lever du soleil à

pide, le pilote est debout et emploie toute son industrie à éviter des pierres d'une grosseur extraordinaire, et à passer au milieu des rochers, qui ne laissent justement que la largeur du bateau, et qui briseraient ces petites chaloupes en mille pièces si elles y touchaient le moins du monde.

Nous tuâmes, ce jour-là, dans les bois, deux faisandeaux, trois canards et deux sarcelles, sans nous éloigner de notre chemin, pendant lequel nous fûmes extrêmement incommodés des moucherons, qui font la peste de ce pays [1], et qui nous firent désespérer. Les Lapons n'ont point d'autres remèdes contre ces maudits animaux que d'emplir de fumée le lieu où ils demeurent, et nous remarquâmes sur le chemin que, pour garantir leur bétail de ces bêtes importunes, ils allument un grand feu dans les endroits où passent leurs vaches (que nous trouvâmes toutes blanches), à la fumée duquel elles se mettent, et chassent ainsi les moucherons, qui n'y sauraient durer.

Nous fîmes la même chose, et nous nous enfumâmes, lorsque nous fûmes arrivés chez un Allemand, qui est depuis trente ans dans le pays et qui reçoit les tributs des Lapons pour le roi de Suède. Il nous dit que ce peuple était obligé de se trouver en un certain lieu, qu'on lui assigne l'année précédente, pour apporter ce qu'il doit, et qu'on prenait ordinairement le temps de l'hiver, à cause de la commodité qu'il donne aux Lapons de venir sur les glaces, par le moyen de leurs rennes.

l'époque du solstice, on a en réalité des journées de plusieurs semaines, comme en hiver on a des nuits de même durée.

1. La même remarque peut être faite pour la généralité des régions boréales. En Sibérie notamment les insectes constituent pendant l'été un véritable fléau : ce qui doit par parenthèse mettre à néant l'opinion de nos rustiques estimant que les hivers rigoureux ont le grand avantage de détruire « la vermine ». Or que sont nos froids comparés à ceux de ces pays, où pourtant la vermine hiverne si bien ?

Le tribut qu'ils payent est peu de chose, et c'est une politique du roi de Suède, qui, pour tenir toujours ces peuples tributaires de sa couronne, ne les charge que d'un médiocre impôt, de peur que les Lapons, qui n'ont aucune demeure fixe et à qui toute l'étendue de la Laponie sert de maison, n'aillent sur les terres des autres princes, pour éviter les vexations du prince par qui ils seraient trop surchargés. Il y a pourtant de ces peuples qui payent plusieurs tributs à différents États. Quelquefois un Lapon sera tributaire du roi de Suède, de celui de Danemarck et du grand-duc de Moscovie. Ils payeront au premier parce qu'ils seront sur ses États, à l'autre parce qu'il leur permet de pêcher du côté de la Norwège, qui lui appartient, et au troisième à cause qu'ils peuvent aller chasser sur ses terres.

Il ne nous arriva rien d'extraordinaire pendant tout le chemin que nous fîmes le samedi; mais sitôt que nous fûmes arrivés chez un paysan, nous nous étonnâmes de trouver tout le monde dans les bains. Ces lieux, qu'ils appellent basse-touches ou bains, sont faits de bois, comme toutes leurs maisons. On voit au milieu de ce bain un gros amas de pierres, sans qu'ils aient observé aucun ordre, en le faisant, que d'y laisser un trou au milieu, dans lequel ils allument le feu. Ces pierres, étant une fois échauffées, communiquent la chaleur à tout le lieu; mais ce chaud s'augmente extrêmement lorsque l'on vient à jeter de l'eau sur les cailloux, qui, renvoyant une fumée étouffante, font que l'air qu'on respire dans ces bains est tout de feu. Nous nous étonnâmes de voir les gens qui étaient dans ces bains se frapper les uns les autres d'une branche. Je crus d'abord que la nature, affaiblie par de grandes sueurs, avait besoin de cet artifice pour faire voir qu'il lui restait encore quelques signes de vie; mais on me détrompa bientôt, et je sus que cela se faisait afin que ces coups réitérés, ouvrant les pores, aidassent à faire faire de grandes évacuations. J'eus de la peine ensuite à concevoir comment ces gens, sortant nus de ces bains tout de feu, allaient se jeter dans une rivière extrêmement froide, qui était à quelques pas de la maison, et je conçus qu'il fallait qu'ils fussent d'un fort tempérament pour pouvoir résister aux effets que ce prompt changement du chaud au froid pouvait causer.

Vous n'auriez jamais cru, Monsieur, que les Bothniens, gens extrêmement sauvages, eussent imité les Romains dans leur luxe et leurs plaisirs; mais vous vous étonnerez encore davantage quand je vous aurai dit que ces mêmes gens, qui ont des bains chez eux comme des empereurs, n'ont pas de pain à manger. Ils vivent d'un peu de lait et se nourrissent de la plus tendre écorce qui se trouve au sommet des pins. Ils la prennent lorsque l'arbre jette sa sève ; et, après l'avoir exposée quelque temps au soleil, ils la mettent, dans de grands paniers, sous terre, sur laquelle ils allument du feu, qui lui donne une couleur et un goût assez agréable. Voilà, Monsieur, quelle est la nourriture de ces gens-là pendant toute l'année : ils cherchent avec soins les délices du bain, et ils peuvent se passer de pain.

Nous fûmes assez heureux à la chasse, le dimanche : nous rapportâmes quantité de gibier ; mais nous ne vîmes rien qui mérite d'être écrit, qu'une paire de ces deux longues planches de bois de sapin avec lesquelles les Lapons courent d'une si extraordinaire vitesse, qu'il n'est point d'animal, si prompt qu'il puisse être, qu'ils n'attrapent facilement lorsque la neige est assez dure pour les soutenir.

Ces planches, extrêmement épaisses, sont de la longueur de deux aunes et larges d'un demi-pied : elles sont relevées en pointe sur le devant et percées au milieu dans l'épaisseur, qui est assez considérable en cet endroit pour pouvoir y passer un cuir qui tient les pieds fermes et immobiles. Le Lapon, qui est au milieu, tient un long bâton à la main, où d'un côté est attaché un rond de bois, afin qu'il n'entre pas dans la neige, et de l'autre un fer pointu. Il se sert de ce bâton pour se donner le premier mouvement, pour se soutenir en courant, pour se conduire dans sa course et pour s'arrêter quand il veut. C'est aussi avec cette arme qu'il perce les bêtes qu'il poursuit, lorsqu'il en est assez près.

Il est assez difficile de se figurer la vitesse de ces gens, qui peuvent, avec ces instruments, surpasser la course des bêtes les plus vites; mais il est impossible de concevoir comment ils peuvent se soutenir en descendant les fonds les plus précipités, et comment ils peuvent monter les montagnes les plus escarpées. C'est pourtant, Monsieur, ce qu'ils font, avec une adresse qui surpasse l'imagination, et qui est si naturelle aux gens de ce pays, que les femmes ne sont pas moins adroites que les hommes à se servir de ces planches. Elles vont visiter leurs parents et entreprennent de cette manière les voyages les plus difficiles et les plus longs.

Le lundi ne fut remarquable que par la quantité de gibier que nous vîmes et que nous tuâmes. Nous avions, ce jour-là, plus de vingt pièces dans notre dépense : il est vrai que nous achetâmes cinq ou six canards, de quelques paysans qui venaient de les prendre. Ces gens n'ont pas d'autre arme, pour aller à la chasse, que l'arc ou l'arbalète : ils se servent de l'arc contre les plus grandes bêtes, comme les ours, les loups et les rennes sauvages ; et, lorsqu'ils veulent prendre des animaux moins considérables, ils emploient l'arbalète, qui ne diffère des nôtres que par la grandeur. Les habitants de ces pays sont si adroits à se servir de ces armes, qu'ils sont sûrs de frapper le but d'aussi loin qu'ils peuvent le voir. L'oiseau le plus petit ne leur échappe pas, et il s'en trouve même quelques-uns qui donneraient dans le trou d'une aiguille. Les flèches dont ils se servent sont différentes : les unes sont armées de fer ou d'os de poisson ; les autres sont rondes, de la figure d'une boule coupée par la moitié. Ils se servent des premières pour l'arc lorsqu'ils vont aux grandes chasses, et des autres pour l'arbalète, quand ils rencontrent des animaux qu'ils peuvent tuer sans leur faire une plaie si dangereuse. Ils emploient ces mêmes flèches rondes contre les petits-gris, les martres et les hermines, afin de conserver les peaux entières ; et, parce qu'il est difficile qu'il n'y reste la marque que le coup a faite, les plus habiles ne manquent jamais de les toucher où ils veulent, et les frappent ordinairement à la tête, qui est l'endroit de la peau le moins estimé.

Nous arrivâmes le mardi à Kônes, et nous y restâmes le mercredi pour nous y reposer, et voir travailler aux forges de fer et de cuivre qui sont en ce lieu. Nous admirâmes les manières de fondre ces métaux et de préparer le cuivre avant qu'on en puisse faire des pelotes, qui sont la monnaie du pays lorsqu'elle est marquée au coin du prince. Ce qui nous étonna le plus, ce fut de voir un de ces forgerons approcher de la fournaise, et prendre avec sa main du cuivre que la violence du feu avait fondu comme de l'eau, et le tenir ainsi quelque temps. Rien n'est plus affreux que ces demeures ; les torrents qui tombent des montagnes, les rochers et les bois qui les environnent, la noirceur et l'air sauvage des forgerons, tout contribue à former l'horreur de ce lieu. Ces solitudes affreuses ne laissent pas d'avoir leur agrément et de plaire quelquefois autant que les lieux les plus magnifiques. Ce fut au milieu de ces roches que je laissai couler ces vers d'une veine qui avait été longtemps stérile.

> Tranquilles et sombres forêts,
> Où le soleil ne luit jamais
> Qu'au travers de mille feuillages,
> Que vous avez pour moi d'attraits !
> Et qu'il est doux, sous vos ombrages,
> De pouvoir respirer en paix !
>
> Que j'aime à voir vos chênes verts,
> Presque aussi vieux que l'univers,
> Qui, malgré la nature émue
> Et ses plus cruels aquilons,
> Sont aussi sûrs près de la nue
> Que les épis dans les sillons !
>
> Et vous, impétueux torrents,
> Qui, sur les roches murmurants,
> Roulez vos eaux avec contrainte,
> Que le bruit que vous excitez,
> Cause de respect et de crainte
> A tous ceux que vous arrêtez !
>
> Quelquefois vos rapides eaux,
> Venant arroser les roseaux,
> Forment des étangs pacifiques,
> Où les plongeons et les canards
> Et tous les oiseaux aquatiques
> Viennent fondre de toutes parts.
>
> D'un côté, l'on voit des poissons
> Qui, sans craindre les hameçons,
> Quittent leurs demeures profondes,
> Et, pour prendre un plaisir nouveau,
> Las de folâtrer dans les ondes,
> S'élancent et sautent sur l'eau.
>
> Tous ces édifices détruits,
> Et ces respectables débris

Qu'on voit sur cette roche obscure
Sont plus beaux que les bâtiments
Où l'or, l'azur et la peinture
Forment les moindres ornements.

Le temps y laisse quelques trous
Pour la demeure des hiboux ;
Et les bêtes d'un cri funeste,
Les oiseaux sacrés à la nuit,
Dans l'horreur de cette retraite
Trouvent toujours un sûr réduit.

Nous partîmes le jeudi de ces forges, pour aller à d'autres qui en sont éloignées de 18 milles de Suède, qui valent environ 50 lieues de France. Nous nous servîmes toujours de la même voie, n'y en ayant pas d'autres dans le pays, et continuâmes notre chemin sur la rivière. Nous apprîmes qu'elle changeait de nom, et que les habitants l'appelaient *Wilnama Suaceda*. Nous passâmes toute la nuit sur l'eau, et nous arrivâmes le lendemain, vendredi, à une pauvre cabane de paysans, dans laquelle nous ne trouvâmes personne. Toute la famille, qui consistait en cinq ou six personnes, était dehors ; une partie était dans les bois, et l'autre était allée à la pêche du brochet. Ce poisson, qu'ils sèchent, leur sert de nourriture toute l'année ; ils ne le prennent pas avec des rets, comme on fait les autres ; mais, en allumant du feu sous la proue de leurs petites barques, ils attirent le poisson à la lueur de cette flamme, et le harponnent avec un long bâton armé de fer, de la manière qu'on nous représente un trident. Ils en prennent en quantité, et d'une grosseur extraordinaire ; et la nature, comme une bonne mère, leur refusant la fertilité de la terre, leur accorde l'abondance des eaux.

Plus on avance dans le pays, et plus la misère est extrême : on ne connaît pas l'usage du blé ; les os des poissons broyés avec l'écorce des arbres leur servent de pain; et, malgré cette méchante nourriture, ces pauvres gens vivent dans une santé parfaite. Ne connaissant pas de médecins, il ne faut pas s'étonner s'ils ignorent aussi les maladies, et s'ils vont jusqu'à une vieillesse si avancée qu'ils passent ordinairement cent ans, et quelquefois cent cinquante ans.

Nous ne fîmes, le samedi, que fort peu de chemin, étant restés tout le jour dans une petite maison, qui est la dernière qui se montre dans le pays. Nous eûmes différents plaisirs pendant le temps que nous séjournâmes dans cette cabane. Le premier fut de nous occuper tour à tour à différents exercices, aussitôt que nous fûmes arrivés. L'un coupait un arbre sec dans le bois prochain et le traînait avec peine au lieu destiné; l'autre, après avoir tiré du feu d'un caillou, soufflait de tous ses poumons pour l'allumer; quelques-uns étaient occupés à accommoder un agneau qu'ils venaient de tuer; et d'autres, plus prévoyants, laissant ces petits soins pour en prendre de plus importants, allaient chercher sur un étang voisin, tout couvert de poissons, quelque chose pour le lendemain. Ce plaisir fut suivi d'un autre. Car aussitôt qu'on se fut levé de table, on fut d'avis, à cause des nécessités pressantes, d'ordonner une chasse générale. Tout le monde se prépara pour cela, et, ayant pris deux barques et deux paysans avec nous, nous nous abandonnâmes sur la rivière à notre bonne fortune. Nous fîmes la chasse la plus plaisante du monde, et la plus particulière. Il est inouï qu'on s'en soit jamais servi en France pour chasser; mais il n'est pas de même dans ce pays: le gibier y est si abondant, qu'on se sert de fouets et même de bâtons pour le tuer. Les oiseaux que nous prîmes davantage, ce fut des plongeons, et nous admirions l'adresse de nos gens à les attraper. Ils les suivaient partout où ils les voyaient, et, lorsqu'ils les apercevaient nageant entre deux eaux, ils lançaient leurs bâtons et leur écrasaient la tête dans le fond de l'eau avec tant d'adresse, qu'il est difficile de se figurer la promptitude avec laquelle ils font cette action. Pour nous, qui n'étions point faits à cette sorte de chasse, et de qui les yeux n'étaient pas assez fins pour percer le fond de la rivière, nous frappions au hasard dans les endroits qu'ils frappaient, et sans d'autres armes que les bâtons; et nous fîmes tant, qu'en moins de deux heures nous nous vîmes plus de vingt ou vingt-cinq pièces de gibier. Nous retournâmes à notre petite habitation, fort contents d'avoir une telle chasse, et encore plus de rapporter avec nous de quoi vivre pendant quelque temps.

Une bonne fortune, comme une mauvaise, vient rarement seule : et quelques paysans ayant appris la nouvelle de notre arrivée, qui s'était répandue bien loin dans leur pays, en partie par curiosité de nous voir et en partie pour avoir de notre argent, nous apportèrent un mouton que nous achetâmes cinq ou six sols, et qui accrut nos provisions, de telle sorte que nous nous crûmes assez munis pour entreprendre trois jours de marche, pendant lesquels nous ne devions pas trouver de maison. Nous partîmes donc le dimanche matin, à dix heures : car le soin que nous avions de nous reposer faisait que nous ne nous mettions guère en marche avant ce temps.

Nous nous étonnâmes que, quoique nous fussions si avant dans le Nord, nous ne laissions pas de rencontrer quantité d'hirondelles, et ayant demandé aux gens du pays qui nous conduisaient ce qu'elles devenaient l'hiver, et si elles passaient dans des pays chauds, ils nous assurèrent qu'elles se mettaient en pelotons et s'enfonçaient dans la bourbe qui est au fond des lacs, qu'elles attendaient là que le soleil, reprenant sa vigueur, allât dans le fond de ces marais leur rendre la vie que le froid leur avait ôtée. La même chose avait été dite à Copenhague par M. l'ambassadeur, et à Stockolm par quelques personnes. Mais j'avais toujours eu beaucoup de peine à croire que ces animaux pussent vivre plus de six mois ensevelis dans la terre, sans aucune nourriture. C'est pourtant la vérité, et cela m'a été confirmé par tant de gens, que je ne saurais plus en douter [1]. Nous logeâmes ce jour-là à *Coctuanda*, où commence la Laponie, et le lendemain lundi, après avoir fait quatre milles, nous vînmes camper sur le bord de la rivière, où il fallut coucher *sub dio* [2], et où nous fîmes des feux épouvantables pour nous garantir de l'importunité des moucherons. Nous fîmes un grand retranchement rond, de quantité de gros arbres secs, et de plus petits pour les allumer; nous nous mîmes au milieu et fîmes le plus beau feu que j'aie vu de ma vie. On aurait pu assurément charger un de ces grands bateaux qui viennent à Paris du bois que nous consumâmes, et il s'en fallut peu que nous ne missions le feu à toute la forêt. Nous demeurâmes au milieu de ces feux toute la nuit, et nous nous mîmes en chemin le lendemain matin, mardi, pour aller aux mines de cuivre, qui n'étaient plus éloignées que de deux lieues. Nous prîmes notre chemin à l'ouest, sur une petite rivière nommée *Longafiocki*, qui formait de temps en temps des paysages les plus agréables que j'aie jamais vus; et, après avoir été souvent obligés de porter notre bateau faute d'eau, nous arrivâmes à *Swapavara* ou

[1]. Cette explication de l'hivernage des hirondelles dans les pays du Nord a donné et donne encore lieu à discussion ; mais il est plus rationnel de croire que ces oiseaux émigrent réellement, quelques centaines de lieues en plus à faire ne changeant guère pour eux les conditions du voyage normal.

[2]. A l'air, sans abri,

Supawara, où sont les mines de cuivre. Ce lieu est éloigné d'une lieue de la rivière, et il fallut faire tout ce chemin à pied.

Nous fûmes extrêmement réjouis, à notre arrivée, d'apprendre qu'il y avait un Français dans ce lieu. Vous voyez, Monsieur, qu'il n'y a pas d'endroit, si reculé que ce puisse être, où les Français ne se fassent jour. Il y avait près de trente ans qu'il travaillait aux mines : il est vrai qu'il avait plus l'air d'un sauvage que d'un homme ; il ne laissa pas de nous servir beaucoup, quoiqu'il eût presque oublié sa langue ; et il nous assura que depuis qu'il était en ce lieu, bien loin d'avoir vu des Français, il n'y était venu aucun étranger plus voisin qu'un Italien, qui passa il y a environ quatorze ans, et dont on n'a plus entendu parler depuis. Nous fîmes en sorte, tout doucement, que cet homme reprit un peu sa langue naturelle, et nous apprîmes de lui des choses que nous eussions eu de la peine à savoir d'un autre que d'un Français.

Ces mines de Swapavara sont à trente milles de Torno et quinze milles de *Kanges*. (Il faut toujours prendre trois lieues de France pour un mille de Suède.) Elles furent ouvertes il y a environ vingt-sept ans par un Lapon nommé ..., à qui l'on a fait une petite rente de quatre écus et de deux tonneaux de farine. Il est aussi exempt de toute contribution. Ces mines ont été autrefois mieux entretenues qu'elles ne le sont. Il y avait toujours cent hommes qui y travaillaient, mais aujourd'hui à peine y en voit-on dix ou douze. Le cuivre qui s'y trouve est pourtant le meilleur qui soit en Suède ; mais le pays est si désert et si épouvantable, qu'il y a peu de personnes qui y puissent rester. Il n'y a que les Lapons qui demeurent pendant l'hiver autour de ces mines, et l'été ils sont obligés d'abandonner le pays à cause du chaud et des moucherons, que les Suédois appellent *alcaneras*, qui sont pires mille fois que les plaies d'Égypte. Ils se retirent dans les montagnes proche de la mer Occidentale, pour avoir la commodité de pêcher, et trouver plus facilement de la nourriture à leurs rennes, qui ne vivent que d'une petite mousse blanche et tendre qui se trouve l'été sur les monts *Scellices*, qui séparent la Norwège de la Laponie, dans les pays septentrionaux.

Nous allâmes, le lendemain mercredi, voir les mines, qui étaient éloignées d'une bonne demi-lieue de notre cabane. Nous admirâmes les travaux et les abîmes ouverts qui pénétraient jusqu'au centre de la terre, pour aller chercher, près des enfers, de la matière au luxe et à la vanité. La plupart de ces trous étaient pleins de glaçons, et il y en avait qui étaient revêtus depuis le bas jusqu'en haut d'un mur de glace si épais, que les pierres les plus grosses que nous prenions plaisir à jeter contre, loin d'y faire quelque brèche, ne laissaient pas même voir la place où elles avaient touché; et lorsqu'elles tombaient au fond, on les voyait rebondir et rouler sans faire la moindre ouverture à la glace. Nous étions cependant dans les plus fortes chaleurs de la canicule; mais ce qu'on appelle ici un été violent peut passer en France pour un très rude hiver.

Toute la roche ne fournit pas partout le métal : il faut chercher les veines, et lorsqu'on en a trouvé quelqu'une, on la suit avec autant de soin qu'on a eu de peine à la découvrir. On se sert pour cela ou du feu pour amollir le rocher, ou de la poudre pour le faire sauter. Cette dernière est beaucoup plus pénible, mais elle fait incomparablement plus d'effet. Nous prîmes des pierres de toutes les couleurs, de jaunes, de vertes, de bleues, de violettes; et ces dernières nous parurent les plus pleines de métal et les meilleures.

Nous fîmes l'épreuve de quantité de pierres d'aimant que nous trouvâmes sur la roche; mais elles avaient perdu presque toute leur force par le feu qu'on avait fait ou au-dessus ou au-dessous, ce qui fit que nous ne voulûmes pas nous en servir, et que nous différâmes d'en prendre à la mine de fer à notre retour. Après avoir considéré toutes les machines et les pompes qui servent à élever l'eau, nous contemplions à loisir les montagnes couvertes de neige qui nous environnaient. C'est sur ces roches que les Lapons habitent l'hiver : ils les possèdent en propre depuis la division de la Laponie, qui fut faite du temps de Gustave-Adolphe, père de la reine Christine. Ces terres et ces montagnes leur appartiennent, sans que d'autres puissent s'y établir; et pour marque de leur propriété ils ont leurs noms écrits sur quelques pierres, ou sur quelques endroits de la montagne qu'ils ont en propriété ou qu'ils ont habités. Tels sont les rochers de Lapawara, Kerquerol, Kilavara, Lung, Dondère ou Roche du Tonnerre, qui ont donné le nom aux familles des Lapons qui y habitent, et qu'on ne connaît dans le pays que par les surnoms qu'ils ont pris des rochers qu'ils habitent. Ces montagnes ont quelquefois sept à huit lieues d'étendue; et quoiqu'ils demeurent toujours sur la même roche, ils ne laissent pas souvent de changer de place lorsque la nécessité le demande, et que les rennes ont consumé toute la mousse qui était autour de leur habitation. Quoique certains Lapons aient pendant l'hiver certaines terres fixes, il y en a beaucoup davantage qui courent toujours, et desquels on ne saurait trouver l'habitation. Ils sont tantôt dans les bois, tantôt proche des lacs, selon qu'ils ont besoin de pêcher ou de chasser; et on ne les voit que lorsqu'ils viennent l'hiver aux foires pour troquer leurs peaux contre autre chose dont ils ont besoin, et pour apporter le tribut qu'ils payent au roi de Suède, dont ils pourraient facilement s'exempter s'ils ne voulaient pas se trouver à ces foires ; mais la nécessité qu'ils ont de fer, d'acier, de corde, de couteaux et autres choses, les oblige à venir en ces endroits, où ils trouvent ce dont ils ont besoin. Le tribut qu'ils payent est d'ailleurs fort peu de chose. Les plus riches d'entre eux, quand ils auraient dix ou douze mille rennes, comme il s'en rencontre quelques-uns, ne payent que deux ou trois écus tout au plus.

Après que nous nous fûmes amplement informés de toutes ces choses, nous reprîmes le chemin de notre cabane, et nous vîmes en passant les forges où l'on donne la première fonte au cuivre. C'est là qu'on sépare ce qu'il y a de plus grossier, lorsqu'il a été assez longtemps dans le creuset, pour pousser dehors toutes ses impuretés ; avant de trouver le cuivre qui est au fond, on lève plusieurs feuilles qu'ils appellent *rosettes*, dans lesquelles il n'y a que la moitié du cuivre, et qu'on remet ensuite au fourneau pour en ôter tout ce qu'il y a de terrestre. C'est la première façon qu'on lui donne là. Mais il faut qu'il passe, à Kanges, encore trois fois au feu, pour le purifier tout à fait et le mettre en état de prendre, sans marteau, la forme qu'on veut lui donner.

Le jeudi, le prêtre des Lapons arriva avec quatre de sa nation, pour se trouver le lendemain à un des jours de prières établies par toute la Suède, pour remercier Dieu des victoires que les Suédois ont remportées ces jours-là.

Ce furent les premiers Lapons que nous vîmes, et dont la vue nous réjouit tout à fait : ils venaient troquer du poisson pour du tabac. Nous les considérâmes depuis les pieds jusqu'à la tête. Ces hommes sont faits tout autrement que les autres ; la hauteur des plus grands n'excède pas trois coudées[1], et je ne vois pas de figures plus propres à faire rire. Ils ont la tête grosse, le visage large et plat, le nez écrasé, les yeux petits, la bouche large, une barbe épaisse qui leur pend sur l'estomac. Tous leurs membres sont proportionnés à la petitesse du corps : les jambes sont déliées, les bras longs, et toute cette machine semble remuer par ressorts.

Leur habit d'hiver est d'une peau de renne, faite comme un sac, descendant sur les genoux et retroussée sur les hanches; d'une ceinture de cuir ornée de petites plaques d'argent; les souliers, les bottes et les gants, de même : ce qui a donné lieu à plusieurs historiens de dire qu'il y avait des hommes vers le nord velus comme des bêtes, et qui ne se servaient point d'autres habits que ceux que la nature leur avait donnés. Ils ont toujours une bourse de peau de renne, qui leur pend sur l'estomac, dans laquelle ils mettent une cuiller. Ils changent cet habillement l'été, et en prennent un plus léger, qui est ordinairement de la peau des oiseaux qu'ils écorchent, pour se garantir des moucherons. Ils ne laissent pas d'avoir par-dessous un sac de grosse toile, ou d'un drap gris blanc, qu'ils mettent sur leur chair; car l'usage du linge leur est tout à fait inconnu.

Ils couvrent leur tête d'un bonnet, qui est ordinairement fait de la peau d'un oiseau gros comme un canard, qu'ils appellent *loom*, qui veut dire en leur langage, *boiteux*[2], à cause que cet oiseau ne saurait marcher. Ils le tournent de manière que la tête de l'oiseau excède un peu le front, et que les ailes leur tombent sur les oreilles.

---

1. La coudée dont se sert ici le narrateur, se mesurant du coude à l'extrémité du doigt médium étendu, équivaut à environ un demi-mètre.
2. Sans doute une espèce de pingouin.

Voilà, Monsieur, la description de ce petit animal qu'on apelle *Lapon* ; et l'on peut dire qu'il n'y en a pas, après le singe, qui approche le plus de l'homme. Nous les interrogeâmes sur plusieurs choses dont nous voulions nous informer, et nous leur demandâmes particulièrement l'endroit où nous pourrions trouver de leurs camarades. Ces gens nous instruisirent sur tout, et nous dirent que les Lapons commençaient à descendre des montagnes qui sont vers la mer Glaciale, d'où le chaud et les mouches les avaient chassés, et se répandaient vers le lac *Tornotrac*, d'où le fleuve Torno prend sa source, pour y pêcher quelque temps, jusqu'à ce qu'ils puissent, vers la Saint-Barthélemy, s'approcher tout à fait des montagnes de Swapavara, Kilavan, et autres, où le froid commençait à se faire sentir, pour y passer le reste de l'hiver. Ils nous assurèrent que nous ne manquerions pas d'en trouver là de plus riches, et que, pendant sept ou huit jours que nous serions à y aller, les Lapons emploieraient ce temps à y venir. Ils ajoutèrent que, pour eux, ils étaient demeurés pendant tout l'été aux environs de la mine et des lacs qui sont autour, ayant assez de nourriture pour quinze ou vingt rennes qu'ils avaient chacun, et étant trop pauvres pour entreprendre un voyage de quinze jours, pour lequel il fallait prendre des provisions qu'ils n'étaient pas en état de faire, à cause qu'ils ne pouvaient pas vivre éloignés des étangs qui leur fournissaient chaque jour leur nourriture.

Le vendredi, 15 août, il fit un grand froid, et il neigea sur les montagnes voisines. Nous eûmes une longue conversation avec le prêtre, lorsqu'il eut fini les deux sermons qu'il fit ce jour-là, l'un en finlandais et l'autre en lapon. Il parlait, heureusement pour nous, assez bon latin, et nous l'interrogeâmes sur toutes les choses qu'il pouvait le mieux connaître, comme sur le baptême, le mariage et les enterrements. Il nous dit, au sujet du baptême, que tous les Lapons étaient chrétiens et baptisés, mais que la plupart ne l'étaient que pour la forme seulement, et qu'ils retenaient tant de choses de leurs anciennes superstitions, qu'on pouvait dire qu'ils n'avaient que le nom de chrétiens et que leur cœur était encore païen.

Les Lapons portent leurs enfants au prêtre, pour les baptiser, quelque temps après qu'ils sont nés. Si c'est en hiver, ils les portent avec eux dans leurs traîneaux ; et si c'est en été, ils les mettent sur des rennes dans leurs berceaux pleins de mousse, qui sont faits d'écorce de bouleau, et d'une manière toute particulière. Ils font ordinairement présent au prêtre d'une paire de gants brodés en certains endroits de plumes de *loom*, qui sont violettes, marquetées de blanc et d'une très belle couleur. Sitôt que l'enfant est baptisé, le père lui fait présent d'un renne femelle, et tout ce qui provient de ce renne, qu'ils appellent *pannikcis*, soit en lait, fromage et autres denrées, appartient en propre à la fille, et c'est ce qui fait sa richesse lorsqu'elle se marie. Il y en a qui font encore présent à leurs enfants d'un renne lorsqu'ils aperçoivent sa première dent ; et tous les rennes qui viennent de celui-là sont marqués d'une marque particulière, afin qu'ils puissent être distingués des autres. Ils changent le nom de baptême aux enfants lorsqu'ils ne sont pas heureux.

Il nous dit, touchant le mariage, que les Lapons mariaient leurs filles assez tard, quoiqu'elles ne manquassent point de partis lorsqu'elles étaient connues dans le pays pour avoir quantité de rennes provenant de ceux que leur père leur a donnés à leur naissance et à leur première dent : car c'est tout ce qu'elles emportent avec elles ; et le gendre, bien loin de recevoir quelque chose de son beau-père, est obligé d'acheter la fille par des présents.

Lorsqu'un jeune Lapon a jeté les yeux sur quelque fille qu'il veut avoir en mariage, il faut qu'il fasse état d'apporter quantité d'eau-de-vie quand il vient faire la demande avec son père ou son plus proche parent. En ce pays on ne conclut jamais de mariage qu'après avoir vidé plusieurs bouteilles d'eau-de-vie et fumé quantité de tabac. Plus un jeune homme désire vivement se marier avec une jeune fille, et plus il apporte d'eau-de-vie; et il ne peut, par d'autres marques, témoigner plus fortement sa passion. Ils donnent un nom particulier à cette eau-de-vie que le fiancé apporte aux accords, et ils l'appellent la *bonne arrivée du vin*, ou le *vin des prétendants*.

C'est une coutume chez les Lapons d'accorder leurs filles longtemps avant de les marier : ils font cela afin que le prétendant fasse durer ses présents ; et s'il veut venir à bout de son entreprise, il faut qu'il ne cesse point d'arroser son projet de ce breuvage chéri. Enfin, après qu'il a fait les choses honnêtement un an ou deux, quelquefois on conclut le mariage.

Les Lapons avaient autrefois une manière de marier toute particulière, lorsqu'ils étaient encore tout à fait ensevelis dans les ténèbres du paganisme, et qui est encore observée de quelques-uns : on ne menait pas les fiancés devant le prêtre ; mais les parents les menaient chez eux sans autre cérémonie que l'excussion du feu qu'il tiraient d'un caillou. Ils croyaient qu'il n'y avait pas de figure plus mystérieuse et plus propre pour représenter le mariage : car, comme la pierre renferme en elle-même une source de feu qui ne paraît que lorsqu'on l'approche du fer, de même, disent-ils, il se trouve un principe de vie caché dans l'un et l'autre sexe, qui ne se fait voir que lorsqu'ils sont unis.

Je crois, Monsieur, que vous ne trouverez pas que ce soit mal raisonner pour des Lapons ; et il y a bien des gens, et plus subtilisés, qui auraient de la peine à donner une comparaison plus juste ; mais je ne sais si vous trouverez que le raisonnement suivant soit de la même force.

J'ai déjà dit que lorsqu'une fille est connue dans le pays pour avoir quantité de rennes, elle ne manque pas de partis ; mais je ne vous avais pas dit que cette quantité de bien était tout ce qu'ils demandaient dans une fille, sans se mettre en peine si elle était avantagée de la nature ou non, si elle avait de l'esprit ou si elle n'en avait pas. Après la conclusion du mariage, le mari n'emmène pas sa femme ; il demeure un an avec son beau-père, au bout duquel temps il va établir sa famille où bon lui semble, emportant avec lui tout ce qui appartient à sa femme. Les présents même qu'il a faits à son beau-père, au temps des accords, lui sont rendus, et les parents reconnaissent ceux qui leur ont été faits par quelques rennes, selon leur pouvoir.

Ils lavent leurs enfants nouveau-nés dans un chaudron, tous les jours trois fois, jusqu'à ce qu'ils aient un an, et après, trois fois par semaine. Ils ont peu d'enfants, et il ne s'en trouve presque jamais six dans une famille. Lorsqu'ils viennent au monde, ils les lavent dans la neige jusqu'à ce qu'ils ne puissent plus respirer, et pour lors ils les jettent dans un bain d'eau chaude. Je crois qu'ils font cela pour les endurcir au froid. Il est aisé de connaître dans le berceau de quel sexe est l'enfant. Si c'est un garçon, ils suspendent au-dessus de sa tête un arc, des flèches, ou une lance, pour leur apprendre, même dans le berceau, ce qu'ils doivent faire le reste de leur vie, et leur faire connaître qu'ils doivent un jour se rendre adroits dans leurs exercices. Sur le berceau des filles on voit les ailes d'un oiseau qu'ils appellent *rippa*, avec les pieds et le bec, pour leur insinuer dès l'enfance la propreté et l'agilité. Les Lapons aiment bien mieux qu'il leur naisse des filles que des garçons, parce qu'elles reçoivent des présents en les mariant, et que pour marier les garçons on est obligé d'acheter les femmes.

Les maladies, comme je l'ai déjà marqué, sont presque toutes inconnues aux Lapons; et s'il leur en arrive quelqu'une, la nature est assez forte pour les guérir d'elle-même, et sans l'aide des médecins ils recouvrent la santé : ils usent pourtant de quelques remèdes, comme de la *racine de mousse*, qu'ils nomment *jeest*, ou ce qu'on appelle *angélique pierreuse*. La résine qui coule des sapins leur fait des emplâtres, et le fromage de renne est leur onguent divin. Ils s'en servent diversement : ils ont du fiel de loup, qu'ils délayent dans de l'eau-de-vie avec de la poudre à canon. Lorsque le froid leur a gelé quelque partie du corps, ils étendent leur fromage coupé par tranches sur la partie malade, et ils en reçoivent du soulagement. La seconde manière d'employer ce fromage pour les maux intérieurs ou extérieurs est de faire entrer un fer rouge dans le fromage, qui distille, par cette ardeur, une espèce d'huile, de laquelle ils se frottent l'endroit où ils souffrent, et ce remède est toujours suivi d'un succès et d'un effet merveilleux. Il réconforte la poitrine, emporte la toux, et il est bon pour toutes les contusions; mais la manière la plus ordinaire pour les maladies plus dangereuses, c'est le feu. Ils appliquent un charbon ardent sur la blessure, et le laissent le plus longtemps qu'ils peuvent, afin qu'il puisse consumer tout ce qu'il y a d'impur dans le mal. Cette coutume est celle des Turcs, et ils ne trouvent pas de remède plus souverain.

Ceux qui sont assez heureux en France et ailleurs

pour arriver à une extrême vieillesse sont obligés de souffrir quantité d'incommodités qu'elle traîne avec elle; mais les Lapons en sont entièrement exempts, et ils ne ressentent, pour toute infirmité dans cet état, qu'un peu de diminution de leur vigueur ordinaire. On ne saurait même distinguer les vieillards d'avec les jeunes, et on voit rarement des têtes blanches en ce pays. Ils retiennent toujours leur même poil, qui est ordinairement roux; mais ce qui est remarquable, c'est qu'on rencontre peu de vieillards qui ne soient aveugles. Leur vue, déjà affaiblie par le défaut de la nature, ne peut plus supporter ni l'éclat de la neige, dont la terre est presque toujours couverte, ni la fumée continuelle, causée par le feu qui est toujours allumé au milieu de leur cabane, et qui les aveugle sur la fin de leurs jours.

Lorsqu'ils sont malades, ils ont coutume de battre du tambour[1] pour connaître si la maladie doit les conduire à la mort; et lorsqu'ils sont persuadés du succès fâcheux, ou que le malade commence à tirer à sa fin, ils se mettent autour de son lit et, pour faciliter à son âme le passage à l'autre monde, ils lui font avaler ce qu'ils peuvent d'eau-de-vie, en boivent autant qu'ils en ont, pour se consoler de la perte de leur ami et pour s'exciter à pleurer. Il n'est pas plus tôt mort, qu'ils abandonnent la maison, et la détruisent même, de crainte que ce qui reste de l'âme du défunt, ce que les anciens appelaient mânes, ne leur fasse du mal. Leur cercueil est fait d'un arbre creusé, ou bien de leur traîneau, dans lequel ils mettent ce que le défunt avait de plus cher, comme son arc, ses flèches, sa lance; afin que si un jour il retourne à la vie, il

---

1. C'est-à-dire de tirer des présages à l'aide d'un *tambour magique*, dont il sera parlé plus loin avec tous les détails que comporte cette superstition.

puisse exercer sa même profession. Il y en a même, de ceux qui ne sont que cavalièrement chrétiens, qui confondent le christianisme avec leurs anciennes superstitions ; et entendant dire à leurs pasteurs que nous devons un jour ressusciter, mettent dans le cercueil du défunt une hache, un caillou, un fer pour faire du feu (les Lapons ne voyagent pas sans cet équipage), afin que, lorsque le défunt ressuscitera, il puisse abattre les arbres, aplanir les rochers et brûler tous les obstacles qui pourraient se rencontrer sur le chemin du ciel.

Vous voyez, Monsieur, que malgré leurs erreurs ces gens y tendent de tout leur pouvoir : ils y veulent arriver de gré ou de force, et on peut dire : *His per ferrum et ignes ad cœlos grassari constitutum* (ils prétendent par le fer et le feu emporter le royaume des cieux).

Ils n'enterrent pas toujours les défunts dans les cimetières, mais bien souvent dans les forêts et les cavernes. On arrose le lieu d'eau-de-vie, tous les assistants en boivent, et trois jours après l'enterrement on tue le renne qui a conduit le mort au lieu de la sépulture et on fait un festin à tous ceux qui ont été présents. On ne jette pas les os, mais on les garde avec soin pour les enterrer à côté du défunt. C'est dans ce repas qu'on boit le *faligavin*, c'est-à-dire l'*eau-de-vie bienheureuse*, parce qu'on la boit en l'honneur d'une personne qu'ils croient bienheureuse.

Les successions se règlent à peu près comme en Suède : la veuve prend la moitié, et si le défunt a laissé un garçon et une fille, le garçon prend les deux tiers et laisse l'autre à sa sœur.

Nous étions au plus fort de cette conversation, lorsqu'on nous vint avertir qu'on apercevait sur le haut de la montagne des Lapons qui venaient avec des rennes. Nous allâmes au-devant d'eux, pour avoir le plaisir de contempler leur équipage et leur marche : mais nous ne rencontrâmes que trois ou quatre personnes qui apportaient, sur des rennes, des poissons secs pour vendre à Swapavara.

Il y a longtemps, Monsieur, que je vous parle de *rennes*, sans vous avoir fait la description de cet animal, dont on nous a tant parlé autrefois. Il est juste que je satisfasse présentement votre curiosité, comme je contentai pour lors la mienne.

Rheen est un mot suédois, dont on a appelé cet animal, soit à cause de sa légèreté, soit à cause de sa propreté: car *rhen* signifie *net*, et *renda* veut dire *courir*, en cette langue. Les Romains n'avaient aucune connaissance de cet animal, et les Latins récents l'appellent *rangifer*. Je ne puis vous en dire d'autre raison sinon que je crois que les Suédois ont pu appeler cette bête *rangi*, auquel mot on aurait ajouté *fera*, comme qui dirait *bête appelée rangi*. Comme je ne voudrais pas dire que le bois de cet animal, qui s'étend en forme de grands rameaux, ait donné lieu de les appeler ainsi, puisqu'on aurait aussitôt dit *ramifer* que *rangifer:* quoi qu'il en soit, il est constant, Monsieur, que bien que cette bête soit presque semblable à un cerf, elle ne laisse pas d'en différer en quelque chose. Le renne est plus grand, mais le bois est tout différent. Il est élevé fort haut et se courbe vers le milieu, faisant une forme de cercle sur la tête, qui est velu depuis le bas jusqu'en haut, de la couleur de la peau, et est plein de sang partout; en sorte qu'en le pressant fort avec la main, on s'aperçoit, par l'action de l'animal, qu'il sent de la douleur dans cette partie. Mais ce qu'il y a de particulier, et qu'on ne voit en aucun autre animal, c'est la quantité de bois dont la nature l'a pourvu pour se défendre contre les bêtes sauvages. Les cerfs n'ont que deux bois, d'où sortent quantité de dagues ; mais les rennes en ont un autre sur le milieu du front, qui fait le même effet que celui qu'on peint sur la tête des licornes, et deux autres qui, s'étendant sur les yeux, tombent sur sa bouche. Toutes ces branches, néanmoins, sortent de la même racine ; mais elles prennent des routes et des figures différentes ; ce qui leur embrasse tellement la tête, qu'ils ont de la peine à paître, et qu'ils aiment mieux arracher les boutons des arbres, qu'ils peuvent prendre avec moins de difficulté.

La couleur de leur poil est plus noire que celle du cerf, particulièrement quand ils sont jeunes ; et pour lors ils sont presque noirs, comme les rennes sauvages, qui sont toujours plus forts, plus grands et plus noirs que les domestiques.

Quoiqu'ils n'aient pas les jambes si menues que le cerf, ils ne laissent pas de le surpasser en légèreté. Leur pied est extrêmement fendu, et presque rond ; mais ce qui est remarquable dans cet animal, c'est que tous ses os, et particulièrement les articles des pieds, craquent comme si on remuait des noix, et font un cliquetis si fort qu'on entend cet animal presque d'aussi loin qu'on le voit. On remarque aussi dans les rennes, que quoiqu'ils aient le pied fendu, ils ne ruminent point, et qu'ils n'ont pas de fiel, mais une petite marque noire dans le foie, sans aucune amertume.

Au reste, quoique ces bêtes soient d'une nature sauvage, les Lapons ont si bien trouvé le moyen de les apprivoiser et de les rendre domestiques, qu'il n'y a personne dans le pays qui n'en ait comme des troupeaux de moutons. On ne laisse pas d'en trouver dans les bois quantité de sauvages ; et c'est à ceux-là que les Lapons font une chasse cruelle, tant pour avoir leur peau, qui est beaucoup plus estimée que celle des rennes domestiques, que pour la chair, qui est beaucoup plus délicate. Il y a même de ces animaux qui sont à demi sauvages et domestiques; d'ailleurs le croisement des rennes sauvages avec les rennes domestiques donne des sujets que les Lapons appellent *kattaigiar*, et qui deviennent beaucoup plus grands, plus forts que les autres, et qui sont plus propres pour le traîneau.

La Laponie ne nourrit pas d'autres animaux domestiques que les rennes; mais on trouve dans ces bêtes seules autant de commodités qu'on en rencontre dans toutes celles que nous nourrissons. Ils ne jettent rien de cet animal: ils emploient le poil, la peau, la chair, les os, la moelle, le sang et les nerfs, et mettent tout en usage.

La peau leur sert pour se garantir des injures de l'air : en hiver ils s'en servent avec le poil, et en été ils ont des peaux dont ils l'ont fait tomber. La chair de cet animal est pleine de suc, extrêmement grasse et nourrissante, et les Lapons ne mangent point d'autre viande que celle du renne. Les os sont d'une utilité merveilleuse pour faire des arbalètes et des arcs, pour armer leurs flèches, pour faire des cuillers, et pour orner tous les ouvrages qu'ils veulent faire. La langue et la moelle des os est ce qu'ils ont de plus délicat parmi eux. Ils en boivent souvent le sang ; mais il se conserve plus ordinairement dans la vessie de cet animal, qu'ils exposent au froid, et le laissent condenser et prendre un corps en cet état ; et lorsqu'ils veulent faire du potage, ils en coupent ce qu'ils ont de besoin, et le font bouillir avec du poisson. Ils n'ont point d'autres fils que ceux qu'ils tirent des nerfs, qu'ils prennent sur la joue de ces animaux. Ils se servent des plus fins pour faire leurs habits, et ils emploient les plus gros pour coudre ensemble les planches de leurs barques. Ces animaux ne fournissent pas seulement aux Lapons de quoi se vêtir et de quoi manger, ils leur donnent aussi de quoi boire. Le lait du renne est le seul qu'ils aient, et parce qu'il est extrêmement gras et tout à fait épais, ils sont obligés d'y mêler presque la moitié d'eau. Ils ne tirent de ce lait que demi-septier par jour, des meilleurs rennes, qui ne donnent même du lait que lorsqu'ils ont un veau. Ils en font des fromages très nourrissants ; et les pauvres, qui n'ont pas le moyen de tuer leurs rennes pour manger, ne se servent pas d'autre nourriture. Ces fromages sont gras et d'une odeur assez forte, mais sont fades, comme étant faits et mangés sans sel.

La plus grande commodité qu'on retire des rennes, c'est pour faire voyage et porter des fardeaux. Nous avions tant de fois entendu parler avec étonnement de la manière dont les Lapons se servent de ces animaux pour marcher, que nous voulûmes dans le moment satisfaire notre curiosité, et voir ce que c'est qu'un renne attelé à un traîneau. Nous fîmes dans le moment venir une de ces machines que les Lapons appellent *pulacks,* et que nous nommions traîneaux, dont j'ai fait la description ci-devant. Nous fîmes atteler le renne sur le devant, de la distance que sont ordinairement les chevaux, à ce morceau de bois dont j'ai parlé, qu'ils appellent *jocolaps;* le renne n'a pour collier qu'un morceau de peau où le poil est resté, d'où descend vers le poitrail un trait qui lui passe sous le ventre, entre les jambes, et va s'attacher à un trou qui est sur le devant du traîneau. Le Lapon n'a pour guide qu'une seule corde attachée à la racine du bois de l'animal, qu'il jette diversement sur le dos de la bête, tantôt d'un côté, tantôt de l'autre, et lui fait connaître le chemin en tirant du côté qu'il doit tourner.

Nous allâmes ce jour-là, pour la première fois,

dans ces traîneaux avec un plaisir incroyable ; et c'est dans cette voiture qu'on fait en peu de temps beaucoup de chemin. On avance avec plus ou moins de diligence, suivant que le renne est plus ou moins vif et vigoureux. Les Lapons en nourrissent exprès, qui sont nés d'un mâle sauvage et d'une femelle domestique, comme je vous l'ai déjà dit, et ceux-là sont beaucoup plus vifs que les autres et plus propres pour le voyage. Zieglerus dit qu'un renne peut en un jour changer trois fois d'horizon, c'est-à-dire joindre trois fois le signe qu'on aura découvert le plus éloigné. Cet espace de chemin, quoique très considérable et fort bien exprimé, ne donne pas bien à connaître la diligence que peut faire un renne. Les Lapons la désignent mieux, en disant qu'on peut faire vingt milles de Suède, ou 50 lieues, en ne comptant que deux lieues et demie de France pour un mille de Suède. Les milles de Suède sont de 6,600 toises, et les lieues de France de 2,600 toises. Cependant ordinairement le mille de Suède passe pour trois lieues de France.

Cette supputation satisfait plus que l'autre. Mais comme on étend le jour autant qu'on veut, et que les Lapons ne distinguent pas si c'est le jour naturel de vingt-quatre heures ou la journée que fait un voyageur, il est plus à propos, pour donner à comprendre ce qu'un renne peut faire par heure, au moins autant que je l'ai remarqué par la supputation qui précède et par ma propre expérience, de dire qu'un bon renne, comme sont ceux qui se rencontrent dans la Laponie *Kimi-Lapmark*, qui sont renommés pour les plus vites et les plus vigoureux, peut faire par heure, étant poussé, six lieues de France ; encore faut-il pour cela que la glace soit fort unie et fort gelée. Il est vrai qu'il ne peut résister longtemps à ce travail, et il faut qu'il se repose après sept ou huit heures de fatigue. Ceux qu'on veut ménager davantage ne feront pas tant de chemin, mais dureront aussi plus longtemps. Ils résisteront au travail pendant douze ou treize heures, au bout desquelles il est nécessaire qu'ils se reposent un jour ou deux, si on ne veut pas qu'ils crèvent au traîneau.

Ce chemin, comme vous voyez, Monsieur, est très considérable, et s'il y avait des postes de rennes établies en France, il ne serait pas difficile d'aller de Paris à Lyon en moins de vingt-six heures. La diligence serait belle ; mais quoiqu'il semble que cette manière de voyager soit très commode, on en serait beaucoup plus fatigué ! Les sauts qu'il faut faire, les fossés qu'il faut franchir, les pierres sur lesquelles il faut passer, et le travail continuel nécessaire pour s'empêcher de verser et pour se relever quand on est tombé feraient qu'on aimerait beaucoup mieux aller plus doucement et essuyer moins de risques.

Quoique ces animaux se laissent assez facilement conduire, il s'en trouve néanmoins beaucoup de rétifs, et qui sont presque indomptables ; en sorte que, lorsque vous voulez les pousser trop vite ou que vous voulez leur faire faire plus de chemin qu'ils ne veulent, ils ne manquent pas de se retourner, et, se dressant sur leurs pieds de derrière, ils viennent fondre avec une telle furie sur celui qui est dans le traîneau, qui ne peut se défendre ni sortir à cause des liens qui l'embarrassent, qu'ils lui cassent souvent la tête, et le tuent quelquefois avec leurs pieds de devant, desquels ils sont si forts qu'ils n'ont point d'autres armes pour se défendre contre les loups. Les Lapons, pour se parer des insultes de ces animaux, n'ont point d'autre remède que de se tourner contre terre, et de se couvrir de leur traîneau jusqu'à ce que la colère de leurs coursiers soit un peu apaisée.

Ils ont encore une autre sorte de traîneau beaucoup

plus grand, et fait d'une autre manière, qu'ils appellent *racdakeris*. Ils s'en servent pour aller chercher leur bois, et transporter leurs biens, lorsqu'ils changent d'habitation.

Voilà, Monsieur, la manière dont les Lapons voyagent l'hiver, lorsque la neige couvre entièrement toute la terre et lorsque le froid a fait une croûte glissante par-dessus. L'été il faut qu'ils aillent à pied; car les rennes ne sont pas assez forts pour les porter, et ils ne les attellent point à des chariots, dont l'usage leur est tout à fait inconnu, à cause de l'âpreté du chemin. Ils ne laissent pas de porter des fardeaux, et les Lapons prennent une forte écorce de bouleau, qu'ils courbent en forme d'arc, et mettent sur la largeur ce qu'ils ont à porter, qui n'excède pas, de chaque côté, le poids de quarante livres. C'est de cette manière qu'ils portent, l'été, leurs enfants baptiser, et qu'ils suivent derrière.

La nourriture la plus ordinaire des rennes est une petite mousse blanche extrêmement fine, qui croît en abondance par toute la Laponie [1]; et lorsque la terre est toute couverte de neige, la nature donne à ces animaux un instinct pour connaître sous la neige l'endroit où elle peut être; et aussitôt ils la découvrent en faisant un grand trou dans la neige avec les pieds de devant; et ils font cela d'une vitesse incroyable; mais quand le froid a si fort endurci la neige qu'elle est aussi dure que la glace même, les rennes mangent pour lors une certaine mousse fine comme une toile d'araignée, qui pend des pins et que les Lapons appellent *luat*.

Je pense déjà avoir dit que les rennes n'ont de lait

---

[1]. Espèce de lichen auquel les botanistes ont d'ailleurs donné le nom de lichen des rennes (*rangiferinus*).

que lorsqu'ils ont un veau, qui tette pendant trois mois, et sitôt que le veau est mort ou sevré ils n'ont plus de lait. Ils leur mettent des cocons de pin, lorsqu'ils veulent qu'ils mangent; et quand ils tettent et qu'ils piquent leur mère, elle leur donne des coups de cornes.

L'on a dit de ces animaux qu'on leur parle à l'oreille, si l'on veut qu'ils aillent d'un côté ou d'un autre; cela est entièrement faux : ils vont presque toujours avec un conducteur qui en conduit six après lui; et s'il arrive que quelqu'un veuille faire voyage en quelque endroit, s'il peut trouver un renne de renvoi qui soit du pays où il veut aller, il n'aura besoin d'aucun guide, et le renne le mènera à l'endroit où il veut aller, quoiqu'il n'y ait aucun chemin tracé et que la distance soit de plus de quarante lieues.

Le samedi nous nous mîmes en chemin pour aller à pied au logis du prêtre, qui était éloigné de cinq milles, pour prendre ensuite notre chemin au nord-ouest, et aller à Tornotresch, où nous devions trouver les Lapons que nous cherchions. Nous ne fûmes pas plus tôt hors de Swapavara que nous trouvâmes de quoi souper : nous tuâmes trois ou quatre oiseaux qu'on appelle en ce pays *fielripa* ou *oiseau de montagne,* et que les Grecs appelaient *lagopos* ou *pied-velu.* Il est de la grosseur d'une poule, et pendant l'été a le plumage du faisan, mais tirant plus sur le brun, et est distingué en certains endroits de marques blanchâtres. L'hiver, il est tout blanc. Le mâle imite, en volant, le bruit d'un homme qui rirait de toute sa force. Il se repose rarement sur les arbres. Au reste, je ne sais point de gibier dont le goût soit si agréable. Il a ensemble et la délicatesse du faisan et la finesse de la perdrix : on en trouve en quantité sur les montagnes de ce pays.

A deux milles de Swapavara nous rencontrâmes la barque des Lapons à qui nous avions parlé le jour précédent, et qui devaient nous conduire à Tornotresch. Ils avaient pêché toute la nuit, et nous apportèrent des truites saumonées fort excellentes qu'ils appellent en ce pays *œrlax*. De là, continuant notre chemin par eau, nous vînmes camper sur une petite hauteur.

Nous passâmes la nuit au milieu des bois, dont nous nous trouvâmes bien; car le froid fut extrêmement violent, et nous fûmes obligés de faire un si beau feu pour nous garantir des bêtes, particulièrement des ours, que ce jour-là nous mîmes le feu à la forêt : on oublia de l'éteindre en partant, et il prit avec tant de violence, excité par une horrible tempête qui s'éleva, que revenant quinze jours après nous le trouvâmes encore allumé à certains endroits de la forêt, où il avait brûlé avec bien du succès; mais cela ne faisait mal à personne, et les incendiaires ne sont point punis en ce pays.

Nous ne fîmes qu'un demi-mille le dimanche, à cause des torrents et d'un vent impétueux qui nous terrassait à tous moments; et, pendant le temps que nous fûmes à faire ce chemin à pied, nous n'avancions pas quatre pas sans voir ou sans entendre tomber des pins d'une grosseur extrême, qui causaient, en tombant, un bruit épouvantable qui retentissait par toute la forêt.

Cette tempête, qui dura tout le jour et la nuit, nous obligea de rester et de passer cette nuit comme nous avions fait la précédente, avec d'aussi grands feux, mais plus de précaution, pour ne pas porter l'incendie où nous passions, ce qui faisait dire à nos bateliers qu'il ne faudrait que quatre Français pour brûler en huit jours tout le pays.

Le lendemain lundi, las d'être exposés à la bise sans avancer, nous ne laissâmes pas, malgré la tempête qui durait encore, de nous mettre en chemin sur un lac qui paraissait une mer agitée, tant les vagues étaient hautes; et après quatre ou cinq heures de travail pour faire trois quarts de mille, nous arrivâmes à l'église des Lapons, où demeurait le prêtre.

Cette église s'appelle Chucasdes, et c'est le lieu où se tient la foire des Lapons pendant l'hiver, où ils viennent troquer les peaux de rennes, d'hermines, de martres et de petits-gris, contre de l'eau-de-vie, du tabac, du *valmar*, qui est une espèce de gros drap dont ils se couvrent, et duquel ils entourent leurs cabanes.

Les marchands de Torno et du pays voisin ne manquent pas de s'y trouver pendant ce temps, qui dure depuis la Conversion de saint Paul, en janvier, jusqu'au deuxième de février. Le bailli des Lapons et le juge s'y rendent en personne : l'un pour recevoir les tributs qu'ils donnent au roi de Suède, et l'autre pour terminer les différends qui pourraient être parmi eux, et punir les coupables et les fripons, quoiqu'il s'en rencontre rarement; car ils vivent entre eux dans une grande confiance, sans qu'on ait entendu jamais parler de voleurs, qui auraient pourtant de quoi faire facilement leurs affaires, les cabanes pleines de plusieurs choses restant toutes ouvertes lorsqu'ils vont l'été en Norwège, où ils demeurent trois ou quatre mois. Ils laissent au milieu des bois, sur le sommet d'un arbre qu'ils ont coupé, toutes les munitions nécessaires ; et on entend rarement parler qu'ils aient été volés. Le pasteur, comme vous pouvez croire, Monsieur, ne s'éloigne pas dans ce temps; et c'est pour lors qu'il reçoit les dîmes de peaux de rennes, de fromage, de gants, de souliers, et autres choses, suivant le pouvoir de ceux qui lui font des présents.

Les Lapons les plus chrétiens ne se contentent pas de donner à leur pasteur, ils font aussi des offrandes à l'église. Nous avons vu quantité de peaux de petits-gris qui pendaient devant l'autel; et quand ils veulent détourner quelque maladie qui afflige leurs troupeaux, ou demander à Dieu leur prospérité, ils portent des peaux de rennes à l'église, et les étendent sur le chemin qui conduit à l'autel, par où il faut nécessairement que le prêtre passe; et ils croient ainsi s'attirer la bénédiction du Ciel. Les prêtres ont beaucoup d'affaires pendant ce temps; car comme la plupart ne viennent que cette fois à l'église pendant toute l'année, il faut faire pendant huit ou quinze jours tout ce qu'on ferait ailleurs en une année. C'est dans ce temps que la plus grande partie fait baptiser les enfants, qu'ils enterrent les corps de ceux qui sont morts pendant l'été; car lorsqu'il meurt quelqu'un dans le temps qu'ils sont vers la mer Occidentale ou dans quelque autre endroit de la Laponie, comme ils ne sauraient apporter les corps, à cause de la difficulté des chemins, et qu'ils n'ont point de commodité pour les transporter, ils les enterrent sur le lieu où ils sont morts, dans quelque caverne ou sous quelques pierres, pour les déterrer l'hiver, lorsque la neige leur donne la commodité de les porter à l'église.

D'autres, pour éviter que les corps ne se corrompent, les mettent dans le fond de l'eau, dans leur cercueil, qui est, comme j'ai dit, d'un arbre creux ou de leur traîneau, et ne les tirent point que pour les porter au cimetière. Ils font aussi leurs mariages pendant la foire: comme tous leurs amis sont présents à cette action, ils la diffèrent ordinairement jusqu'à ce temps, pour la rendre plus solennelle et se divertir davantage.

Les marchandises que les Lapons apportent à ces foires sont des rennes et des peaux de ces animaux: ils y débitent aussi des peaux de renard, noires, rouges et blanches; de loutres, *gulonum*, de martres, de castors, d'hermines, de loups, de petits-gris et d'ours; des habits de Lapons, des bottes, des gants et des souliers;

de toutes sortes de poissons secs et des fromages de renne.

Ils échangent cela contre de l'eau-de-vie, de gros draps, de l'argent, du cuivre, du fer, du soufre, des aiguilles, des couteaux et des peaux de bœufs, qui leur sont apportés par les Moscovites. Leurs marchandises ont toujours le même prix : un renne ordinaire se donne pour la valeur de deux écus; quatre peaux vont pour un renne; un *limber* de petits-gris, composé de quarante peaux, est estimé la valeur d'un écu; une peau de martre autant; celle d'ours se donne pour autant et trois peaux blanches de renard ne coûtent pas davantage.

Le prix des marchandises est limité de même : une demi-aune de drap est estimée un écu ; une pinte d'eau-de-vie autant ; une livre de tabac vaut le même prix; et quand on veut acheter des choses qui coûtent moins, le marché se fait avec une, deux ou trois peaux de petits-gris, suivant que la chose est estimée.

Tous ces marchés ne se font plus avec la même franchise qu'ils se faisaient autrefois; et comme les Lapons qui agissaient avec fidélité se sont vus trompés, la crainte qu'ils ont de l'être encore les met sur leurs gardes à un tel point, qu'ils se trompent plutôt eux-mêmes que d'être trompés.

Il n'y a rien qui fasse mieux voir le peu de christianisme qu'ont la plupart des Lapons, que la répugnance qu'ils ont d'aller à l'église pour entendre le prêtre et pour assister à l'office. Il faut que le bailli ait soin de les y faire aller par force, en envoyant des gens dans leurs cabanes pour voir s'ils y sont. Il y en a qui pour s'exempter d'y aller lui donnent de l'argent ; quelques-uns croient pouvoir se dispenser d'assister à la prédication, en disant qu'ils y étaient l'année passée, et d'autres s'imaginent avoir une excuse légitime de s'absenter, en disant qu'ils sont d'une autre église à laquelle ils ont été. Cela fait voir clairement qu'ils ne sont chrétiens que par force, et qu'ils n'en donnent des marques que lorsqu'on les contraint de le faire.

Nous fûmes occupés le reste de ce jour et toute la matinée du mardi à graver sur une pierre des monuments éternels, qui devaient faire connaître à la postérité que trois Français n'avaient cessé de voyager qu'où la terre leur avait manqué, et que, malgré les malheurs qu'ils avaient essuyés, et qui auraient rebuté beaucoup d'autres qu'eux, ils étaient venus planter leur colonne au bout du monde, et que la matière avait plutôt manqué à leurs travaux que le courage à les souffrir. L'inscription était telle :

> *Gallia nos genuit; vidit nos Africa; Gangem*
> *Hausimus, Europamque oculis lustravimus omnem :*
> *Casibus et variis acti terraque marique,*
> *Hic tandem stetimus, nobis ubi defuit orbis* [1].
>
> DE FERCOURT, DE CORBERON, REGNARD.
>
> *18 Augusti 1681.*

Nous gravâmes ces vers sur la pierre et sur le bois; et quoique le lieu où nous étions ne fût pas le véritable endroit pour les mettre, nous y laissâmes ceux que nous avions gravés sur le bois, qui furent mis dans l'église, au-dessus de l'autel. Nous portâmes les autres avec nous, pour les mettre au bout du lac de Tornotresch, d'où l'on voit la mer Glaciale et où finit l'univers.

Lorsque les Lapons qui devaient nous conduire et nous montrer le chemin furent arrivés de chez eux, où

---

[1]. « La France nous donna le jour; l'Afrique nous vit; nous avons bu dans le Gange; nous avons visité toute l'Europe, et, après mainte aventure sur terre et sur mer, nous nous sommes enfin arrêtés quand la terre a manqué devant nous. » C'est seulement ici que nous connaissons les noms des compagnons de voyage du narrateur.

ils étaient allés prendre quelques petites provisions, consistant en sept ou huit fromages de renne et quelques poissons secs, nous partîmes de chez les prêtres sur les cinq heures du soir et vînmes nous reposer sur un torrent impétueux, qu'ils appellent Vaccho, où nous arrivâmes à une heure après minuit.

Nous eûmes le plaisir, tout le long du chemin, de voir le coucher et l'aurore du soleil en même temps. Le soleil se coucha ce jour-là à onze heures et se leva à deux, sans qu'on cessât de voir aussi clair qu'en plein midi. Mais lorsque les jours sont le plus longs, c'est-à-dire trois semaines devant la Saint-Jean et trois semaines après, on le voit continuellement pendant tout ce temps, sans qu'au plus bas de sa course il touche la pointe des plus hautes montagnes. On est aussi, pendant les plus courts jours de l'hiver, deux mois entiers sans le voir; et l'on monte, à la Chandeleur, sur les sommets des montagnes pour le regarder poindre pendant un moment. La nuit n'est pourtant pas continuelle, et sur le midi il paraît un petit crépuscule qui dure environ deux heures. Les Lapons, aidés de cette lumière et de la réverbération de la neige, dont la terre est toute couverte, prennent ce temps pour aller à la chasse et à la pêche, qu'ils ne cessent point, quoique les rivières et les lacs soient gelés partout, et en quelques endroits de la hauteur d'une pique; mais ils font des trous dans la glace d'espace en espace, et poussent par le moyen d'une perche qui va dessous cette glace leurs filets de trou en trou, et les retirent de même. Mais ce qu'il y a de plus surprenant, c'est que bien souvent ils rapportent dans des filets des hirondelles qui se tiennent avec leurs pattes à quelque petit morceau de bois. Elles sont comme mortes lorsqu'on les tire de l'eau, et n'ont aucun signe de vie; mais lorsqu'on les approche du feu et qu'elles commencent à sentir la chaleur, elles remuent un peu, puis secouent leurs ailes et commencent à voler comme elles font en été. Cette particularité m'a été confirmée par tous ceux à qui je l'ai demandée.

Nous nous mîmes le mercredi matin en chemin, et, après avoir passé de l'autre côté du torrent, nous fîmes une petite lieue à pied. Nous rencontrâmes dans notre chemin la cabane d'un Lapon, faite de feuilles de gazon : toutes ses hardes étaient derrière sa cabane sur des planches, qui consistaient en quelques peaux de rennes, quelques outils pour travailler et quelques filets qui pendaient sur une perche. Après avoir tout examiné, nous poursuivîmes notre route à l'ouest dans les bois, sans suivre aucun autre chemin. Nous trouvâmes dans le milieu un magasin de Lapon, construit sur quatre arbres qui faisaient un espace carré. Tout cet édifice, couvert de quelques planches, était appuyé sur ces quatre morceaux de bois, qui sont ordinairement de sapin, dont les Lapons ôtent l'écorce, afin que particulièrement les loups et les ours ne puissent monter sur ces arbres, qu'ils frottent de graisse et d'huile de poisson. C'est dans ce magasin que les Lapons ont toutes leurs richesses, qui consistent en poisson sec ou chair de rennes. Ces garde-manger sont au milieu des bois, à deux ou trois lieues de l'endroit où le Lapon a son habitation : le même en aura quelquefois deux ou trois en différents endroits. C'est pourquoi, comme ils sont exposés continuellement à la fureur des bêtes, ils emploient toute leur adresse pour rendre leurs efforts vains; mais il arrive bien souvent, quoi qu'ils puissent faire, que les ours détruisent tout le travail d'un Lapon et mangent en un jour tout ce qu'il aura amassé pendant une année entière, ainsi qu'il arriva à un certain que nous trouvâmes sur le lac de Tornotresch, et que nous rencontrâmes à notre retour, fort désolé de ce que les ours avaient détruit son magasin et dévoré tout ce qui était dedans.

Ils ont encore une autre sorte de réservoir qu'ils appellent *nalla*, qui est pourtant comme les autres au milieu des bois, mais qui n'est que sur un seul pivot. Ils coupent un arbre de la hauteur de six ou sept pieds, et mettent sur le tronc deux morceaux de bois en croix, sur lesquels ils établissent ce petit édifice, qui fait le même effet que le colombier et qu'ils couvrent de planches. Ils n'ont d'autre échelle pour monter à ce réservoir qu'un tronc d'arbre dans lequel ils creusent comme des espèces de degrés.

Après avoir encore marché environ une demi-heure, nous arrivâmes sur le bord du lac, où nous trouvâmes un petit Lapon extrêmement vieux, avec son fils, qui allait à la pêche. Nous l'interrrogeâmes sur quantité de choses, et particulièrement sur son âge, qu'il ne savait pas : ignorance ordinaire aux Lapons, qui presque tous n'ont pas même le souvenir de l'année dans laquelle ils vivent, et qui ne connaissent les temps que par la succession de l'hiver à l'été. Nous lui donnâmes du tabac et de l'eau-de-vie; et il nous dit que, nous ayant aperçus du haut de sa cabane, il s'était sauvé dans le bois, d'où il pouvait pourtant nous voir; et qu'ayant reconnu que nous ne lui avions fait aucun dommage et que nous n'avions emporté aucune chose, il s'était hasardé à sortir de son fort pour vaquer à son travail. Le bon traitement que nous fîmes à ce pauvre homme en tabac et en eau-de-vie, qui est le plus grand régal qu'on puisse faire aux Lapons, fit qu'il nous promit de nous mener chez lui à notre retour, et qu'il nous ferait voir ses rennes, au nombre de soixante-dix ou quatre-vingts, et tout son petit ménage.

Nous passâmes outre, et allâmes passer la nuit dans la cabane d'un Lapon, qui était à l'endroit où le lac commence à former le fleuve. Il y a longtemps, Monsieur, que je vous parle des maisons des Lapons, sans vous en avoir fait la description; il faut contenter votre curiosité.

Les Lapons n'ont aucune demeure fixe; mais ils vont d'un lieu à un autre, emportant avec eux tout ce qu'ils ont. Ce changement de place se fait, ou pour la commodité de la pêche, dont ils vivent, ou pour la nourriture de leurs rennes, qu'ils cherchent ailleurs lorsqu'elle est consommée dans l'endroit où ils vivaient. Ils se mettent ordinairement pendant l'été sur le bord des lacs, à l'endroit où sont les torrents; et l'hiver ils s'enfoncent davantage dans les bois, aux endroits où ils croient trouver de quoi chasser. Ils n'ont pas de peine à déménager promptement: en un quart d'heure ils ont plié toute leur maison, et chargent tous leurs ustensiles sur des rennes, qui leur sont d'un merveilleux secours; ils en ont en cette occasion cinq ou six sur lesquels ils mettent tout leur bagage, comme nous faisons sur nos chevaux, et les enfants qui ne sauraient marcher.

Ces rennes vont les uns après les autres; le second est attaché d'une longue courroie au col du premier, et le troisième est lié au second; ainsi du reste. Le père de famille marche derrière ces rennes, et précède tout le reste de son troupeau, qui le suit comme on voit les moutons suivre le berger. Quand on est arrivé en un lieu propre pour demeurer, l'on décharge les bêtes, et l'on commence à bâtir la maison. Ils élèvent quatre perches qui font le soutien de tout leur bâtiment. Ces bâtons sont percés à l'extrémité d'en haut, et joints ensemble d'un autre sur lequel sont appuyées quantité d'autres perches qui forment tout l'édifice, et font le même effet que ferait une cloche. Toutes ces perches servent à soutenir une grosse toile qu'ils appellent *waldmar*, qui fait ensemble et les murailles et le fort de la maison. Les plus riches emploient une double couverture pour mieux se garantir des pluies et des vents, et les pauvres se servent de gazon. Le feu est au milieu de la cabane, et la fumée sort par un trou qu'ils laissent pour cela au sommet. Ce feu est continuellement allumé pendant l'hiver et pendant l'été: ce qui fait que la plupart des Lapons perdent la vue lorsqu'ils arrivent sur l'âge. La crémaillère pend du haut du toit sur le feu: quelques-unes sont faites de fer, mais la plupart sont d'une branche de bouleau, au bout de laquelle il y a un crochet. On voit toujours un chaudron qui pend sur le feu, et particulièrement l'hiver lorsqu'ils font fondre la neige; et lorsque quelqu'un veut boire, il prend de la neige dans une grande cuiller, et l'arrose de cette eau bouillante jusqu'à ce qu'elle soit entièrement fondue. Le plancher de leur cabane est fait de branches de bouleau ou de pin, qu'ils jettent en confusion pour leur servir de lit. Voilà, Monsieur, quelles sont les habitations des Lapons. Là sont les vieux comme les jeunes, les hommes comme les femmes, les pères et les enfants. Ils couchent tous ensemble sur des peaux de renne. La porte de la cabane est extrêmement étroite, et si basse qu'il y faut entrer à genoux; ils la tournent ordinairement au midi, afin d'être moins exposés au vent du nord.

Il y a encore une autre sorte de cabane, qui est fixe, et qu'ils font de figure hexagone, avec des pins qu'ils emboîtent les uns sur les autres et dont les fentes sont bouchées de mousse. Celles-là appartiennent aux plus riches, qui ne laissent pas de changer de demeure comme les autres, mais qui reviennent toujours au bout de quelque temps au même endroit, qui est ordinairement sur le bord des cataractes, qui apportent une grande commodité pour la pêche.

Ce fut dans une de ces cabanes que nous passâmes la nuit. Elle n'était couverte que de branches entrelacées qui soutenaient de la mousse. Nous y rencontrâmes deux Lapons que nous saluâmes en leur donnant la main et leur disant *pourist*, qui est la salutation laponne qui veut dire *bienvenu*. Ces pauvres gens nous saluèrent de même et nous rendirent le salut par le mot *pourist oni, soyez le bienvenu aussi*. Ils accompagnèrent ces mots de leur révérence ordinaire, qu'ils font à la mode des Moscovites, en fléchissant les deux genoux. Nous ne manquâmes pas, pour faire connaissance, de leur donner de l'eau-de-vie, et de cinq ou six sortes; de manière qu'en ayant trop pris pour leur tête, et la cervelle commençant à leur tourner, un d'eux voulut faire le sorcier et prit son tambour. Comme cet article est le point de leur superstition le plus essentiel, vous voulez bien, Monsieur, que je vous parle de leur religion.

Tout le monde sait que les peuples les plus voisins du septentrion ont toujours été adonnés à l'idolâtrie et à la magie. Les Finlandais y ont excellé par-dessus tous les autres, et on les dirait aussi savants dans cet art diabolique que s'ils avaient eu pour maître Zoroastre ou Circé. Les anciens les connaissaient pour tels; et un auteur danois, en parlant des Finlandais, desquels les Lapons sont sortis, disait:

Tunc Biarmenses, arma artibus permutantes, carminibus in nimbos solvere cœlum, lætamque aeris faciem tristi imbrium aspergine confuderunt. « Les Biarmiens, employant leur art au défaut des armes, changent les temps sereins en tempêtes cruelles, et remplissent le ciel de nuages par leurs enchantements.»

Cela fait connaître que les Biarmiens, qui sont les

Finlandais d'à présent, étaient aussi méchants soldats qu'ils étaient grands magiciens. Il en parle encore en un autre endroit en ces termes :

Sunt Finni ultimi septentrionis populi; vix quidem habitabilem orbis terrarum partem cultura complent : acer iisdem telorum est usus; non alia gens promptiore jaculandi peritia fruitur; grandibus et latis sagittis dimicant, incantationum studiis incumbunt, etc. « Les Finlandais sont, dit-il, les derniers peuples qui habitent vers le septentrion; ils vivent dans la partie du monde la moins habitable, et se servent si bien de traits, qu'il n'y a pas de nation plus adroite à tirer de l'arc; ils combattent avec des flèches fort longues et fort larges et s'étudient aux enchantements. »

Si les Finlandais étaient autrefois si adonnés à la magie, les Lapons, qui en descendent, ne le sont pas moins aujourd'hui : ils ne sont chrétiens que par politique et par force. L'idolâtrie, qui est beaucoup plus palpable et qui frappe plus les sens que le culte du vrai Dieu, ne saurait être arrachée de leur cœur. Les erreurs des Lapons peuvent se réduire à deux chefs : on peut rapporter au premier tout ce qu'ils ont de superstitieux et de païen, et au second leurs enchantements et leur magie. Leur première superstition est d'observer ordinairement les jours malheureux, pendant lesquels ils ne veulent point aller chasser, et croient que leurs arcs se rompraient ces jours-là, qui sont les jours de Sainte-Catherine, Saint-Marc et autres. Ils ont de la peine à se mettre en chemin le jour de Noël, qu'ils croient malheureux. La cause de cette superstition vient de ce qu'ils ont mal entendu ce jour-là, quand les anges descendirent du ciel et épouvantèrent les pasteurs; et ils croient que des esprits malins se promènent ce jour-là dans les airs, qui pourraient leur nuire.

Ils sont encore assez superstitieux pour croire qu'il reste quelque chose après la mort, appelé *mânes*, qu'ils appréhendent fort; et lorsque quelqu'un meurt en dispute avec quelque autre, il faut qu'un tiers se transporte au lieu de la sépulture et qu'il fasse l'accord de pacification entre celui qui est vivant et celui qui est mort. C'est là proprement l'erreur des païens, qui appelaient mânes *quasi qui maneant post obitum*. Tout cela n'est que superstition; mais vous allez voir ce qu'ils ont d'impie, de païen, de magique.

Premièrement, ils mêlent indifféremment Jésus-Christ avec leurs faux dieux; et ils font un tout de Dieu et du diable, qu'ils croient pouvoir adorer suivant leur fantaisie. Ce mélange se remarque particulièrement sur leurs tambours, où ils mettent *Storiunchar* avec sa famille au-dessus de Jésus-Christ et de ses apôtres. Ils ont trois dieux principaux : le premier s'appelle Thor, ou *dieu du tonnerre;* le second Storiunchar; et le troisième Parjute, qui veut dire *le Soleil*.

Ces trois dieux sont adorés des Lapons de Lula et de Pitha seulement : car ceux de Kimiet et de Torno, parmi lesquels j'ai vécu, n'en connaissent qu'un, qu'ils appellent Seyta, et qui est le même chez eux que Storiunchar chez les autres. Ces dieux sont faits d'une pierre longue, sans autre figure que celle que la nature lui a donnée, et telle qu'ils la trouvent sur le bord des lacs; en sorte que toute pierre faite d'une manière particulière, raboteuse, pleine de trous et de concavités, est pour eux un dieu; et plus elle est extraordinaire, plus ils ont de vénération pour elle.

Thor est le premier des dieux; et c'est celui qu'ils croient maître du tonnerre et qu'ils arment d'un marteau. Storiunchar est le second, qui est le vicaire du premier; comme qui dirait Thorjunchar, *lieutenant de Thor*.

Il préside à tous les animaux, aux oiseaux comme aux poissons; et comme c'est celui dont ils ont le plus besoin, c'est à lui aussi à qui ils font plus de sacrifices pour se le rendre favorable. Ils le mettent ordinairement sur le bord des lacs et dans les forêts, où il étend sa juridiction et fait voir son pouvoir. Le troisième dieu, qu'ils ont de commun avec quelques autres païens, est le Soleil, pour lequel ils ont une grande vénération, à cause des grandes commodités qu'ils en reçoivent. C'est celui de tous les trois qu'ils ont, ce me semble, le plus de sujet d'adorer. Premièrement il chasse, à son approche, le froid qui les a tourmentés pendant plus de neuf mois; il découvre la terre et donne la nourriture à leurs rennes; il ramène un jour qui dure quelques mois, et dissipe les ténèbres dans lesquelles ils ont été ensevelis fort longtemps : ce qui fait qu'en son absence ils ont un grand respect pour le feu, qu'ils prennent pour une vive représentation du soleil, et qui fait en terre ce que l'autre fait dans les cieux.

Quoique chaque famille ait ses dieux particuliers, les Lapons ne laissent pas d'avoir des endroits généraux où ils en ont de communs. Je vous parlerai dans la suite d'un de ces lieux où j'ai été moi-même voir leurs autels, et c'est là qu'ils font ordinairement les sacrifices dans la manière suivante.

Lorsque les Lapons ont connu, par l'exploration du tambour, que leur dieu est altéré de sang et qu'il demande une offrande, ils conduisent la victime, qui est un renne mâle, à l'endroit où est l'autel du dieu à qui ils veulent sacrifier, et ne permettent à aucune femme ou fille d'approcher de ce lieu, à qui il est aussi défendu de sacrifier : ils tuent la victime au pied de l'autel, en lui perçant le cœur d'un coup de couteau qu'ils enfoncent dans le côté ; puis, approchant de l'autel avec respect, ils prennent de la graisse de l'animal, et du sang le plus proche du cœur, dont ils frottent leur dieu avec révérence, en lui faisant des croix avec le même sang. On met derrière l'idole la corne des pieds, les os et les cornes; on pend d'un côté un fil rouge orné d'étain, et d'autre part des morceaux de l'animal. Le sacrificateur emporte chez lui tout ce qui peut être mangé, et laisse seulement les cornes à son dieu. Mais quand il arrive que l'autel du dieu à qui ils veulent sacrifier est sur le sommet des montagnes inaccessibles, où ils croient qu'il demeure, alors, comme ils ne peuvent le frotter du sang de la victime, ils prennent une petite pierre qu'ils trempent dedans et la jettent au lieu où ils ne sauraient aller.

Ils n'offrent pas seulement des sacrifices aux dieux; ils en font aussi aux mânes de leurs parents ou de leurs amis, pour les empêcher de leur faire du mal. La différence qu'ils apportent dans le sacrifice des mânes est que le fil, qui est rouge à l'autre, est noir à celui-ci, et qu'ils enterrent les restes des bêtes, comme sont les os et le bois, et ne les laissent pas découverts comme ils font sur les autels.

Voilà, Monsieur, ce qu'ils ont de semblable avec les païens : voyons présentement ce qu'ils ont de particulier dans leur art magique. Quoi que les rois de Suède aient pu faire par leurs édits menaçants et par le châtiment de quelques sorciers, ils n'ont pu abolir entièrement le commerce que les Lapons ont avec le diable ; ils ont fait seulement que le nombre en est plus petit, et que ceux qui le font encore n'osent le professer ouvertement.

Entre plusieurs enchantements dont leurs sorciers sont capables, l'on dit qu'ils peuvent arrêter un vaisseau au milieu de sa course. Ils peuvent aussi changer la face du ciel et le couvrir de nuages; et ce qu'ils font le plus facilement, c'est de vendre le vent à ceux qui en ont besoin; et ils ont pour cela un mouchoir qu'ils nouent en trois endroits différents, et qu'ils donnent à celui qui en a besoin. S'il dénoue le premier, il excite un vent doux et supportable; s'il a besoin d'un plus fort, il dénoue le second; et s'il vient à ouvrir le troisième, il excitera pour lors une tempête épouvantable. L'on dit que cette manière de vendre le vent est fort ordinaire dans ce pays, et que les moindres petits sorciers ont ce pouvoir, pourvu que le vent dont ils ont besoin commence un peu à souffler et qu'il faille seulement l'exciter. Comme je n'ai rien vu de tout ce dont je parle, je n'en dirai rien; mais pour ce qui est du tambour, je vous en puis dire quelque chose de plus certain.

Cet instrument, avec lequel ils font tous leurs charmes, et qu'ils appellent *kannus*, est fait du tronc d'un pin et d'un bouleau qui croît en un certain endroit, et dont les veines doivent aller de l'orient au couchant. Ce *kannus* n'est fait que d'un seul morceau de bois creusé dans son épaisseur, en ovale, et dont le dessous est convexe, dans lequel ils font deux trous assez longs pour passer le doigt et pour pouvoir le tenir plus ferme. Le dessus est couvert d'une peau de renne, sur laquelle ils peignent en rouge quantité de figures, et dont l'on voit pendre plusieurs anneaux de cuivre et quelques morceaux d'os de renne. Ils peignent ordinairement les figures suivantes : ils font premièrement, vers le milieu du tambour, une ligne qui va transversalement, au-dessus de laquelle ils mettent les dieux qu'ils ont en plus grande vénération, comme Thor avec ses valets, et Seyta; et ils en tirent une autre un peu plus bas comme l'autre, mais qui ne s'étend que jusqu'à la moitié du tambour : là on voit l'image de Jésus-Christ avec deux ou trois apôtres. Au-dessus de ces lignes sont représentés la lune, les étoiles et les oiseaux ; mais la place du soleil est au-dessous de ces mêmes lignes, sous lequel ils mettent les ours, les serpents. Ils y représentent aussi les animaux, quelquefois des lacs et des fleuves. Voilà, Monsieur, quelle est la figure d'un tambour ; mais ils ne mettent pas sur tous la même chose : car il y en a où sont peints des troupeaux de rennes, pour savoir où ils les doivent trouver quand il y en a quelqu'un de perdu. Il y a des figures qui font connaître le lieu où ils doivent aller pour la pêche, d'autres pour la chasse, quelques-unes pour savoir si les maladies dont ils sont atteints doivent être mortelles ou non ; ainsi de plusieurs autres choses dont ils sont en doute.

Il faut deux choses pour se servir du tambour : l'indice, qui doit marquer la chose qu'ils désirent, et e marteau pour frapper dessus le tambour, et pour mouvoir cet indice jusqu'à ce qu'il se soit arrêté fixe sur quelque figure. Cet indice est fait ordinairement d'un morceau de cuivre fait en forme de bossettes, qu'on met au mors des chevaux, d'où pendent plusieurs petits anneaux de même métal. Le marteau est fait d'un seul os de renne, et représente la figure d'un grand T. Il y en a qui sont faits d'une autre forme ; mais ce sont là les manières les plus ordinaires. Ils ont cet instrument en telle vénération, qu'ils le tiennent toujours enveloppé dans une peau de renne ou quelque autre chose, et ils ne le font jamais entrer dans la maison par la porte ordinaire par où les femmes passent ; mais ils le prennent ou par-dessus le drap qui entoure leur cabane, ou par le trou qui donne passage à la fumée. Ils se servent ordinairement du tambour pour trois choses principales : pour la chasse et la pêche, pour les sacrifices, et pour savoir les choses qui se font dans les pays les plus éloignés ; et lorsqu'ils veulent connaître quelque chose de cet article, ils ont soin premièrement de bander la peau du tambour en l'approchant du feu ; puis, un Lapon se mettant à genoux avec tous ceux qui sont présents, il commence à frapper en rond sur son tambour ; et, redoublant les coups avec les paroles qu'il prononce comme un possédé, son visage devient bleu, son crin se hérisse, et il tombe enfin sur la face, sans mouvement.

Il reste en cet état autant de temps qu'il est possédé du diable, ou qu'il en faut à son génie pour rapporter un signe qui fasse connaître qu'il a été au lieu où on l'a envoyé ; puis, revenant à lui-même, il dit ce que le diable lui a révélé et montre la marque qui lui a été apportée.

Le second usage, qui est moins considérable et qui n'est pas aussi violent, est pour connaître le succès des maladies, qu'ils apprennent par la fixation de l'indice sur les figures heureuses ou malheureuses.

Le troisième, qui est le moindre de tous, leur montre de quel côté ils doivent tourner pour avoir une bonne chasse ; et lorsque l'indice, agité plusieurs fois, s'arrête à l'orient ou à l'occident, au midi ou au septentrion, ils infèrent de là qu'en suivant le côté qui leur est marqué, ils ne seront pas malheureux.

Ils ont encore un quatrième sujet pour lequel ils se servent du tambour, et connaissent si leurs dieux veulent des sacrifices, et de quelle nature ils les veulent. Si l'indice s'arrête sur la figure qui représente Thor ou Seyta, ils offrent à celui-là, et connaissent de même quelle victime lui plaît davantage.

Voilà, Monsieur, de quel usage est ce tambour lapon si merveilleux, et dont nous ne connaissons pas l'usage en France. Pour moi, qui crois difficilement aux sorciers, et qui n'ai rien vu de ce que je vous écris, je démentirais volontiers l'opinion générale de tout le monde, et de tant d'habiles gens qui m'ont assuré que rien n'était plus vrai que les Lapons pouvaient connaître les choses éloignées.

Jean Tornœus, dont je vous ai parlé, prêtre de la province de Torno, homme extrêmement savant, et à la foi duquel je m'en rapporterais aisément, assure que cela lui est arrivé tant de fois, et que certains Lapons lui ont dit souvent tout ce qui s'était passé dans son voyage, jusqu'aux moindres particularités, qu'il ne fait aucune difficulté de croire tout ce qu'on en dit. Les archives de Berge font foi d'une chose arrivée à un valet marchand, qui, voulant savoir ce que son maître faisait en Allemagne, alla trouver un certain Lapon fort renommé ; et ayant écrit la déposition du sorcier dans les livres de la ville, la chose se trouva véritable. Comme le Lapon avait dit mille autres histoires de cette nature, qui m'ont été contées dans le pays par tant de gens dignes de foi, je vous avoue, Monsieur, que je ne sais qu'en croire.

Que ce que je vous mande soit vrai ou faux, il est constant que les Lapons ont une aveugle croyance aux effets du tambour, dans laquelle ils s'affermissent tous les jours par les succès étranges qu'ils en voient arriver. S'ils n'avaient que cet instrument pour exercer leur art diabolique, cela ne ferait de mal qu'à eux-mêmes ; mais ils ont encore un autre moyen pour porter le mal, la douleur, les maladies et la mort même à ceux qu'ils veulent affliger. Ils se servent pour cela d'une petite boule de la grosseur d'un œuf de pigeon, qu'ils envoient par tous les endroits du monde dans une certaine distance, suivant que leur pouvoir est étendu ; et s'il arrive que cette boule enflammée rencontre quelqu'un par le chemin, soit un homme ou un animal, elle ne va pas plus loin, et fait le même effet sur celui qu'elle a frappé que sur la personne qu'elle devait frapper. Le Français qui nous servit d'interprète pendant notre voyage en Laponie, et qui avait demeuré trente ans à Swapavara, nous assura en avoir vu plusieurs fois passer autour de lui. Il nous dit qu'il était impossible de connaître la forme que cela pouvait avoir. Il nous assura seulement que cette boule volait d'une extrême vitesse, et laissait après soi une petite trace bleue qu'il était facile de distinguer. Il nous dit même qu'un jour, passant sur une montagne, son chien, qui le suivait d'assez près, fut atteint d'un de ces *gans* (car c'est ainsi qu'ils appellent ces boules), dont il mourut sur-le-champ, quoiqu'il fût plein de vie un moment devant. Il chercha l'endroit par où son chien pouvait avoir été blessé, et vit un trou sous sa gorge, sans pouvoir trouver dans son corps ce qui l'avait frappé. Ils conservent ces *gans* dans des sacs de cuir ; et ceux qui sont les plus méchants ne laissent guère passer de jours qu'ils ne jettent quelqu'un de ces *gans*, qu'ils laissent ravager dans l'air lorsqu'ils n'ont personne à qui les jeter ; et quand il arrive qu'un Lapon qui se mêle du métier est en colère contre quelque autre de la même profession et lui veut faire du mal, son *gans* n'a aucun pouvoir si l'autre est plus expert dans son art, et s'il est plus grand diable que lui. Tous les habitants du pays appréhendent extrêmement ces émissaires ; et ceux qui sont connus pour avoir le pouvoir de les jeter sont extrêmement respectés, et personne n'ose leur faire du mal. Voilà, Monsieur, tout ce que j'ai pu apprendre de leur art magique par mon expérience, et par le récit qui m'en a été fait par tous les gens du pays que je croyais extrêmement dignes de foi, et particulièrement par les prêtres, que j'ai consultés sur toutes ces choses.

Sitôt que notre Lapon eut la tête pleine d'eau-de-vie,

il voulut contrefaire le sorcier ; il prit son tambour, et commençant à frapper dessus avec des agitations et des contorsions de possédé, nous lui demandâmes si nous avions encore père et mère. Il était assez difficile de parler juste sur cette matière : nous étions trois ; l'un avait son père, l'autre sa mère, et le troisième n'avait ni l'un ni l'autre. Notre sorcier nous dit tout cela, et se tira assez bien d'affaire.

Quoique ceux avec qui nous étions, qui étaient des Finlandais et des Suédois, n'en eussent aucune connaissance qui nous pût faire soupçonner qu'ils auraient instruit le Lapon de tout ce qu'il devait dire, comme il avait affaire à des gens qui ne se contentaient pas de peu, et qui voulaient quelque chose de plus sensible et deplus particulier que ce qui pouvait arriver par un simple effet du hasard, nous lui dîmes que nous le croirions parfaitement sorcier s'il pouvait envoyer son démon au logis de quelqu'un de nous, et rapporter un signe qui nous fît connaître qu'il y avait été. Je demandai les clefs du cabinet de ma mère, que je savais bien qu'il ne pouvait trouver que sur elle, ou sous son chevet ; et je lui promis cinquante ducats s'il pouvait me les apporter.

Comme le voyage était fort long, il fallut prendre trois ou quatre bons coups d'eau-de-vie pour faire le voyage plus gaiement, et employer les charmes les plus forts et les plus puissants pour appeler son esprit familier, et le persuader d'entreprendre le voyage et de revenir promptement. Notre sorcier se mit en quatre, ses yeux se tournèrent, son visage changea de couleur, et sa barbe se hérissa de violence. Il pensa rompre son tambour, tant il frappait avec force ; et il tomba enfin sur sa face, roide comme un bâton. Tous les Lapons qui étaient présents empêchaient avec soin qu'on ne l'approchât en cet état, éloignaient jusqu'aux mouches, et ne souffraient pas qu'elles se reposassent sur lui. Je vous assure que quand je vis toute cette cérémonie, je crus que j'allais voir tomber par le trou du dessus de la cabane ce que je lui avais demandé, et j'attendais que le charme fût fini pour lui en faire faire un autre, et le prier de me ménager un quart d'heure de conversation avec le diable, dans laquelle j'espérais savoir bien des choses.

Notre Lapon resta comme mort pendant un bon quart d'heure, et, revenant un peu à lui, il commença à nous regarder l'un après l'autre avec des yeux hagards; et, après nous avoir tous examinés l'un après l'autre, il m'adressa la parole et me dit que son esprit ne pouvait agir suivant son intention, parce que j'étais plus grand sorcier que lui, et que mon génie était plus puissant; et que si je voulais commander à mon diable de ne rien entreprendre sur le sien, il me donnerait satisfaction.

Je vous avoue, Monsieur, que je fus fort étonné d'avoir été sorcier si longtemps et de n'en avoir rien su. Je fis ce que je pus pour mettre notre Lapon sur les voies. Je commandai à mon démon familier de ne point inquiéter le sien; et avec tout cela nous ne pûmes savoir autre chose de notre sorcier, qui se tira fort mal d'un pas si difficile, et qui sortit de dépit de la cabane pour aller, comme je crois, noyer tous ces dieux et les diables qui l'avaient abandonné au besoin, et nous ne le revîmes plus.

Le jeudi matin nous continuâmes toujours notre chemin vers le lac de Tornotresch; et à l'endroit où il commence à former le fleuve, on voit à main gauche une petite île, qui est de tous côtés entourée de cataractes épouvantables, qui descendent avec une précipitation furieuse sur des rochers, où elles causent un bruit horrible. Là, il y a eu de tout temps un autel fameux, dédié à Seyta, où tous les Lapons de la province de Torno vont faire leurs sacrifices dans les nécessités les plus pressantes. Jean Tornœus, dont je vous ai parlé plusieurs fois, faisant mention de cet endroit, en parle en ces termes :

« Au lieu où le lac de Tornotresch se répand en fleuve dans une certaine île, au milieu de la cataracte appelée Dara, on trouve des Seyta de pierre, de figure humaine, mis par ordre. Le premier est de la hauteur d'un grand homme, et quatre autres plus petits mis à ses côtés, tous ayant sur la tête une espèce de petit chapeau : et parce qu'il est très difficile et même dangereux d'approcher en bateau de cette île, à cause de la violence de l'eau, les Lapons ont cessé la coutume, depuis lontemps, d'aller à cet autel; et ils ne peuvent s'imaginer comment on a pu adorer ces dieux, et de quelle manière ces pierres sont venues en cet endroit. »

Nous approchâmes de cet autel, et aperçûmes plus tôt un grand monceau de cornes de rennes, que les dieux qui étaient derrière. Le premier était le plus gros et le plus grand de tous. Il n'avait aucune figure humaine, et je ne puis dire à quoi il ressemblait; mais ce que je puis assurer, c'est qu'il était très gras et très vilain, à cause du sang et de la graisse dont il était frotté : celui-là s'appelait *Seyta;* sa femme, ses enfants et ses valets étaient rangés par ordre à son côté droit; mais toutes ces pierres n'avaient aucune figure que celle que la nature donne à celles qui sont exposées à la chute des eaux. Elles n'étaient pas moins grasses que la première, mais beaucoup plus petites. Toutes ces pierres, et particulièrement celle qui représentait Seyta, étaient sur des branches de bouleau toutes récentes; et l'on voyait à côté un amas de bâtons carrés, sur lesquels il y avait quelques caractères. On en remarquait un au milieu, beaucoup plus gros et plus haut que les autres, et c'était, comme nous dirent nos Lapons, le bourdon dont Seyta se servait pour faire voyage. Un peu derrière tous ces dieux, il y en avait deux autres, gros et gras et pleins de sang, sous lesquels il y avait, comme sous les autres, quantité de branches : ceux-ci étaient plus proches du fleuve; et nos Lapons nous dirent que ces dieux avaient été plusieurs fois jetés dans l'eau, et qu'on les avait toujours retrouvés en leurs places. Quelque temps après, je vis quelque chose de contraire à ce que Tornœus avance : il dit, premièrement, que ce lieu n'est plus fréquenté des Lapons, à cause de la difficulté qu'on a d'en approcher; et c'est ce qui fait qu'il est en plus grande vénération parmi eux; parce que, disent-ils, les Seyta se plaisent dans des lieux difficiles et même inaccessibles, comme on voit par les sacrifices qu'ils font au pied des montagnes, où ils trempent la pierre dans le sang de la victime, qu'ils jettent sur le sommet lorsqu'ils ne peuvent y monter.

Ce lieu est aussi fréquenté qu'auparavant, comme nous assurèrent nos Lapons, et comme nous vîmes nous-mêmes par les branches sur lesquelles ces pierres reposaient, où l'on voyait encore quelques feuilles vertes qui y restaient, et par le sang frais dont ces pierres étaient encore trempées. Pour ce qui est des chapeaux que Tornœus dit qu'ils ont dessus leurs têtes, ce n'est autre chose qu'une figure plate qui est au-dessus de la pierre et qui excède en cet endroit. Il n'y a pourtant que les deux premiers, qui représentent Seyta et sa femme, qui aient cette marque; et les autres sont d'une pierre de figure longue, pleins de bosses et de trous, qui viennent finir en pointe et représentent les enfants de Seyta et toute sa basse famille. Au reste, l'autel n'est fait que d'une seule roche, qui est couverte d'herbe et de mousse, comme le reste de l'île, avec cette différence que le sang répandu et que la quantité des bois et des os de rennes ont rendu la place plus foulée.

Quoi que nos Lapons pussent nous dire pour nous empêcher d'emporter de ces dieux, nous ne laissâmes pas de diminuer la famille de Seyta, et de prendre chacun un de ses enfants, malgré les menaces qu'ils nous faisaient de leur part et les imprécations dont ils nous chargeaient, en nous assurant que notre voyage serait malheureux si nous excitions la colère de leur dieu. Si Seyta eût été moins gras et moins pesant, je l'aurais emporté avec ses enfants. Mais, ayant voulu mettre la main dessus, je ne pus qu'à grand'peine le lever de terre. Les Lapons, voyant cela, me comptèrent alors pour un homme perdu, et qui ne pouvait pas aller loin, sans être du moins foudroyé; car la marque la plus certaine parmi eux d'un dieu courroucé, c'est la pesanteur qu'on trouve dans l'idole : au lieu que la facilité qu'on a en le levant fait connaître qu'il est propice, et prêt à aller où l'on veut : c'est de cette manière aussi qu'ils connaissent s'il veut des sacrifices ou non.

Aussitôt que nous eûmes quitté cette île, nous entrâmes dans le lac de Tornotresch. De ce lac sort le fleuve de Torno : sa longueur s'étend environ quarante lieues de l'est à l'ouest, mais sa largeur n'est pas considérable. Il est gelé depuis le mois de septembre jusqu'après la Saint-Jean, et fournit aux Lapons une abondance de poissons presque inconcevable. Le sommet des montagnes, dont il est partout environné, se dérobe à la vue, tant il est élevé; et les neiges dont elles sont continuellement couvertes font qu'on ne saurait presque les distinguer d'avec les nues. Ces montagnes sont toutes découvertes, et ne portent point de bois : il ne laisse pas d'y avoir beaucoup de bêtes et d'oiseaux, et particulièrement des *flœlripor*, qui se plaisent là plus qu'en tout autre endroit. C'est autour de ce lac que les Lapons viennent se répandre quand ils reviennent de Norwège, où la chaleur et les mouches les ont relégués pour quelque temps; et c'est là aux environs aussi où sont les richesses de la plupart. Ils n'ont point d'autre coffre-fort pour mettre leur argent et leurs richesses.

Ils prennent un chaudron de cuivre, qu'ils emplissent de ce qu'ils ont de plus précieux, et le portent dans l'endroit le plus secret et le plus reculé qu'ils peuvent s'imaginer. Là ils l'enterrent dans un trou assez profond qu'ils font pour cela, et le couvrent d'herbe et de mousse, afin qu'il ne puisse être aperçu de personne. Tout cela se fait sans que le Lapon en donne aucune connaissance à sa femme ou à ses enfants, et il arrive souvent que les enfants perdent un trésor, pour être trop bien caché, lorsque le père meurt d'une mort inopinée qui ne lui donne pas le temps de découvrir à quel endroit sont ses richesses.

Tous les Lapons généralement cachent ainsi leurs biens, et on trouve souvent quantité de rixdales et de vaisselle d'argent, comme sont des bagues, des cuillers et des *demi-seins*, qui n'ont point d'autre maître que celui qui les trouve et qui ne se met pas en peine de le chercher quand il y en aurait. Nous avançâmes bien sept à huit lieues dans le lac, proche une montagne qui surpassait toutes les autres en hauteur. Ce fut là où nous terminâmes notre course, et où nous plantâmes nos colonnes. Nous fûmes bien quatre heures à monter au sommet, par des chemins qui n'avaient encore été connus d'aucun mortel; et quand nous y fûmes arrivés, nous aperçûmes toute l'étendue de la Laponie, et la mer Septentrionale, jusqu'au cap du Nord, du côté qui tourne à l'ouest. Cela s'appelle, Monsieur, se frotter à l'essieu du pôle et être au bout du monde. Ce fut là que nous plantâmes l'inscription précédente, qui était sa véritable place, mais qui ne sera, comme je crois, jamais lue que des ours [1].

Cette roche sera présentement connue dans le monde par le nom de *Metavara*, que nous lui donnâmes. Ce mot est composé du mot latin *meta*, et d'un autre mot finlandais *vara*, qui veut dire *roche*; comme qui dirait la roche des limites. En effet, monsieur, ce fut là où nous nous arrêtâmes; et je ne crois pas que nous allions jamais plus loin.

Pendant le temps que nous fûmes à monter et à descendre cette montagne, nos Lapons étaient allés chercher les habitations de leurs camarades. Ils ne revinrent qu'à une heure après minuit, et nous rapportèrent qu'ils avaient fait bien du chemin et qu'ils n'avaient trouvé personne. Cette nouvelle nous affligea, mais elle ne nous abattit pas : car nous n'étions venus en cet endroit que pour voir les plus éloignés, et nous en avions laissé quantité derrière nous, que nous avions différé de voir à notre retour. Nous voulûmes employer notre première ardeur aux recherches les plus pénibles, de crainte que, ce feu de curiosité venant à se ralentir, nous ne nous fussions contentés de voir les plus proches.

Nous résolûmes donc de retourner sur nos pas. En effet, dès le grand matin, le vent s'étant fait ouest, nous mîmes à la voile, et revînmes en un jour trouver ce petit vieillard lapon dont je vous ai parlé, qui nous avait promis de nous mener chez lui à notre retour. Nous le rencontrâmes qui pêchait sur le fleuve, et nous fîmes tant par notre tabac et notre eau-de-vie,

---

1. Même texte que plus haut, seulement daté du 22 août au lieu du 18.

que nous lui persuadâmes de nous mener chez lui, quoiqu'il tâchât pour lors de s'en défendre et d'oublier la promesse qu'il nous avait faite.

Il dit à un de nos conducteurs lapons, qui était son gendre, le lieu de sa demeure; et ayant pris son chemin dans les bois avec un de nos interprètes, à qui nous défendîmes de le quitter, nous prîmes le nôtre en continuant notre route sur le fleuve. Nous arrivâmes au bout de deux heures à la hauteur de sa cabane, qui était encore fort éloignée; et ayant mis pied à terre, et ayant pris avec nous du tabac et une bouteille de brandevin, nous suivîmes notre Lapon, qui nous mena pendant toute la nuit dans des bois.

Cet homme, qui ne savait pas précisément la demeure de son beau-père, qu'il avait changée depuis peu, était aussi embarrassé que nous. Tantôt il approchait l'oreille de terre pour entendre quelque bruit; tantôt il examinait les traces des bêtes que nous rencontrions, pour reconnaître si les rennes qui avaient passé par là étaient sauvages ou privés. Il montait quelquefois comme un chat sur le sommet des pins pour découvrir la fumée, et criait toujours de toute sa force d'une voix effrayante, qui retentissait par tout le bois. Enfin, après avoir bien tourné, nous entendîmes un chien aboyer : jamais voix ne nous a paru si charmante que celle de ce chien, qui vint nous consoler dans les déserts. Nous tournâmes du côté où nous avions entendu le bruit, et, après avoir marché encore quelque temps, nous rencontrâmes un grand troupeau de rennes, et peu à peu nous arrivâmes à la cabane de notre Lapon, qui ne faisait que d'arriver comme nous.

Cette cabane était au milieu des bois, faite comme toutes les autres, et couverte de son *valdmar*. Elle était entourée de mousse, pour nourrir environ quatre-vingts bêtes qu'il avait. Ces rennes font toute la richesse de ces gens. Il y en a qui en ont jusqu'à mille et douze cents. L'occupation des femmes est d'en avoir soin, et elles les lient et les trayent dans de certaines heures. Elles les comptent tous les jours deux fois; et lorsqu'il y en a quelqu'un d'égaré, le Lapon cherche dans les bois jusqu'à ce qu'il l'ait trouvé. On voit courir fort longtemps ces bêtes égarées, et suivant même pendant trois semaines leurs traces marquées dans la neige. Les femmes, comme j'ai dit, ont un soin particulier des rennes et de leurs faons; elles les veillent continuellement et les gardent le jour et la nuit contre les loups et les bêtes sauvages. Le plus sûr moyen de les garder contre les loups, c'est de les lier à quelque arbre; et cet animal, qui est extrêmement défiant et qui appréhende d'être pris, craint que ce ne soit une adresse, et qu'il n'y ait auprès de l'animal quelque piège dans lequel il pourrait tomber. Les loups de ce pays sont extrêmement forts, et tous gris; ils sont presque tout blancs pendant l'hiver, et sont les plus mortels ennemis des rennes, qui se défendent contre eux des pieds de devant, lorsqu'ils ne le peuvent faire par la fuite. Il y a encore un animal gris brun, de la hauteur d'un chien, que les Suédois appellent *jært*, et les Latins *gulo* [1], qui fait aussi une guerre sanglante aux rennes. Cette bête monte sur les arbres les plus hauts, pour voir et n'être pas vu et pour surprendre son ennemi. Lorsqu'il découvre un renne, soit sauvage soit domestique, passant sous l'arbre sur lequel il est, il se jette sur son dos, et mettant ses pattes de derrière sur le cou, et celles de devant vers la queue, il s'étend et

---

[1]. Cet animal est le glouton, (*gulo borealis*) autrefois considéré comme une hyène du Nord. Linné en avait fait une espèce du genre ours; Cuvier, le rapprochant des martres, l'a placé parmi les plantigrades, mais à la fin et immédiatement avant les digitigrades. La fourrure du glouton, dont il est fait un assez grand commerce, est surtout employée chez nous pour des couvertures de voyage.

se roidit d'une telle violence, qu'il fend le renne sur le dos et enfonce son museau, qui est extrêmement aigu, dans la bête, dont il boit tout le sang. La peau du *jært* est très fine et très belle ; on la compare même aux zibelines.

Il y a aussi des oiseaux qui font des guerres cruelles aux rennes : entre tous les autres, l'aigle est extrêmement friand de la chair de cet animal. Il y a quantité de ces aigles en ce pays, et d'une grosseur si surprenante, qu'ils enlèvent de leurs serres les faons des rennes de trois à quatre mois et les portent dans leur nid au sommet des plus hauts arbres. Cette particularité me parut d'abord ce que je crois qu'elle vous semblera, c'est-à-dire difficile à croire ; mais cela est si vrai que la garde qui se fait aux jeunes rennes n'est que pour cela. Tous les Lapons m'ont assuré la même chose ; et le Français qui était notre interprète en Laponie m'a assuré qu'il avait vu plusieurs exemples pareils ; et qu'un jour, ayant suivi un aigle qui emportait le faon d'un de ses rennes jusqu'à son nid, il coupa l'arbre par le pied, et trouva que la moitié de la bête avait déjà servi de nourriture aux petits. Il prit les aiglons et fit d'eux ce qu'ils avaient fait de son faon, c'est-à-dire, Monsieur, qu'il les mangea. La chair en est assez bonne, mais noire et un peu fade.

Les rennes portent neuf mois : quand les Lapons veulent sevrer leurs faons, ils leur mettent un caveçon de pin, dont les feuilles sont faites en pointe et piquent extrêmement ; et quand le faon s'approche de sa mère pour prendre sa nourriture, ordinairement, se sentant piquée, elle éloigne son faon avec son bois et l'oblige à aller chercher à vivre ailleurs qu'auprès d'elle [1].

---

[1] Il semblerait y avoir ici, ou une lacune dans le texte ou une interposition dans les feuillets du manuscrit primitif, mais en remontant au-dessus de ce qui concerne la défense des rennes contre les animaux carnassiers, on trouve le passage auquel celui-ci fait suite.

Cette occupation n'est pas la seule qu'aient les femmes; elles font les habits et les bottes des Lapons.

Elles tirent l'étain pour en revêtir le fil. Elles font cela avec les dents; et, tenant un os de renne dans lequel il y a plusieurs trous de différentes grosseurs, elles passent leur étain dans le plus grand, puis dans un plus petit, jusqu'à ce qu'il soit en l'état qu'elles le souhaitent, et propre pour couvrir le fil de renne, dont elles ornent leurs habits et tout ce qu'elles travaillent.

Ce fil se fait, comme je vous ai déjà dit, avec des nerfs de rennes pilés, qu'elles tirent par filets, et le filent ensuite sur leur joue, en le mouillant de temps en temps et le tournant continuellement. Elles n'ont point d'autre manière pour faire le fil. Tous les harnais des rennes sont faits par les femmes. Ces harnais sont faits de peaux de rennes. Le poitrail est orné de quantité de figures, faites avec du fil d'étain, d'où pendent plusieurs petites pièces de serge de toutes sortes de couleurs, qui font une espèce de frange. La sonnette est au milieu, et il n'y a rien qui donne la vigueur à cet animal et qui le réjouisse davantage que le bruit qu'il fait avec cette sonnette en courant.

Puisque j'ai commencé à vous parler des occupations des femmes dans ce pays, cela me donnera occasion de vous parler de l'emploi des hommes. Je vous dirai d'abord, parlant en général, que tous les habitants de ce pays sont naturellement lâches et paresseux, et qu'il n'y a que la faim et la nécessité qui les chassent de leur cabane et les obligent à travailler. Je dirais que ce vice commun peut provenir du climat, qui est si rude qu'il ne permet pas facilement de s'exposer à l'air, si je ne les avais trouvés aussi fainéants pendant l'été qu'ils le sont pendant l'hiver. Mais enfin, comme ils sont obligés de chercher toujours de quoi vivre, la chasse et la pêche font leur occupation presque continuelle. Ils chassent l'hiver et pêchent l'été, et font eux-mêmes tous les instruments nécessaires pour l'un et l'autre de ces emplois. Ils se servent pour leurs barques du bois de sapin, qu'ils cousent avec du fil de renne, et les rendent si légères qu'un homme seul en peut facilement porter une sur son épaule. Ils ont besoin d'avoir quantité de ces barques, à cause des torrents qui se rencontrent souvent; et comme ils ne peuvent pas les monter, ils en ont d'un côté et d'un autre en plusieurs endroits. Ils les laissent sur le bord après les avoir tirées sur terre, et mettent dedans trois ou quatre grosses pierres, de crainte que le vent ne les enlève. Ce sont eux qui font leurs filets et les cordes pour les tenir. Ces filets sont de fil de chanvre, qu'ils achètent des marchands. Ils les frottent souvent d'une certaine colle rouge, qu'ils font avec de l'écaille de poisson séchée à l'air, afin de les rendre plus forts et moins sujets à la pourriture. Pour les cordes, ils les fabriquent d'écorce de bouleau ou de racine de sapin. Elles sont extrêmement fortes lorsqu'elles sont dans l'eau. Les hommes s'occupent encore à faire les traîneaux de toutes sortes, les uns pour porter leurs personnes (qu'ils appellent *pomes*), et les autres pour le bagage. Ces derniers sont nommés *raddakères*, et sont fermés comme des coffres. Ils font aussi les arcs et les flèches.

Les arcs sont composés de deux morceaux de bois mis l'un dessus l'autre. Celui de dessous est de sapin brûlé, et l'autre de bouleau. Ces bois sont collés ensemble, et revêtus tout du long d'une écorce de bouleau très mince, en sorte qu'on ne saurait voir ce qu'elle renferme. Leurs flèches sont différentes : les unes sont seulement de bois, fort grosses par le bout, et elles servent à tuer (ou, pour mieux dire, assommer) les petits-gris, les hermines, les martres et d'autres animaux dont on veut conserver la peau. Il y en a d'autres, armées d'os de rennes, faites en forme de harpon et hautes sur le bout : cette flèche est grosse et pesante. Celles-là servent contre les oiseaux et ne peuvent sortir de la plaie quand elles y sont une fois entrées : elles empêchent ainsi par leur pesanteur que l'oiseau ne puisse s'envoler, et emporte avec lui la flèche et l'espérance du chasseur. Les troisièmes sont ferrées en forme de lancette, et on les emploie contre les grosses bêtes, comme sont les ours, les rennes sauvages ; et toutes ces flèches se mettent dans un petit carquois fait d'écorce de bouleau, que le chasseur porte à sa ceinture.

Au reste, les Lapons sont extrêmement adroits à se servir de l'arc, et ils font pratiquer à leurs enfants ce qu'autrefois plusieurs peuples belliqueux voulaient qu'ils sussent faire : car ils ne leur donnent point à manger qu'auparavant ils n'aient touché un but préparé, ou abattu quelque marque qui sera sur le sommet des pins les plus élevés [1].

Tous les ustensiles qui servent au ménage sont faits de la main des hommes ; les cuillers, d'os de renne, qu'ils ornent de figures, dans lesquelles ils mettent une certaine composition noire. Ils font des fermetures de sac avec des os de rennes, de petits paniers d'écorce et de jonc, et de ces planches dont ils se servent pour courir sur la neige, et avec lesquelles ils poursuivent et attrapent les bêtes les plus vites. La description de ces planches est ci-devant.

Mais ce qu'il y a de remarquable, c'est que les hommes font toujours la cuisine, et qu'ils accommodent tout ce qu'ils prennent, soit à la chasse, soit à la pê-

[1]. C'était ainsi, disent les anciens historiens, que les habitants des îles Baléares en agissaient avec leurs enfants, pour en faire ces frondeurs qui étaient réputés comme les plus habiles du monde.

che; les femmes ne s'en mêlent jamais qu'en l'absence du mari.

Nous remarquâmes cela sitôt que nous fûmes arrivés : le Lapon fit cuire quelques sichs frais qu'il avait pris ce jour-là. Ce poisson est un peu plus gros qu'un hareng, mais incomparablement meilleur; et je n'ai jamais mangé de poisson plus délicieux. D'abord qu'il fut cuit, on dressa la table, faite de quelques écorces de bouleau cousues ensemble, qu'ils étendent à terre.

Toute la famille se mit autour, les jambes croisées à la mode des Turcs, et chacun prit sa part dans le chaudron, qu'il mettait dans son bonnet ou dans un coin de son habit. Ils mangent fort avidement, et ne gardent rien pour le lendemain. Leur boisson est dans une écuelle de bois à côté d'eux, si c'est en été; et en hiver dans un chaudron sur le feu. Chacun puise à son gré dans une grande cuiller de bois, ou boit à même, suivant sa soif. Le repas fini, ils se frappent dans la main en signe d'amitié.

Les mets les plus ordinaires des pauvres sont des poissons, et ils jettent quelque écorce de pin broyé dans l'eau qui a servi à les faire cuire, en forme de bouillie. Les riches mangent la chair des rennes qu'ils ont tués, à la Saint-Michel, lorsqu'ils sont gras. Ils ne laissent rien perdre de cet animal; ils gardent même le sang de sa vessie, et lorsqu'il a pris un corps et s'est endurci, ils en coupent et en mettent dans l'eau qui reste après qu'ils ont fait cuire le poisson. La moelle des os de renne passe chez eux pour un manger très exquis; la langue ne l'est pas moins.

Mais, quoique la viande de renne soit fort estimée parmi eux, la chair d'ours l'est incomparablement davantage. Ils font pendant l'été un ragoût dont j'ai tâté, et qui me pensa faire crever. Ils prennent de certains petits fruits noirs qui croissent dans les bois, de la grosseur d'une groseille, qu'ils appellent *crokberg*, qui veut dire *groseille de corbeau*[1] ; ils mettent cela avec des œufs de poisson crus, et écrasent le tout ensemble, au grand mal au cœur de tous ceux qui les voient et qui ne sont pas accoutumés à ces sortes de ragoûts, qui passent pourtant chez eux pour des confitures très délicates. Le repas fini, les plus riches prennent pour dessert un petit morceau de tabac, qu'ils tirent de derrière leur oreille ; c'est là le lieu où ils le font sécher, et ils n'ont point d'autre boîte pour le conserver. Ils le mâchent d'abord ; et lorsqu'ils en ont tiré tout le suc, ils le remettent derrière l'oreille, où il prend un nouveau goût ; ils le remâchent encore une fois, et le replacent de même encore ; et lorsqu'il a perdu toute sa force, ils le fument. Il est étonnant de voir que ces gens se passent aisément de pain, et qu'ils aient tant de passion pour une petite herbe qui croît si loin d'eux.

Nous interrogeâmes notre Lapon sur quantité de choses. Nous lui demandâmes ce qu'il avait donné à sa femme en se mariant ; et il nous dit qu'il lui en avait bien coûté, pendant ses fiançailles, deux livres de tabac et quatre ou cinq pintes de brandevin ; qu'il avait fait présent à son beau-père d'une peau de renne, et que sa femme lui avait apporté cinq ou six rennes, qui avaient assez bien multiplié pendant plus de quarante ans qu'il y avait qu'il était marié. Notre conversation était arrosée de brandevin, que nous répandions de temps en temps dans le ventre du bonhomme et de sa femme ; et la récidive fut si fréquente, que l'un et l'autre s'en ressentirent. Ils commencèrent tous deux à pleurer comme s'ils avaient perdu tous leurs rennes.

---

1. Sans doute l'*airelle canneberge* (*vaccinium oxycoccos*), baie acide avec laquelle en Suède on prépare une confiture très recherchée. Les Russes l'appellent *kloukwa*.

Nous fîmes le lendemain matin tuer chacun un renne, qui nous coûta deux écus, pour en rapporter la peau en France. Si je m'en étais retourné tout droit, j'aurais essayé d'en conduire quelques-uns en vie : il y a bien des gens qui l'ont tenté inutilement, et on en conduisit encore l'année passée trois ou quatre à Dantzig, où ils moururent, ne pouvant s'accoutumer à ces climats, qui sont trop chauds pour ces sortes d'animaux. Nous différâmes à les tuer lorsque nous serions chez le prêtre, où nous le pouvions faire plus commodément ; et après avoir pris deux ou trois petits colliers qui servent à charger ces animaux, et d'autres pour les lier, nous nous remîmes en chemin, et fîmes passer le fleuve à nos rennes, et arrivâmes le même jour, samedi, chez le prêtre des Lapons où nous avions demeuré en passant.

Au moment même où nous y fûmes arrivés, notre premier soin fut de tuer nos animaux. Les Lapons se servent de leur arc pour cela, et d'une flèche pareille à celle dont ils tuent les grosses bêtes. Nous eûmes le plaisir de voir l'adresse avec laquelle ils dressèrent leur coup, et nous nous étonnâmes qu'une grosse bête comme un renne mourait si vite d'une blessure qui ne paraissait pas considérable. Il est vrai que la flèche alla jusqu'à la moitié de la hampe ; mais j'aurais cru qu'il aurait fallu une plaie plus dangereuse pour le faire sitôt mourir.

. . . *Hæret lateri lethalis arundo* [1].

Nous fîmes écorcher nos bêtes le mieux que nous pûmes. Les Lapons s'emparèrent du sang, et nous leur en donnâmes la moitié d'un. Il est difficile de s'imaginer que deux hommes seuls aient pu manger

---

1. Le trait mortel est attaché à ses flancs. (Virgile, *Én.*, liv. IV, v. 73.)

la moitié d'un gros cerf, sans pain, sans sel et sans boire : c'est pourtant ce qui est très véritable ; et nous avons vu cela avec un grand étonnement dans nos Lapons.

Nous remarquâmes que les rennes n'ont point de fiel, mais seulement une petite tache noire dans le sang. La viande de cet animal est très bonne, et assez du goût de celle du cerf, mais plus relevée. La langue est un manger très délicat, et les Lapons estiment fort la moelle. Il devient gras à la Saint-Michel, comme un porc ; et c'est pour lors que les plus riches Lapons les tuent, pour en faire des provisions pendant le reste de l'année. Ils font sécher la chair au froid, qui fait le même effet que le feu, et qui la dessèche, en sorte qu'on peut facilement la conserver. Leur saloir est un tronc d'arbre creusé des mains de la nature, qu'ils ferment le mieux qu'ils peuvent pour empêcher les ours de le ravager.

Nous demeurâmes quelques jours chez le prêtre, pour attendre un Lapon qui passait pour grand sorcier et que nous avions envoyé chercher à quelques lieues de là par nos Lapons. Ils revinrent au bout de quelques jours, et firent tant pour gagner l'argent que nous leur avions promis s'ils l'amenaient, qu'au bout de trois jours nous les vîmes revenir avec notre sorcier, qu'ils avaient déterré dans le fond d'un bois. Nous voilà dans le même temps contents comme si nous tenions le diable par la queue, si je puis me servir de ce terme ; et ce qui acheva de nous satisfaire, ce furent les promesses que notre enchanteur nous fit de nous dire bien des choses qui nous surprendraient. Nous nous mîmes aussitôt en chemin par les bois, par les rochers et par les marais. Où n'irait-on pas pour voir le diable ici-bas ?

Nous fîmes plus de cinq lieues, par des chemins épouvantables, sur lesquels nous rencontrions quantité de bêtes et d'oiseaux qui ne nous étaient point connus, et particulièrement des petits-gris. Ces petits-gris sont ce que nous appelons *écureuils* en France, qui changent leur couleur rousse lorsque l'hiver et les neiges leur en font prendre une grise. Plus ils sont avant vers le nord, et plus ils sont gris. Les Lapons leur font beaucoup la guerre pendant l'hiver, et leurs chiens sont si bien faits à cette chasse qu'ils n'en laissèrent passer aucun sans l'apercevoir sur les arbres les plus élevés, et avertir par leurs aboiements les Lapons qui étaient avec nous. Nous en tuâmes quelques-uns à coups de fusil, car les Lapons n'avaient pas pour lors leurs flèches rondes, avec lesquelles ils les assomment; et nous eûmes le plaisir de les voir écorcher avec une vitesse et une propreté surprenantes.

Ils commencent à faire la chasse au petit-gris vers la Saint-Michel, et tous les Lapons généralement s'occupent à cet emploi; ce qui fait qu'ils sont à grand marché, et qu'on en donne un timbre pour un écu : ce timbre est composé de quarante peaux.

Mais il n'y a point de marchandise où l'on puisse être plus trompé qu'à ces petits-gris et aux hermines, parce que vous achetez la marchandise sans la voir, et que la peau est retournée, en sorte que la fourrure est en dedans. Il n'y a point aussi de distinction à faire ; toutes sont d'un même prix, et il faut prendre les méchantes comme les belles, qui ne coûtent pas plus les unes que les autres. Nous apprîmes avec nos Lapons une particularité surprenante touchant les petits-gris, et qui nous a été confirmée par notre expérience. On ne rencontre pas toujours de ces animaux dans une même quantité : ils changent bien souvent de pays, et l'on n'en trouvera pas un en tout un hiver, où l'année précédente on en aura trouvé des milliers. Ces animaux changent de contrée : lorsqu'ils veulent aller en un autre endroit, et qu'il faut passer quelque lac ou quelque rivière, qui se rencontrent à chaque pas dans la Laponie, ces petits animaux prennent une écorce de pin ou de bouleau, qu'ils tirent sur le bord de l'eau, sur laquelle ils se mettent et s'abandonnent ainsi au gré du vent, élevant leurs queues en forme de voiles, jusqu'à ce que, le vent se faisant un peu fort et la vague élevée, elle renverse en même temps et le vaisseau et le pilote. Ce naufrage, qui est bien souvent de plus de trois ou quatre mille voiles, enrichit ordinairement quelques Lapons, qui trouvent ces débris sur le rivage et les font servir à leur usage ordinaire, pourvu que ces petits animaux n'aient pas été trop longtemps sur le sable. Il y en a quantité qui font une navigation heureuse et qui arrivent à bon port, pourvu que le vent leur ait été favorable et qu'il n'ait point causé de tempête sur l'eau, qui ne doit pas être bien violente pour engloutir tous ces petits bâtiments. Cette particularité pourrait passer pour un conte, si je ne la tenais de ma propre expérience.

Après avoir marché assez longtemps, nous arrivâmes à la cabane de notre Lapon, qui était environnée de quantité d'autres, qui appartenaient à ses camarades. Ce fut là que nous eûmes le plaisir d'apprendre ce que c'était que la Laponie et les Lapons. Nous demeurâmes trois ou quatre jours chez eux, à observer toutes les manières et à nous informer de quantité de choses qu'on ne peut apprendre que d'eux-mêmes. Premièrement, notre sorcier voulut nous tenir sa promesse. Nous conçûmes quelque espérance d'apprendre une partie de ce que nous voulions savoir, quand nous vîmes qu'il avait apporté avec lui son tambour, son marteau et son indice, qu'il tira de son sein, qui leur sert de pochette. Il se mit en état, par ses conjurations, d'appeler le diable ; jamais possédé ne s'est mis en tant de figures différentes que notre magicien. Il se frappait la poitrine si rudement et si impitoyablement, que les meurtrissures noires dont elle était couverte faisaient bien voir qu'il y allait de bonne foi. Il ajouta à ces coups d'autres qui n'étaient pas moins rudes, qu'il se donnait de son marteau dans le visage ; en sorte que le sang ruisselait de toutes parts.

Le crin lui hérissa, ses yeux se tournèrent, tout son visage devint bleu, il se laissa tomber plusieurs fois dans le feu, et il ne put jamais nous dire les choses que nous lui demandions. Il est vrai qu'à moins d'être parfaitement sorcier, il eût été assez difficile de nous donner les marques que nous lui proposions. Je voulais avoir quelque preuve certaine de France en hiver, de la légation de son démon ; et c'était là l'écueil de tous les sorciers que nous avons consultés.

Celui-ci, qui était connu pour habile homme, nous assura qu'il avait eu autrefois assez de pouvoir pour faire ce que nous voulions ; que son génie pourtant n'avait jamais été plus loin que Stockolm, et qu'il y en avait peu qui pussent aller plus loin ; mais que le diable commençait présentement à le quitter, depuis qu'il avançait sur l'âge et qu'il perdait ses dents. Cette particularité m'étonna ; je m'en informai plus particulièrement, et j'appris qu'elle était très véritable et que le pouvoir des plus savants sorciers diminuait à mesure que leurs dents tombaient ; et je conclus que, pour être un bon sorcier, il fallait tenir le diable par les dents, et que l'on ne le prenait bien que par là.

Notre homme, voyant que nous le poussions à bout par nos demandes, nous promit qu'avec de l'eau-de-vie il nous dirait quelque chose de surprenant. Il la prit et regarda plusieurs fois attentivement, après avoir fait quantité de figures et d'évocations. Mais il ne nous dit que des choses fort ordinaires, et qu'on pouvait aisément assurer sans être grand sorcier. Tout cela me fit tirer une conséquence, qui est très véritable : que tous ces gens-là sont plus superstitieux que sorciers, et qu'ils croient facilement aux fables que l'on leur fait de leurs prédécesseurs, qu'on disait avoir grand commerce avec le diable. Il s'est pu faire, Monsieur, qu'il y ait eu véritablement quelques sorciers autrefois parmi eux, lorsque les Lapons étaient tous ensevelis dans les erreurs du paganisme ; mais présentement je crois qu'il serait difficile d'en trouver un qui sût bien son métier.

Quand nous vîmes que nous ne pouvions rien tirer de notre Lapon, nous prîmes plaisir à l'enivrer ; et cette absence de raison, qu'il souffrit pendant trois ou quatre jours, nous donna facilité de lui enlever tous ses instruments de magie : nous prîmes son tambour, son marteau et son indice, qui était composé de quantité de bagues et de plusieurs morceaux de cuivre, qui représentaient quelques figures infernales ou quelques caractères liés ensemble avec une chaîne de même métal. Et lorsque, deux ou trois jours après, nous fûmes sur le point de partir, il nous vint demander toutes ses dépouilles, et s'informait à chacun en particulier s'il ne les avait point vues. Nous lui dîmes, pour réponse, qu'il pouvait le savoir, et qu'il ne lui était pas difficile de connaître le recéleur, s'il était sorcier.

Nous quittâmes celui-ci pour aller chez d'autres apprendre et voir quelque chose de leurs manières. Nous entrâmes premièrement dans une cabane, où nous trouvâmes trois ou quatre femmes, dont une donnait à teter à un petit enfant, qui était tout nu. Son berceau était au bout de la cabane, suspendu en l'air : ce berceau était fait d'un arbre creusé et plein d'une mousse fine, qui lui servait de linge, de matelas et de couverture ; deux petits cercles d'osier couvraient le dessus du berceau, sur lesquels était un méchant morceau de drap. Cette femme, après avoir lavé son enfant dans un chaudron plein d'eau chaude, le remit dans son berceau ; et le chien, qui était dressé à bercer l'enfant, vint mettre ses deux pattes de devant sur le berceau, et donnait le même mouvement que donne une femme.

L'habit des femmes n'est presque point différent de celui des hommes ; il est de même waldmar, et la ceinture est plus large : elle est garnie de lames d'étain qui tiennent toute sa largeur, et diffère de celle des hommes en ce que celle-ci n'est marquée que de petites plaques de même métal mises l'une après l'autre. A cette ceinture pend une gaîne garnie d'un couteau ; la gaîne est ornée de fils d'étain : on y voit aussi une bourse garnie de même, dans laquelle elles mettent un fusil[1] pour faire du feu, et tout ce qu'elles ont de plus précieux ; c'est aussi là l'endroit où pendent leurs aiguilles, attachées à un morceau de cuir, et couvertes d'un morceau de cuivre qu'elles poussent par-dessus. Tous ces ajustements sont ornés par en bas de quantité d'anneaux aussi de cuivre, de plusieurs grosseurs, dont le bruit et le son les divertit extrêmement ; et elles croient que ces ornements servent beaucoup à relever leur beauté naturelle. Mais peut-être, Monsieur, qu'en parlant de beauté vous aurez la curiosité de savoir s'il se trouve de jolies Laponnes. A cela je vous répondrai que la nature, qui se plaît à faire naître des mines d'argent et d'autre métal dans les pays septentrionaux les plus éloignés du soleil, se divertit aussi quelquefois à former des

---

1. Morceau d'acier pour battre briquet.

beautés qui sont supportables dans ces mêmes pays.
Il est pourtant toujours vrai que ces sortes de personnes, qui surpassent les autres par leur beauté, sont toujours des beautés laponnes, et qui ne peuvent passer pour telles que dans la Laponie. Mais, parlant en général, il est constant que tous les Lapons et les Laponnes sont extrêmement laids, et qu'ils ressemblent aux singes : on ne saurait leur donner une comparaison plus juste. Leur visage est carré, les joues extrêmement élevées ; le reste du visage très étroit, et la bouche se coupe depuis une oreille jusqu'à l'autre. Voilà, en peu de mots, la description de tous les Lapons. Leurs habits, comme j'ai dit, sont de waldmar. Le bonnet des hommes est fait d'ordinaire d'une peau de loom, comme je l'ai décrit ailleurs, ou bien de quelque autre oiseau écorché. La coiffure des femmes est d'un morceau de drap ; et les plus riches couvrent leur tête d'une peau de renard, de martre ou de quelque autre bête. Elles ne se servent point de bas ; mais elles ont, seulement pendant l'hiver, une paire de bottes de cuir de renne, et mettent par-dessus des souliers qui sont semblables à ceux des hommes, c'est-à-dire d'un simple cuir qui entoure le pied, et qui s'élève en pointe sur le devant : on y laisse un trou pour les pouvoir mettre dans le pied, et ils les nouent au-dessus de la cheville d'une longue corde faite de laine, qui fait cinq ou six tours ; et afin que leurs chaussures ne soient point lâches et qu'ils aient plus de commodité pour marcher, ils emplissent leurs souliers de foin, qu'ils font bouillir tout exprès pour cela, et qui croît en abondance dans toute la Laponie.

Leurs gants sont faits de peau de renne, qu'ils distinguent en compartiments d'un autre cuir plus blanc, cousu et appliqué sur le gant. Ils sont faits comme des mitaines, sans distinction de doigts; et les plus beaux sont garnis par en bas d'une peau de loom. Les femmes ont un ornement particulier, qu'ils appellent *kraca*, fait d'un morceau de drap rouge, ou d'une autre couleur, qui leur entoure le cou comme un collet de jésuite, et vient descendre sur l'estomac et finit en pointe[1]. Ce drap est orné de ce qu'ils ont de plus précieux : le cou est plein de plusieurs plaques d'étain, mais le devant de l'estomac est garni de choses rares parmi eux. Les riches y mettent des boutons et des plaques d'argent, les plus belles qu'ils peuvent trouver; et les pauvres se contentent d'y mettre de l'étain et du cuivre, suivant leurs facultés.

Nous nous informâmes chez ces gens-là de toutes les choses que nous avions apprises des autres, qu'ils nous confirmèrent toutes; et ce qu'ils nous dirent de plus particulier, je l'ai porté à l'endroit où j'en ai parlé, que j'ai augmenté de ce qu'ils m'ont dit; mais nous voulûmes être instruits de tous les animaux à quatre pieds qui vivaient dans ce pays, et ils nous en apprirent les particularités suivantes.

Ils nous assurèrent premièrement qu'il régnait quelquefois dans leur pays des vents si impétueux, qu'ils enlevaient tout ce qu'ils rencontraient. Les maisons les plus fortes ne leur peuvent résister; et ils entraînent même si loin les troupeaux des bêtes, lorsqu'ils sont sur le sommet des montagnes, qu'on ne sait bien souvent ce qu'ils deviennent. Les ouragans font élever en été une telle quantité de sable qu'ils apportent du côté de la Norwège, qu'ils ôtent si fort l'usage de la vue qu'on ne saurait voir à deux pas de soi; et l'hiver, ils font voler une telle abondance de neige, qu'elle ensevelit les cabanes et les troupeaux entiers. Les Lapons qui sont surpris en chemin de ces tempêtes n'ont

---

1. En forme de rabat.

point d'autre moyen pour s'en garantir que de renverser leur traîneau par-dessus eux, et de demeurer en cette posture tout le temps que dure l'orage; les autres se retirent dans les trous des montagnes, avec tout ce qu'ils peuvent emporter avec eux, et demeurent dans ces cavernes jusqu'à ce que la tempête, qui durera huit ou quinze jours, soit tout à fait passée.

De tous les animaux de la Laponie, il n'y en a point de si commun que le renne, dont j'ai fait aussi la description assez au long. La nature, comme une bonne mère, a pourvu à des pays aussi froids que sont ceux du Septentrion, en leur donnant quantité d'animaux propres pour faire des fourrures, pour s'en servir contre les rigueurs excessives de l'hiver, qui dure presque toujours. Entre tous ceux dont les peaux sont estimées pour la chaleur, les ours et les loups tiennent le premier rang.

Les premiers sont fort communs dans le Septentrion; les Lapons les appellent les *rois des forêts*. Quoiqu'ils soient presque tous d'une couleur rousse, il s'en rencontre néanmoins très souvent de blancs; et il n'y a point d'animal à qui le Lapon fasse une guerre plus cruelle pour avoir sa peau et sa chair, qu'il estime pardessus tout, à cause de sa délicatesse. J'en ai mangé quelquefois, mais je la trouve extrêmement fade. La chasse des ours est l'action la plus solennelle que fassent les Lapons. Rien n'est plus glorieux parmi eux que de tuer un ours, et ils en portent les marques dessus eux; en sorte qu'il est aisé de voir combien un Lapon aura tué d'ours en sa vie, par le poil qu'il en porte en différents endroits de son bonnet. Celui qui a fait la découverte de quelque ours va avertir tous ses compagnons; et celui d'entre eux qu'ils croient le plus grand sorcier joue du tambour, pour apprendre si la chasse doit être heureuse, et par quel côté on doit attaquer la bête.

Quand cette cérémonie est faite, on marche contre l'animal; celui qui sait l'endroit va le premier, et mène les autres, jusqu'à ce qu'ils soient arrivés à la tanière de l'ours. Là, ils le surprennent le plus vite qu'ils peuvent; et avec des arcs, des flèches, des lances, des bâtons et des fusils, ils le tuent. Pendant qu'ils attaquent la bête, ils chantent tous une chanson en ces termes : *Kihelis pourra, Kihelis iiscada soubi jælla jeitti.* Ils rendent grâce à l'ours qu'il ne leur fasse aucun mal, et qu'il ne rompe pas les lances et les armes dont ils se servent contre lui. Quand ils l'ont tué, ils le mettent dans un traîneau pour le porter à la cabane, et le renne qui a servi à le traîner est exempt pendant toute l'année du travail de ce traîneau.

L'on fait une cabane tout exprès pour faire cuire l'ours, qui ne sert qu'à cela, où tous les chasseurs se trouvent avec leurs femmes et recommencent des chansons de joie et de remerciement à la bête, de ce qu'ils sont revenus sans accident. Lorsque la viande est cuite, on la divise entre les hommes et les femmes, qui ne peuvent manger des parties postérieures ; mais on leur donne toujours des antérieures. Toute la journée se passe en divertissements. J'avais oublié de marquer que lorsque l'ours est arrivé près de la cabane, on ne le fait pas entrer par la porte; mais on le coupe en morceaux, et on le jette par le trou qui fait passage à la fumée, afin que cela paraisse envoyé du ciel. Ils en font de même lorsqu'ils reviennent des autres chasses. Il n'y a rien qu'un Lapon estime plus que d'avoir assisté à la mort d'un ours; et il en fait gloire pendant toute sa vie.

Les loups sont tous gris blanc; il s'en trouve de blancs, et les rennes n'ont point de plus mortels ennemis. Ils les évitent en fuyant; mais lorsqu'ils sont surpris par leurs adversaires, ils se défendent contre eux des pieds de devant, dont ils sont extrêmement puissants, et de leurs bois lorsqu'ils sont assez forts pour soutenir le choc : car les rennes changent tous les ans de bois; et lorsqu'il est nouveau, ils ne peuvent s'en servir. Pour empêcher que les loups n'attaquent les rennes, les Lapons les tiennent à quelque arbre; et il est fort rare qu'ils soient pour lors attaqués : car le loup, qui est un animal fort soupçonneux, appréhende qu'il n'y ait quelque piège tendu[1], et qu'on ne se serve de ce moyen pour l'y attirer. Une peau d'ours peut... valoir, et il y a peu de personnes, même des grands seigneurs en Suède, qui n'en aient des habits fourrés; et ils ne trouvent rien de meilleur contre le froid.

Les renards abondent dans toute la Laponie; ils sont presque tous blancs, quoiqu'il s'en rencontre de la couleur ordinaire. Les blancs sont les moins estimés; mais il s'en trouve quelquefois de noirs, et ceux-là sont les plus rares et les plus chers. Leurs peaux sont quelquefois vendues quarante ou cinquante écus; et le poil en est si fin et si long, qu'il pend de quel côté l'on veut; en sorte qu'en prenant la peau par la queue, le poil tombe du côté des oreilles, et se couche vers la tête. Tous les princes moscovites et les grands de ce pays recherchent avec soin des fourrures de ces peaux, et après les zibelines elles sont les plus estimées. Mais puisque j'ai parlé de zibelines, il faut que je vous dise ce que j'en sais. Ce que nous appelons zibeline, on l'appelle ailleurs zabel. Cet animal

---

[1]. Cette précaution a déjà été signalée plus haut. Au reste, ce n'est pas la seule répétition qu'on peut relever dans le récit de Regnard, qui écrit sans prétention aucune, au courant de la plume, comme il écrit toujours, et souvent d'ailleurs de si heureuse manière.

est de la grosseur de la fouine, et diffère de la martre en ce qu'il est beaucoup plus petit et qu'il a les poils plus longs et plus fins. Les véritables zibelines sont damassées de noir, et se prennent en Moscovie et en Tartarie : il s'en trouve peu en Laponie. Plus la couleur du poil est noire, et plus elle est recherchée, et vaudra quelquefois soixante écus, quoique sa peau n'ait que quatre doigts de largeur.

On en a vu de blanches ou grises, et le grand-duc de Moscovie en a fait présent, par ses ambassadeurs, au roi de Suède, comme de peaux extrêmement précieuses. Les martres approchent plus des zibelines que toutes les autres bêtes : elles imitent assez la finesse et la longueur du poil ; mais elles sont beaucoup plus grandes. J'en ai rencontré de la grosseur d'un chat, et il y a peu de pays où elles sont plus fréquentes qu'en Laponie. Sa peau coûte une rixdale, et celles qui ont le dessus de la gorge cendré sont plus estimées que celles qui l'ont blanc.

Cet animal fait un grand carnage de petits-gris, dont il est extrêmement friand, et les attrape à la course sans grande difficulté; il ne se nourrit pas seulement d'écureuils, il donne aussi la chasse aux oiseaux ; et, montant sur le sommet des arbres, il attend qu'ils soient endormis pour se jeter dessus et les dévorer. S'ils sont assez forts pour s'envoler, ils s'abandonnent dans l'air avec la martre, qui a ses griffes aussi fortes et aussi pointues qu'aucun autre animal et se tient dessus le dos de l'oiseau, et le mord en volant jusqu'à ce qu'enfin il tombe mort. Cette chute est bien souvent aussi funeste à la martre qu'à l'oiseau ; et lorsqu'il s'est élevé bien haut dans l'air, la martre tombe bien souvent sur les rochers, où elle est brisée et n'a pas un meilleur sort que l'autre.

J'ai parlé ailleurs des *jærts* en suédois, et *gulones* en

latin, au sujet des rennes qu'ils fendent en deux. Cet animal est de la grosseur d'un chien ; sa couleur est noir brun, et on compare sa peau à celle des zibelines ; elle est damassée et fort précieuse.

La quantité des poissons de la Laponie fait qu'on y rencontre aussi beaucoup de castors, que les Suédois appellent *baver*, et qui se plaisent fort dans ces lieux, où le bruit de ceux qui voyagent ne trouble point leur repos. Mais le véritable endroit pour les trouver, c'est dans la province de Kimi et en Russelande. Les rognons de castor servent contre quantité de maladies. Tout le monde assure qu'il n'y a rien de plus souverain contre la peste que d'en prendre tous les matins ; cela chasse le mauvais air et entre dans les plus souveraines compositions. Olaüs, grand prêtre de la province de Pitha, m'en a fait présent, à Torno, de la moitié d'un, et m'a assuré qu'il ne se servait point d'autre chose pour ses meilleurs remèdes. Il était fort habile en pharmacie. Il m'assura de plus qu'il tirait une huile de la queue du même animal, et qu'il n'y avait rien au monde de plus souverain.

Il se voit aussi un nombre très considérable d'hermines en Laponie, que les Suédois appellent *lekat*. Cet animal est de la grosseur d'un gros rat, mais deux fois aussi long. Il ne garde pas toujours sa couleur ; car l'été il est un peu roux, et l'hiver il change de poil et devient aussi blanc que nous le voyons. Ils ont la queue aussi longue que le corps, qui finit en une petite pointe noire comme de l'encre ; en sorte qu'il est difficile de voir un animal qui soit plus blanc et plus noir.

Une peau d'hermine coûte quatre ou cinq sous. La chair de cet animal sent très mauvais, et il se nourrit de petits-gris et de rats de montagne. Ce petit animal, tout à fait inconnu ailleurs, et fort singulier, comme vous allez le voir, se trouve quelquefois en si grande abondance que la terre en est toute couverte. Les Lapons l'appellent *lemmucat*. Il est de la grosseur d'un rat ; mais la couleur est plus rouge, marquée de noir ; et il semble qu'il tombe du ciel, parce qu'il ne paraît point que lorsqu'il a beaucoup plu. Ces bêtes ne fuient point à l'approche des voyageurs ; au contraire, elles courent à eux avec grand bruit ; et quand quelqu'un les attaque avec un bâton, ou avec une autre arme, elles se tournent contre lui, mordent le bâton, auquel elles demeurent attachées avec les dents comme de petits chiens enragés. Elles se battent contre les chiens, qu'elles ne craignent pas, et sautent sur leur dos, et les mordent si vivement qu'ils sont obligés de se rouler sur terre pour se défaire de ce petit ennemi. On dit même que ces animaux sont si belliqueux, qu'ils se font quelquefois la guerre entre eux, et que, lorsque les deux armées se trouvent dans des prés qu'ils ont choisis pour un champ de bataille, ils s'y battent vigoureusement. Les Lapons, qui voient ces différends entre ces petites bêtes, tirent des conséquences de guerres plus sanglantes ailleurs, et augurent de là que la Suède doit bientôt porter les armes contre le Danois ou le Moscovite, qui sont ses plus grands ennemis.

Comme ces animaux ont l'humeur martiale, ils ont beaucoup d'ennemis, qui en font des défaites considérables. Les rennes mangent tous ceux qu'ils peuvent attraper. Les chiens en font leur plus délicate nourriture ; mais ils ne touchent point aux parties postérieures. Les renards en emplissent leurs tanières et en font des magasins pour la nécessité ; ce qui cause du dommage aux Lapons, qui s'aperçoivent bien lorsqu'ils ont cette nourriture, qui fait qu'ils n'en cherchent point ailleurs et ne tombent pas dans les pièges qu'on leur tend. Il n'y a pas même jusqu'aux hermines qui ne s'en engraissent. Mais ce qui est admirable dans cet animal, c'est la connaissance qu'il a de sa destruction prochaine, prévoyant qu'il ne saurait vivre pendant l'hiver. On en prend une grande partie pendue au sommet des arbres entre de petites branches qui forment une fourche. Une autre, à qui ce genre de mort ne plaît pas, se précipite dans les lacs, ce qui fait qu'on en trouve souvent dans le corps des brochets qui les ont nouvellement engloutis ; et ceux qui ne veulent pas être homicides d'eux-mêmes et qui attendent tranquillement leur destin, périssent dans la terre lorsque les pluies, qui les ont fait naître, les font aussi mourir.

On chasse grande quantité de lièvres, qui sont pour l'ordinaire tous blancs, et ne prennent leur couleur rousse que les deux mois les plus chauds de l'année.

Il n'y a guère moins d'oiseaux que de bêtes à quatre pieds en Laponie. Les aigles, les rois des oiseaux, s'y rencontrent en abondance. Il s'en trouve d'une grosseur si prodigieuse qu'ils peuvent, comme j'ai déjà dit ailleurs, emporter les faons des rennes, lorsqu'ils sont jeunes, dans leurs nids qu'ils font au sommet des plus hauts arbres ; ce qui fait qu'il y a toujours quelqu'un pour les garder.

Je ne crois pas qu'il y ait de pays au monde plus abondant en canards, en sarcelles, plongeons, cygnes, oies sauvages et autres oiseaux aquatiques que celui-ci. La rivière en est partout si couverte qu'on peut facilement les tuer à coups de bâton. Je ne sais pas de quoi nous eussions vécu pendant tout notre voyage sans ces animaux, qui faisaient notre nourriture ordinaire ; et nous en tuions quelquefois trente ou quarante pour un jour, sans nous arrêter un moment ; et nous ne faisions cette chasse qu'en chemin faisant. Tous ces animaux sont passagers, et quittent ces pays pendant l'hiver, pour en aller chercher de moins froids, où ils puissent trouver quelques ruisseaux qui ne soient point glacés ; mais ils reviennent au mois de mai faire leurs œufs en telle abondance que les déserts en sont tout couverts. Les Lapons leur tendent des filets ; et la peau des cygnes écorchés leur sert à faire des bonnets, les autres leur servent de nourriture.

Il y a un oiseau fort commun en ce pays, qu'ils appellent *loom* et qui leur fournit leurs plus beaux ornements de tête. Cet animal est d'un plumage violet et blanc, perlé d'une manière fort particulière. Il est de la grosseur d'une oie et se prend quelquefois dans les filets que les pêcheurs mettent pour prendre du poisson sous l'eau. On garnit aussi de sa peau les extrémités des plus beaux gants. Les coqs de bruyère, les gélinottes, s'y trouvent en abondance.

Mais il y a dans ce pays une certaine espèce d'oiseau que je n'ai point vue ailleurs, qu'ils appellent *syneuripor*, et que les Grecs appelaient *lagopos*, de la grosseur d'une poule. Cet oiseau a pendant l'été son plumage gris de la couleur du faisan, et l'hiver il est entièrement blanc, comme tous les animaux qui vivent en ce pays ; et la nature ingénieuse les rend de la même couleur que la neige, afin qu'ils ne soient pas reconnus des chasseurs, qui les pourraient facilement apercevoir s'ils étaient d'une autre couleur que la neige dont la terre est toute couverte. J'ai fait ailleurs la description de cet oiseau. Il est d'un goût plus excellent que la perdrix, et donne par ses cris une marque assurée qu'il doit bientôt tomber de la neige, comme il est aisé de voir par son nom, qui signifie *oiseau de neige*.

Les Lapons leur tendent des filets sur cette neige, et forment une petite haie au milieu de laquelle ils laissent un espace vide où les lacets sont tendus, et par où ces oiseaux doivent passer.

Il est impossible de concevoir la quantité de poisson de la Laponie. Ce pays est partout coupé de fleuves, de lacs et de ruisseaux ; et ces fleuves, ces lacs et ces ruisseaux sont si pleins de poissons qu'un homme peut en une demi-heure de temps en prendre autant qu'il peut en porter, avec une seule ligne. C'est aussi la seule nourriture des Lapons : ils n'ont point d'autre pain ; et ils n'en prennent pas seulement pour eux, ils en font tout leur commerce, et achètent ce qu'ils ont de besoin avec des poissons ou avec des peaux de bêtes ; ce qui fait que la pêche est toute leur occupation : car, soit qu'ils veuillent manger ou entretenir le luxe, qui ne laisse pas de régner dans ce pays, ils n'ont point d'autre moyen de le faire. Il est vrai que les riches ne pêchent jamais. Les pauvres pêchent pour eux ; et ils leur donnent en échange ou du tabac, ou de l'eau-de-vie, ou du fer, ou quelque autre chose de cette nature.

Sans m'arrêter à parler de tous les poissons qui sont en ce pays, je dirai qu'il n'y en a point de plus abondant en saumons. Le saumon commence à monter au mois de mai, et pour lors il est extrêmement gras et beaucoup meilleur que lorsqu'il s'en retourne, au mois de septembre. Il y a des années où dans le seul fleuve de Torno on en peut pêcher jusqu'à trois mille tonnes, qu'on porte à Stockholm et à tous les habitants de la mer Baltique et du golfe Bothnique. Les brochets ne se trouvent pas en moindre abondance que les saumons : ils les font sécher et en transportent des quantités inconcevables.

J'ai décrit ailleurs la manière dont ils se servent pour le pêcher la nuit, à la lueur d'un grand feu qu'ils allument sur la proue de leurs barques. Les truites y sont assez communes ; mais il y a une sorte de poisson qui m'est inconnu, qu'ils appellent *siel;* il est de la grosseur d'un hareng, et d'une grande délicatesse.

Après avoir demeuré quelques jours avec ces Lapons et nous être instruits de tout ce que nous voulions savoir d'eux, nous reprîmes le chemin qui nous conduisait chez le prêtre; et le même jour, mercredi 27 d'août, nous partîmes de chez lui et vînmes coucher à Cokluanda, où commence la Bothnie, et où finit la Laponie.

Mais, Monsieur, je ne sais si vous n'aurez pas trouvé étrange que je vous aie tant parlé des Lapons, et que je ne vous aie rien dit de la Laponie : je ne sais comment cela s'est fait, et je finis par où je devrais avoir commencé. Mais il vaut encore mieux en parler tard que de n'en rien dire du tout; et avant que d'en sortir, je vous en dirai ce que j'en sais.

On ne peut dire quel nom cette province a eu parmi les anciens géographes, puisqu'elle n'était pas connue, et que Tacite et Ptolémée ne connaissaient pas de province plus éloignée que la Sérisinie, que nous appelons présentement Bothnie ou Biarmie, et qui s'étend à l'extrémité du golfe Bothnique.

Ce que l'on sait aujourd'hui de la Laponie, c'est qu'elle peut se diviser en orientale et occidentale. Elle regarde l'occident du côté de l'Islande, et obéit au roi de Danemark. Elle est orientale du côté qu'elle confine à la mer Blanche, où est le port d'Archangel; et celle-là reconnaît le grand-duc de Moscovie pour son souverain. Il faut ajouter une troisième, qui est au milieu des deux, et qui est beaucoup plus grande que toutes les deux autres ensemble; et celle-là est sous la domination du roi de Suède, et se divise en cinq provinces différentes, qui ont toutes le nom de Laponie, et qu'on appelle *Uma Lapmarch, Pitha Lapmarch, Lula Lapmarch, Torno Lapmarch* et *Kimi Lapmarch*. Elles prennent leurs noms des fleuves qui les arrosent, et ces mêmes fleuves le donnent encore aux villes où ils passent, si on peut donner ce nom à un amas de quelques maisons faites d'arbres.

La province de Torno Lapmarch, qui est justement située au bord du golfe Bothnique, est la dernière du côté du pôle arctique et s'étend jusqu'au cap du Nord. Charles IX, roi de Suède, jaloux de connaître la vérité et l'étendue de ses terres, envoya, en différents temps de l'année 1600, deux illustres mathématiciens, l'un appelé Aaron Forsius, Suédois, et l'autre Jérôme Bircholto, Allemand de nation.

Ces gens firent le voyage avec toutes les provisions et les instruments nécessaires, et avec un heureux succès, et rapportèrent, à leur retour, qu'ils n'avaient trouvé aucun continent au septentrion au delà du soixante-treizième degré d'élévation, mais une mer glaciale immense; et que le dernier promontoire qui avançait dans l'Océan était Nuchus, ou Norkap, assez près du château Wardhus, qui appartient aux Danois. C'est dans cette Laponie que nous avons voyagé, et que nous avons remonté le fleuve qui l'arrose jusqu'à sa source.

Nous arrivâmes le lendemain à Jacomus Mastung, qui n'était distant du lieu où nous avions couché que de deux lieues : nous en fîmes trois ou quatre à pied pour y arriver, et nous ne perdîmes pas nos pas. Il y a dans ce lieu une mine de fer très bonne, mais qui est abandonnée presque, à cause du grand éloignement. Nous y allions pour y voir travailler aux forges, où, ne voyant rien de ce que nous souhaitions, nous fûmes plus heureux que nous n'espérions l'être.

Nous allâmes dans la mine, d'où nous fîmes tirer des pierres d'aimant tout à fait bonnes. Nous admirâmes avec bien du plaisir les effets surprenants de cette pierre, lorsqu'elle est encore dans le lieu natal. Il fallut faire beaucoup de violence pour en tirer des pierres aussi considérables que celles que nous voulions avoir ; et le marteau dont on se servait, qui était de la grosseur de la cuisse, demeurait si fixe en tombant sur le ciseau qui était dans la pierre, que celui qui frappait avait besoin de secours pour le retirer.

Je voulus éprouver cela moi-même ; et ayant pris une grosse pince de fer, pareille à celles dont on se sert à remuer les corps les plus pesants, et que j'avais de la peine à soutenir, je l'approchai du ciseau, qui l'attira avec une violence extrême, et la soutenait avec une force inconcevable. Je mis une boussole que j'avais au milieu du trou où était l'aiguille et tournait continuellement d'une vitesse incroyable[1]. Nous prîmes les meilleures pierres, et nous ne demeurâmes pas davantage en ce lieu.

Nous allâmes retrouver nos barques, et vînmes coucher à Tuna Hianda, chez un de nos bateliers, qui nous fit voir ses lettres d'exemption de taille qu'il avait du roi, pour avoir trouvé cette mine de fer. Ce paysan s'appelait Las Larszon, *Laurentius à Laurentio*.

Le lendemain dimanche nous fîmes une assez bonne journée, et arrivâmes le soir à Konges, où nous avions demeuré un jour en passant.

Nous achetâmes là des traîneaux et tout le harnais qui sert à atteler le renne. Ils nous coûtèrent un ducat la pièce.

Nous ne partîmes le lundi que sur le midi, à cause que nous fûmes obligés d'attendre les barques qu'il faut aller quérir assez loin, et passer un long espace de chemin pour éviter les cataractes, qui sont extrêmement violentes en cet endroit.

Nous couchâmes cette nuit-là à Pello, où nous eûmes

---

1. On ne s'expliquerait guère la giration des aiguilles aimantées. Le narrateur veut dire sans doute qu'elles oscillaient, *affolées,* sous l'influence multiple des diverses attractions exercées sur elles.

le plaisir de voir, en arrivant, cette pêche du brochet dont je vous ai déjà parlé, et qui me parut merveilleuse. Il ne faut pas s'étonner si les habitants de ce pays cherchent tous les moyens possibles de prendre du poisson : ils n'ont que cela pour subsister ; et la nature, qui donne bien souvent le remède aussitôt que le mal, refusant ses moissons à ces gens, leur donne des pêches plus abondantes qu'en aucun autre endroit.

Nous vînmes le lendemain, 1er de septembre, coucher chez le préfet des Lapons, Allemand de nation, dont j'ai déjà parlé ; et le lendemain nous arrivâmes à Torno, après avoir passé plus de quarante cataractes. Ces cataractes sont des chutes d'eau très impétueuses, et qui font en tombant un bruit épouvantable. Il y en a quelques-unes qui durent l'espace de deux et trois lieues, et c'est un plaisir le plus grand du monde de voir descendre ces torrents avec une vitesse qui ne se peut concevoir, et faire trois ou quatre milles de Suède, qui valent douze lieues de France, en moins d'une heure. Plus la cataracte est forte, et plus il faut ramer avec vigueur pour soutenir sa barque contre les vagues : ce qui fait qu'étant poussé du torrent et porté de la rame, vous faites un grand chemin en peu de temps.

Nous arrivâmes à Torno le mardi, et nous y vînmes à la bonne heure pour voir les cérémonies des obsèques de Joannes Tornœus, dont je vous ai parlé auparavant, qui était mort depuis deux mois.

C'est la mode de Suède de garder les corps des défunts fort longtemps. Ce temps se mesure suivant la qualité des personnes ; et plus la condition du défunt est relevée, et plus aussi les funérailles sont reculées. On donne ce temps pour disposer toutes choses pour ces actions, qui sont les plus solennelles qui se fassent en ce pays : et si l'on dit que les Turcs dépensent leurs biens en noces, les juifs en fêtes de naissance, les chrétiens en procès, on pourrait ajouter : les Suédois en funérailles. En effet, j'admirai la grande dépense qui se fit pour un homme qui n'était pas autrement considérable, et dans un pays si barbare et si éloigné du reste du monde.

On n'eut pas plus tôt appris notre arrivée, que le gendre du défunt travailla aussitôt à une harangue latine qu'il devait le lendemain prononcer devant nous, pour nous inviter aux obsèques de son beau-père. Il fut toute la nuit à y rêver, et oublia tout son discours lorsqu'il fut le matin devant nous. Si les révérences disent quelque chose, et sont les marques de l'éloquence, je puis assurer que notre orateur surpassait le prince des orateurs; mais je crois que ses inclinations servaient plus à cacher la confusion qui paraissait sur son visage qu'à rendre son discours fleuri.

Comme nous savions le sujet de sa venue, nous devinâmes qu'il venait pour nous prier d'assister à la cérémonie; car nous n'en pûmes rien apprendre par son discours, et quelque temps après, le bourgmestre de la ville avec un officier qui était là en garnison vinrent nous prendre dans la même chaloupe pour nous passer de l'autre côté de l'eau, et nous mener à la maison du défunt.

Nous trouvâmes à notre arrivée toute la maison pleine de prêtres vêtus de longs manteaux noirs, et de chapeaux qui semblaient, par la hauteur de leur forme, servir de colonnes à quelque poutre de la maison. Le corps du défunt, mis dans un cercueil couvert de drap, était au milieu d'eux. Ils l'arrosaient des larmes qui dégouttaient de leurs barbes humides, dont les poils séparés formaient différents canaux, et distillaient cette triste humeur qui servait d'eau bénite. Tous ces prêtres avaient quitté leurs paroisses, et étaient venus de fort loin. Il y en avait quelques-uns éloignés de plus de cent lieues ; et on nous assura que si cette cérémonie se fût faite l'hiver, pendant lequel temps les chemins en ces pays sont plus faciles, il n'y aurait eu aucun prêtre à deux ou trois cents lieues à la ronde qui ne s'y fût trouvé, tant ces sortes de cérémonies se font avec éclat. Le plus ancien de la compagnie fit une oraison funèbre à tous les assistants, et il fallait qu'il dît quelque chose de bien triste, puisqu'il s'en fallut peu que son air pitoyable ne nous excitât à pleurer nous-mêmes, qui n'entendions rien à ce qu'il disait.

Les femmes étaient dans une petite chambre séparées des hommes, qui gémissaient d'une manière épouvantable, et entre autres la femme du défunt, qui interrompait par ses sanglots le discours du prédicateur. Pendant que l'on prêchait dans cette salle, on en faisait autant dans l'église, en finlandais ; et quand les deux discours furent finis, on se mit en chemin pour conduire le corps à l'église. Sept ou huit bourgeois le chargèrent sur leurs épaules, et il n'y eut personne des plus apparents qui ne voulût y mettre la main ; et je me souviens pour lors de ce que dit Virgile à l'entrée du cheval dans Troie, quand il dit qu'il n'y avait ni jeune ni vieux qui ne voulût aider à tirer cette machine dans leur ville,

. . . . *Funemque manu contingere gaudent* [1].

Nous suivions le corps comme les plus apparents et ceux qui menaient le deuil ; et la veuve était ensuite, conduite par-dessous les bras de deux de ses filles : l'une s'attristait beaucoup et l'autre ne paraissait pas émue. On mit le corps au milieu de l'église en chantant quelques psaumes, et les femmes, en passant près

---

[1]. Ils se réjouissent de mettre la main sur la corde. (*Énéide*, liv. II.

du défunt, se jetèrent sur le cercueil et l'embrassèrent pour la dernière fois.

Ce fut pour lors que commença la grande et principale oraison funèbre, récitée par Joannes Plontinus, prêtre d'Urna, qui eut une canne d'argent pour sa peine. Je ne puis pas dire s'il l'avait méritée, mais je sais qu'il cria beaucoup, et que, pour rendre les objets plus tristes, il s'était même rendu hideux, en laissant ses cheveux sans ordre et pleins de plusieurs bouts de paille qu'il n'avait pas eu le temps d'ôter. Cet homme dit toute la vie du défunt, dès le moment de sa naissance jusqu'au dernier soupir de sa vie. Il cita les lieux et les maîtres qu'il avait servis, les provinces qu'il avait vues, et n'oublia pas la moindre action de sa vie. C'est la mode en ce pays de faire une oraison funèbre aux laquais et aux servantes, pourvu qu'ils aient un écu pour payer l'orateur.

Je me suis trouvé, à Stockholm, à l'enterrement d'une servante, où la curiosité m'avait conduit. Celui qui faisait son oraison funèbre, après avoir cité le lieu de sa naissance et ses parents, s'étendit sur les perfections de la défunte et exagéra beaucoup qu'elle savait parfaitement faire la cuisine, distribuant les parties de son discours en autant de ragoûts qu'elle savait faire ; et forma cette partie de son oraison en disant qu'elle n'avait qu'un seul défaut, qui était de faire toujours trop salé ce qu'elle apprêtait, et qu'elle montrait par là l'amour qu'elle avait pour la prudence, dont le sel est le symbole, et son peu d'attache aux biens de ce monde, qu'elle jetait en profusion.

Vous voyez par là, Monsieur, qu'il y a peu de gens qui ne puissent donner matière de faire à leur mort une oraison funèbre, et un beau champ à un orateur d'exercer son éloquence. Mais celui-ci avait une plus belle carrière. Joannes Tornœus était un homme savant ; il avait voyagé, et avait même été en France précepteur du comte Charles Oxenstiern.

Quand l'oraison funèbre fut finie, on nous vint faire encore un compliment latin pour demeurer au festin. Quoique nous n'entendissions pas davantage à ce second compliment qu'au premier, nous n'eûmes pas de peine à nous imaginer ce qu'il voulait nous dire : nos ventres ne nous disaient que trop ce que ce pouvait être ; et ils se plaignaient si haut qu'il était près de trois heures qu'ils n'avaient mangé, qu'il ne fut pas plus difficile à ces gens d'entendre leur langage qu'à nous le leur.

On nous mena dans une grande salle, divisée en trois longues tables; et c'était le lieu d'honneur. Il y en avait cinq ou six autres encore plus pleines que celle-ci, pour recevoir tous les gens qui s'y présentaient.

Les préludes du repas furent de l'eau-de-vie de bière, et une autre liqueur qu'ils appellent *calchat*, faite avec de la bière, du vin et du sucre, deux aussi méchantes boissons qui puissent entrer dans le corps humain.

On servit ensuite les tables, et on nous fit asseoir au plus haut bout de la première table, avec les prêtres du premier ordre, tels qu'étaient le père prédicateur et autres.

On commença le repas dans le silence comme partout ailleurs, et comme le sujet le demandait. Ce qui fit dire à Plantin, qui était à côté de moi, qu'ils appelaient les convives *Nelli;* N signifie : *Neque vox nec sermo egreditur ex ore eorum; loquebantur variis linguis : in omnem terram exivit sonus eorum* [1].

---

1. Citation faite de passages divers empruntés au psaume XVIII et aux *Actes des apôtres*, ch. II. Il semble que *Nelli* soit un mot acrostiche composé avec les premières lettres du texte, que l'on disposerait comme suit:

Toutes ces paroles étaient tirées de l'Écriture, et je ne crois pas qu'on les puisse mieux faire venir qu'à cet endroit ; car on ne peut se figurer une image plus vive des noces de Cana que le tableau que nous en vîmes représenter devant nos yeux, plus beau et plus naturel que celui de Paul Véronèse.

Les tables étaient couvertes de viandes particulières, et, si je l'ose dire, antiques : car il y avait pour le moins huit jours qu'elles étaient cuites. De grands pots de différentes matières, faits la plupart comme ceux qu'on portait aux sacrifices anciens, paraient cette table et faisaient par leur nombre une confusion semblable à celle que nous voyons aussi aux anciens banquets.

Mais ce qui achevait cette peinture, c'était la mine vénérable de tous ces prêtres armés de barbe, et les habits finlandais de tous les conviés, qui sont aussi plaisants qu'on les puisse voir. Il y avait entre autres un petit vieillard avec de courts cheveux, une barbe épaisse et chauve sur le devant de la tête. Je ne crois pas que l'idée la plus vive de quelque peintre que ce soit puisse mieux représenter la figure de saint Pierre. Cet homme avait une robe verte doublée de jaune, sans façon, et faisant l'effet d'une draperie, retroussée d'une ceinture. Je ne me lassai point de contempler cet homme, qui était le frère du défunt. Pendant que je m'arrêtais à considérer cet homme, les autres avaient des occupations plus importantes, et buvaient en l'honneur du défunt et à la prospérité de sa famille d'une manière surprenante. Les prêtres,

Neque vox nec sermo
Egreditur ex ore eorum;
Loquebantur variis
Linguis;
In omnem terram exivit sonus eorum.

(Note communiquée par M. S. Berger, professeur à la faculté de théologie protestante de Paris.)

comme les meilleurs amis, buvaient le plus vigoureusement ; et après avoir bu des santés particulières, on en vint aux rois et aux grands. On commença d'abord par la santé des belles filles, comme c'est la mode par toute la Suède, et de là on monta aux rois. Ces santés ne se boivent que dans des vases proportionnés par leur grandeur à la condition de ces personnes royales ; et pour m'exciter d'abord, on me porta la santé du roi de France, dans un pot qui surpassait autant tous les autres en hauteur que ce grand prince surpasse les autres rois en puissance. C'eût été un crime de refuser cette santé. Je la bus, et vidai ce pot fort courageusement. Il n'y avait pas d'apparence, étant en Suède, d'avoir bu la santé du roi de France et d'oublier celle du roi de Suède. On la but dans un vase qui n'était guère moins grand que l'autre, et, après avoir fait suivre plusieurs santés à celle-ci, tout le monde se tut pour faire la prière.

Il arriva malheureusement dans ce temps qu'un de notre compagnie dit un mot plaisant, et nous obligea à éclater de rire si longtemps et d'une manière si haute, que toute l'assemblée, qui avait les yeux sur nous, en fu' extrêmement scandalisée. Ce qui était de plus fâcheux, c'est que tout le monde avait été découvert pendant le repas à cause de nous, et qu'on avait emporté nos chapeaux, en sorte que nous n'avions rien pour cacher le ris dont nous n'étions pas les maîtres ; et plus nous nous efforcions à l'étouffer, et plus il éclatait. Cela fit que ces prêtres, voyant que nous nous moquions de leur religion, sortirent de la salle et n'y voulurent plus rentrer.

Nous fûmes avertis par un petit prêtre, qui était plus de nos amis que les autres, qu'ils avaient résolu de nous attaquer sur la religion. Nous évitâmes pourtant de parler avec eux sur cette matière ; et nous les allâmes trouver dans un autre lieu où était passée l'assemblée pour fumer, tandis qu'on levait les tables.

On apporta pour dessert des pipes et du tabac, et tous les prêtres burent et fumèrent jusqu'à ce qu'ils tombassent sous la table. Ce fut ainsi qu'on arrosa la tombe de Joannes Tornœus, et que la fête finit. Olaüs Graan, gendre du défunt, se traîna le mieux qu'il put pour nous conduire à notre bateau, le pot à la main ; mais les jambes lui manquèrent : il s'en fallut peu qu'il ne tombât dans la rivière, et, par nécessité, deux hommes le ramenèrent par-dessous les bras.

Nous croyions que toute la cérémonie fût terminée, quand nous vîmes paraître, le lendemain matin, Olaüs Graan, suivi de quelques autres prêtres, qui nous venait prier de nous trouver au lendemain.

Je vous assure, Monsieur, que cela me surprit : je n'avais jamais entendu parler de lendemain qu'aux noces, et je ne croyais pas qu'il en fût de même aux enterrements. Il fallut se résoudre à y aller une seconde fois, et nous eûmes une conférence avec Olaüs Graan, pendant le bon intervalle qu'il souffrit entre l'ivresse passée et la future.

Cet Olaüs Graan, gendre du défunt, est prince de Pitha, homme savant, ou se disant tel, géographe, chimiste, chirurgien, mathématicien, et se piquant surtout de savoir la langue française, qu'il parlait comme vous pouvez juger par ce compliment qu'il nous fit :

« La grande Ciel (nous répéta-t-il plusieurs fois) conserve vous et votre applicabilité tout le temps que vous verrez vos gris cheveux. » Il nous montra deux médailles : l'une de la reine Christine, et l'autre était un sicle des Juifs, qui représente d'un côté la verge de Moïse, et de l'autre une coupe d'où sort une manière d'encens. Entre toutes les autres qualités, il prétendait avoir celle de posséder en perfection la pharmacie, et pour nous le prouver il tira de plusieurs poches quantité de boîtes de toutes les grandeurs, de conformatifs, et assez pour lever une boutique d'apothicaire. Il me donna un morceau de chair de castor, et m'assura qu'il tirait une huile admirable de la queue de cet animal, qui servait à toutes sortes de maladies.

Quand notre conversation fut finie, on nous reconduisit où nous avions été le jour précédent, où chacun, pour faire honneur au défunt, but épouvantablement ; et ceux qui purent s'en retournèrent chez eux.

Nous demeurâmes à Torno, à notre retour de Laponie, pendant huit jours.

Le mercredi et le jeudi se passèrent à l'enterrement.

Les vendredi, samedi et dimanche ne furent remarquables que par les visites continuelles que nous reçûmes, où il fallait faire boire tout le monde.

Le lundi, le bourgmestre nous donna à dîner ; et le mardi à la pointe du jour, le vent s'étant mis à l'ouest, nous fîmes voile. Le vent demeura assez bon tout le reste du jour. La nuit, il fut moins violent ; mais le lendemain mercredi nous eûmes un calme.

Le jeudi ne fut pas plus heureux, et nous demeurâmes immobiles comme des tours.

Nous jetâmes plusieurs fois la sonde pour donner fond ; mais, n'en trouvant aucun, il fallut faire notre route dans des appréhensions continuelles d'aller échouer en terre.

Le vendredi, le brouillard étant dissipé, nous fîmes un peu de chemin à la faveur d'un vent est et nord-est, et passâmes les petites îles de Querhen.

Mais le lendemain, le vent s'étant fait contraire, nous fûmes obligés de retourner sur nos pas et de relâcher dans un port appelé Ratan.

Nous y passâmes une partie de ce jour à chasser

dans une île voisine, et le soir nous allâmes à l'église, éloignée d'une demi-lieue. Le prêtre nous y donna à souper. Nous revînmes à notre barque toute la nuit, après avoir acheté un livre chez lui ; et le dimanche matin, le major du régiment de cette province nous envoya quérir dans sa chaloupe par deux soldats.

Nous y allâmes et nous trouvâmes tous ses officiers, avec un bon dîner, qui nous attendaient. Il fallut boire à la suédoise, c'est-à-dire vider les cannes d'un seul trait ; et quand on en vint à la santé du roi, on apporta trois verres pleins sur une assiette, qui furent tous vidés. J'avoue que je n'avais pas encore expérimenté cette triplicité de verres, et que je fus fort étonné de voir qu'il ne suffisait pas de boire dans un seul. Il est encore de la cérémonie de renverser son verre sur l'assiette, pour faire voir la fidélité de celui qui boit.

Nous nous en retournâmes à notre vaisseau ; et le lendemain, sur les dix heures, nous allâmes voir de quel côté venait le vent. Il était est, et l'ignorance de notre capitaine et de notre pilote leur faisait croire qu'ils ne pouvaient sortir hors du port de ce vent. Je leur soutins le contraire, et je fis tant que je les résolus à se hasarder de sortir. Nous le fîmes heureusement ; et sur le midi le vent se mit nord-est si fort, qu'ayant duré toute la nuit et le lundi suivant jusqu'à midi, nous fîmes pendant vingt-quatre heures plus de cent lieues.

Mais le vent étant tombé tout d'un coup, nous demeurâmes à huit lieues d'Agbon, lieu où nous devions descendre pour aller par terre à Corperberyt. Nous ne le pûmes faire que le lendemain ; et ayant trouvé heureusement à la côte de petites barques qui venaient de la foire d'Hernesautes, nous vînmes coucher à Withseval, petite ville sur le bord du golfe Bothnique ; et le lendemain nous prîmes des chevaux de poste, et fîmes une très rude journée, soit par la difficulté du chemin, ou soit qu'ayant été longtemps sans courir la poste, nous en ressentissions plus la fatigue.

Nous nous égarâmes la nuit dans des bois; et s'il est toujours fâcheux d'errer pendant les ténèbres, il l'est incomparablement davantage en Suède, dans un pays plein de précipices et de forêts sans fin, où l'on ne sait pas un mot de la langue, et où l'on ne trouve personne pour demander le chemin, quand on la saurait. Néanmoins, après avoir beaucoup avancé notre route par une pluie épouvantable, à la faveur d'une petite chandelle, plus agréable mille fois dans cette nuit obscure que le plus beau soleil dans un des plus charmants jours de l'été, nous arrivâmes à la poste; et le vendredi suivant, étant fort rebutés de la journée précédente, nous ne fîmes que trois lieues, et couchâmes à Alta.

Le samedi fut assez remarquable, pour l'aventure qui nous arriva. Nous partîmes à six heures du matin pour faire quatre milles de Suède, qui font douze lieues de France; et après avoir marché jusqu'à deux heures après midi, nous arrivâmes à une misérable cabane, que nous ne crûmes point être le lieu où nous devions prendre d'autres chevaux, qui l'était néanmoins; et n'ayant trouvé personne à qui parler, nous poursuivîmes notre route par des chemins qu'il n'y a que ceux qui y ont été qui en puissent concevoir la difficulté. Nous croyions être fort proches de la poste, et nous marchâmes jusqu'à quatre heures au soir sans rencontrer une seule personne pour demander le chemin, ni le moindre toit pour nous mettre à couvert.

Par surcroît de malheur, la pluie vint en telle abondance, qu'il plut cette nuit-là pour trois mois qu'il y avait qu'il n'était pas tombé une seule goutte d'eau.

L'espérance qui nous flattait que nous pourrions bien rencontrer quelque maison de paysan, faisait que malgré la lassitude épouvantable dont nous étions accablés, nous ne laissions pas de marcher; mais enfin la pluie vint si forte, et la nuit si noire, que nos chevaux rebutés, et qui n'avaient mangé non plus que nous depuis le matin, demeurèrent tout d'un coup, sans qu'il fût possible de les faire avancer davantage. Nous voilà donc tristement demeurés au milieu des bois, sans avoir quoi que ce soit au monde que le ventre des chevaux pour nous mettre à couvert : et on le pouvait faire sans danger, car les pauvres bêtes étaient si accablées, qu'elles passèrent la nuit sans remuer et sans manger non plus que leurs maîtres.

Toute notre consolation fut que nous fîmes un bon feu qui nous réchauffa un peu. Mais il n'y avait rien de si plaisant que de nous voir dans cet équipage, tous extrêmement tristes et défaits, comme des gens qui n'avaient mangé depuis vingt-quatre heures, et qui baissaient languissamment la tête, pour recevoir la pluie qu'il plaisait au Ciel faire tomber sur nous avec largesse. Ce qui acheva de rendre l'aventure plaisante, fut que le lendemain nous ne fûmes pas plus tôt à cheval, à la pointe du jour, que nous découvrîmes, à deux portées de mousquet, une petite maison que nous avions tant cherchée, et dans laquelle nous allâmes boire un peu de lait.

« *A quelque chose*, comme on dit, *malheur est bon :* car cet égarement fut cause que nous arrivâmes le lendemain à Coperberyt, où nous ne fussions arrivés que le jour d'après.

Nous découvrîmes cette ville par la fumée qui en sortait, et qui ressemblait plutôt à la boutique de Vulcain qu'à toute autre chose. On ne voit de tous côtés que feux, que fourneaux, que charbons et cyclopes affreux. Il faut descendre dans cette ville par des trous. Pour vous en faire concevoir l'horreur, on nous mena premièrement dans une chambre où nous changeâmes d'habits et où nous prîmes un bâton ferré pour nous soutenir dans les endroits dangereux.

Nous descendîmes ensuite dans la mine, dont la bouche est d'une largeur et d'une profondeur surprenantes.

A peine voit-on les travailleurs, dont les uns élèvent des pierres, les autres font sauter des terres, d'autres font des feux pour détacher la mine, et chacun enfin a son emploi différent.

Nous descendîmes dans ce fond par quantité de degrés qui y conduisaient; et nous commençâmes alors à connaître que nous n'avions encore rien fait et que ce n'était là qu'une préparation à de plus grands travaux. Nos guides allumèrent alors des flambeaux de bois de sapin, qui avaient bien de la peine à percer les épaisses ténèbres qui régnaient dans ces lieux souterrains. On ne voit de tous côtés et à perte de vue que des sujets d'horreur, à la faveur de certains feux sombres qui ne donnent de lumière qu'autant qu'il en faut pour distinguer ces objets affreux. La fumée vous offusque, le soufre vous étouffe. Joignez à cela le bruit des marteaux qui retentissent dans ces cavernes, la vue de ces ombres, ces malheureux qui sont tous nus et noirs comme des démons; et vous avouerez avec moi qu'il n'y a rien qui donne une plus forte idée de l'enfer que ce tableau vivant, peint des plus sombres et des plus noires peintures qu'on se puisse imaginer.

Nous descendîmes plus de deux lieues dans terre par des chemins épouvantables, tantôt sur des échelles tremblantes, tantôt sur des planches légères, et toujours dans de continuelles appréhensions. Nous aperçûmes dans notre chemin quantité de pompes et de machines assez curieuses pour élever les eaux; mais nous ne pûmes les examiner à cause de l'extrême fatigue dans laquelle nous nous trouvions : nous vîmes seulement quantité de ces malheureux qui travaillaient à ces pompes. Nous pénétrâmes jusqu'au fond avec beaucoup de peine ; mais quand il fallut remonter, ce fut avec des peines incomparables que nous regagnâmes la première hauteur, où il fallut nous jeter contre terre pour reprendre un peu d'haleine, que le soufre nous avait coupée. Nous arrivâmes enfin, par le secours de quelques gens qui nous prirent par-dessous les bras, à la bouche de la mine. Ce fut là que nous commençâmes à respirer de la manière que ferait une âme qui sortirait du purgatoire. Un objet pitoyable se présenta pour lors à notre vue. On reportait en haut un pauvre malheureux qui venait d'être écrasé par la chute d'une petite pierre, que la chute avait rendue dangereuse [1].

Ces pauvres gens exposent leur vie à bon marché : on leur donne seize sous par jour. Il y a toujours sept ou huit cents hommes qui travaillent dans cet abîme.

Je ne sais si l'on doit avoir plus de compassion du sort de ces malheureux ou de l'aveuglement des hommes, qui pour entretenir leur luxe et assouvir leur avarice déchirent les entrailles de la terre, confondent les éléments et renversent toute la nature. Boëce avait bien raison de dire, de son temps :

> *Heu! primus quis fuit ille*
> *Auri qui pondere tecti*
> *Gemmasque latere volentes,*
> *Pretiosa pericula fodit* [2] *?*

---

[1]. C'est-à-dire beaucoup plus lourde, et par conséquent meurtrière.
[2]. Misérable, celui qui le premier arracha aux entrailles de la terre l'or et les pierreries, trésors funestes que le Ciel y avait profondément cachés. (Boëce, *Consolation*, liv. II.)

Pline dit que les Romains, qui avaient plus besoin d'hommes que d'or, ne voulaient point permettre qu'on ouvrît des mines qu'on avait découvertes en Italie pour ne pas exposer la vie de leurs peuples ; et les malheureux qui ont mérité la mort ne peuvent être plus rigoureusement punis qu'en les laissant vivre pour être obligés de creuser tous les jours leurs tombeaux. On trouve dans cette mine de Coperberyt du soufre vif, du vitriol bleu et vert, et des *octaèdres* : ce sont des pierres taillées naturellement en figure octogone.

Nous partîmes le même jour pour aller à une mine d'argent qu'on voit à Salbéryt, petite ville à deux journées de Stockholm, dont l'aspect est un des plus riants qui soient en ce lieu. Nous allâmes le lendemain à la mine, qui en est distante d'un quart de mille. Cette mine a trois larges bouches, dans lesquelles on ne voit point de fond. La moitié d'un tonneau soutenu d'un câble sert d'escalier pour descendre dans cet abîme, qui monte et qui descend par une même machine assez curieuse, que l'eau fait tourner de l'un et de l'autre côté. La grandeur du péril où l'on est se conçoit aisément, quand on se voit ainsi descendre n'ayant qu'un pied dans cette machine, et qu'on connaît que la vie dépend de la force ou de la faiblesse d'un câble. Un satellite noir comme un démon, tenant à la main une torche de poix et de résine, descend avec vous, et chante pitoyablement un air dont le chant lugubre semble être fait exprès pour cette descente infernale. Quand nous fûmes vers le milieu, nous fûmes saisis d'un grand froid, qui, joint aux torrents qui tombaient sur nous de toutes parts, nous fit sortir du profond assoupissement dans lequel nous semblions être en descendant dans ces lieux souterrains.

Nous arrivâmes enfin, après une demi-heure de marche, au fond de ce premier gouffre ; là nos craintes commencèrent à se dissiper : nous ne vîmes plus rien d'affreux : au contraire, tout brillait dans ces régions profondes. Nous descendîmes encore fort avant, soutenus par des échelles extrêmement hautes, pour arriver dans un salon qui est dans l'enceinte de cette caverne, soutenu de plusieurs colonnes du précieux métal dont tout était revêtu. Quatre galeries spacieuses y viennent aboutir ; et la lueur des feux qui brillaient de toutes parts, et qui venaient à frapper sur l'argent des voûtes, et sur un clair ruisseau qui coulait à côté, ne servait pas tant à éclairer les travaillants qu'à rendre ce séjour plus magnifique que le palais de Pluton, qu'on nous met au centre de la terre, où le dieu des richesses a déployé tous ses trésors. On voit sans cesse dans ces galeries des gens de toutes les nations, qui recherchent avec tant de peine ce qui fait le plaisir des autres hommes. Les uns tirent des chariots, les autres roulent des pierres, et d'autres arrachent le roc.

C'est une ville sous une autre ville : là il y a des maisons, des cabarets, des écuries et des chevaux ; et ce qu'il y a de plus admirable, c'est un moulin qui tourne continuellement dans le fond de ce gouffre qui sert à élever les eaux qui sont dans la mine. On remonte dans la même machine pour aller voir les différentes opérations pour faire l'argent.

On appelle *stuf* les premières pierres qu'on tire de la mine, lesquelles on fait sécher dans un fourneau qui brûle lentement, et qui sépare l'antimoine, l'arsenic et le soufre, d'avec la pierre, le plomb et l'argent, qui restent ensemble. Cette première opération est suivie d'une autre, et ces pierres séchées sont jetées dans des trous pour y être pilées et réduites en limon, par le moyen de quantité de gros marteaux que l'eau fait agir : cette boue est délayée dans une eau qui coule incessamment sur une grosse toile mise en glacis, qui, emportant tout ce qu'il y a de terrestre et de grossier, retient le plomb et l'argent dans le fond, d'où on le tire pour le jeter, la troisième fois, dans des fourneaux qui séparent l'argent d'avec le plomb, qui sort en écume.

Les Espagnols du Potosi ne s'arrêtent plus à toutes les différentes fontes pour purifier l'argent et le rendre malléable, depuis qu'ils ont trouvé la manière de l'affiner avec le vif-argent, qui est l'ennemi mortel de tous les autres métaux, qu'il détruit, excepté l'or et l'argent, qu'il sépare de tout ce qu'ils ont de terrestre pour s'unir entièrement à eux. On trouve du mercure dans cette mine ; et ce métal, quoique quelques-uns ne lui donnent pas ce nom, parce qu'il n'est pas malléable, est peut-être un des plus rares effets de la nature : car étant liquide et coulant de lui-même, et la chose du monde la plus pesante, il se convertit en la plus légère, et se résout en fumée, qui, venant à rencontrer un corps dur ou une région froide, s'épaissit aussitôt, et reprend sa première forme sans pouvoir jamais être détruit.

L'intendant qui nous conduisit dans la mine nous fit voir ensuite chez lui quantité de pierres curieuses qu'il avait ramassées de toutes parts, entre autres un gros morceau de cette pierre ductile qui blanchit dans le feu loin de se consumer, et dont les Romains se servaient pour brûler les corps de leurs défunts[1]. Il nous assura qu'il l'avait trouvée dans cette même mine, et nous fit présent à chacun d'un petit morceau, que, par grâce spéciale, il détacha.

Nous partîmes le même jour de cette petite ville pour

---

1. L'asbeste ou *amiante*, sorte de pierre filamenteuse incombustible, dont les anciens faisaient en effet des tissus dans lesquels ils enveloppaient les corps qu'ils brûlaient, afin de pouvoir en recueillir les cendres.

aller à Upsal, où nous arrivâmes le lendemain d'assez bonne heure. Cette ville est la plus considérable de toute la Suède, pour son académie et pour sa situation.

A Upsal nous nous mîmes dans une petite barque qui partait pour Stockholm ; mais le vent, qui était bon, s'étant changé, étant encore à la vue d'Upsal, nous marchâmes deux grands milles de Suède, qui valent cinq ou six lieues de France, et arrivâmes à la poste, où nous prîmes des chevaux qui nous conduisirent pendant toute la nuit jusqu'à Stockholm, où nous entrâmes à quatre heures du matin, le samedi 27 septembre, et où nous terminâmes enfin notre pénible voyage, le plus curieux qui fut jamais, que je ne voudrais pas n'avoir fait pour bien de l'argent, et que je ne voudrais pas recommencer pour beaucoup davantage.

JEAN-BAPTISTE ROUSSEAU

(1670-1741)

Le Franc de Pompignan, poète dont un des ouvrages est reproduit plus loin, fit un jour cette épitaphe :

> Ci-gît l'illustre et malheureux Rousseau.
> Le Brabant fut sa tombe, et Paris son berceau ;
> Voici l'abrégé de sa vie,
> Qui fut trop longue de moitié :
> Il fut trente ans digne d'envie
> Et trente ans digne de pitié.

Digne d'envie parce que ses œuvres, odes, cantates, épîtres, lui avaient mérité d'être considéré comme le plus grand des poètes lyriques qu'ait eus la France (renommée qui resta bien établie pendant plus d'un siècle, mais dont presque personne aujourd'hui ne songe à examiner les titres). Digne de pitié, parce que, accusé, à la suite de querelles littéraires, d'avoir publié des couplets diffamatoires, il fut banni de France, et, après une triste vieillesse, mourut à Bruxelles.

VOYAGE DE PARIS A ROUEN

PAR

JEAN-BAPTISTE ROUSSEAU [1]

Épître adressée à M. de la Fosse [2], *poète tragique.*

Depuis que nous prîmes congé
Du réduit assez mal rangé
Où votre Muse Pythonisse
Évoque les ombres d'Ulysse,
De Thésée et de Manlius,
Comme l'auteur d'*Héraclius* [3]
Faisait jadis celles d'Horace,
De Rodrigue et de Curiace,
J'ai quatre mauvais jours passé,
Sans, je vous jure, avoir pensé
(Dussiez-vous me croire un stupide)
Qu'il fût au monde un Euripide.
Toutefois je me souviens bien
De notre dernier entretien,
Que je terminai par vous dire
Que j'aurais soin de vous écrire.
Je vous écris donc : et voici
De mon voyage un raccourci.

---

1. L'auteur était allé à Rouen pour attendre un vaisseau qui devait le porter en Angleterre.
2. Antoine de la Fosse (1653-1708), auteur de quelques tragédies jouées avec succès, mais complètement oubliées aujourd'hui : *Manlius Capitolinus, Polyxène, Thésée...*
3. Pierre Corneille.

L'aube avait bruni les étoiles,
Et la nuit repliait ses voiles,
Lorsque je quittai mon chevet
Pour m'acheminer chez Blavet.
Un carrosse sexagénaire
D'abord s'offre à mon luminaire,
Attelé de six chevaux blancs,
Dont les côtes, à travers flancs,
A distinguer peu difficiles,
Marquaient qu'ils jeûnaient les vigiles
Et le carême entièrement.

J'entre, et dans le même moment
Je vois arriver, en deux bandes,
Trois Normands et quatre Normandes,
Avec qui, pauvre infortuné,
J'étais à rouler destiné.
On s'assemble, chacun se place :
Sous le poids de l'horrible masse
Déjà les pavés sont broyés,
Les fouets hâtifs sont déployés,
Qui, de cent diverses manières,
Donnent à l'air les étrivières.

Nos coursiers, ce bruit entendu,
Connaissant la verge ennemie,
Rappellent leur force endormie ;
Ils tirent, nous les excitons ;
Le cocher jure, nous partons.
Nous poursuivions notre aventure,
Lorsque l'infernale voiture,
Après environ trente pas,
Nous renversa de haut en bas.
Horrible fut la culebute[1] ;
Mais voici le pis de la chute :
Les chevaux, malgré le cocher,
S'obstinent à vouloir marcher :
En vain ce moderne Hippolyte

---

1. Aucun ancien dictionnaire français n'autorise cette façon d'orthographier le mot *culbute*. Pour la mesure de son vers, le poète emprunte cette licence à La Fontaine, qui écrit dans sa fable de *l'Alouette et ses petits* :

> Et les petits en même temps,
> Voletants, se *culebutants*...

S'oppose à leur fougue subite.
Sans doute, *en ce désordre affreux,*
Un dieu pressait leurs flancs poudreux[1].
A la fin leur fureur s'arrête ;
Et moi, non sans bosse à la tête,
Avec quelque secours d'autrui,
Je sors de mon maudit étui.

Par cet événement tragique
Je mettrai fin à ma chronique ;
Et, de peur de vous ennuyer,
Je supprime un volume entier
D'aventures longues à dire,
Et plus longues encore à lire.
Vous saurez seulement qu'enfin
J'arrivai, dimanche matin,
A Rouen, séjour du sophisme,
Accompagné d'un rhumatisme
Qui me tient tout le dos perclus,
Et me rend les bras superflus.
En ce fâcheux état, beau sire,
Je ne laisse de vous écrire,
Et me crois de tous maux guéri
Au moment que je vous écri[2] :
Car, en nul endroit du royaume,
Il n'est cataplasme ni baume
Qui pût me faire autant de bien
Que cette espèce d'entretien.
A tant, seigneur, je vous souhaite
Longue vie et santé parfaite,
Et toujours ample déjeûné
Des lauriers de Melpoméné[3] ;
Tandis que, pour sortir de France,
Prenant mes maux en patience,
J'attends, entre quatre rideaux,
Le plus paresseux des vaisseaux.

1. Allusion au récit de Théramène, dans la *Phèdre* de Racine.
2. Il faudrait *écris*; l's finale est supprimée par une licence que J.-B. Rousseau, très châtié d'ordinaire, ne se fût pas permise dans une pièce sérieuse; car la suppression de l's en pareil cas ne fut jamais faite par un bon auteur que pour des verbes monosyllabiques.
3. Melpoméné pour Melpomène, forme grecque du nom, employée pour faire la rime.

VOLTAIRE

(1694-1778)

Que dire de celui-là ?...

Que pris de la plus entière admiration pour Frédéric II de Prusse, qui l'a sollicité de venir à sa cour, il s'en va hercher à bref délai la désillusion, les tracasseries, la brouille, la persécution même.

« Tout nouveau, tout beau, » dit le proverbe. Le poète voyageur est en plein *nouveau*, ayons donc le profit de ses heureuses dispositions.

VOYAGE A BERLIN

PAR

VOLTAIRE

Lettre à Mme Denis, sa nièce.

A Clèves[1], juillet 1750.

C'est à vous, s'il vous plaît, ma nièce,
Vous, femme d'esprit sans travers,
Philosophe de mon espèce,
Vous qui, comme moi, du Permesse
Connaissez les sentiers divers;
C'est à vous qu'en courant j'adresse
Ce fatras de prose et de vers,
Ce récit de mon long voyage;
Non tel que j'en fis autrefois,
Quand, dans la fleur de mon bel âge,
D'Apollon je suivais les lois;
Quand j'osai, trop hardi peut-être,
Aller consulter à Paris,
En dépit de nos beaux esprits,
Le dieu du goût, mon premier maître.

Ce voyage-ci n'est que trop vrai, et ne m'éloigne que trop de vous. N'allez pas vous imaginer que je veuille égaler *Chapelle*, qui s'est fait, je ne sais comment, tant de réputation pour avoir été de Paris à Montpellier et

---

1. Capitale de l'ancien duché de ce nom, dans la Prusse Rhénane.

en terre papale [1], et en avoir rendu compte à un gourmand [2].

> Il faut une autre plume, il faut un autre style
> Pour peindre ce Solon, ce Platon, cet Achille.
> Je pourrais vous parler de son charmant asile [3],
> Vous peindre ce héros philosophe et guerrier,
> Si terrible à l'Autriche, et pour moi si facile ;
>   Mais je pourrais vous ennuyer.

D'ailleurs je ne suis pas encore à sa cour, et il ne faut rien anticiper : je veux de l'ordre, jusque dans mes lettres. Sachez donc que je partis de Compiègne, le 25 de juillet, prenant ma route par la Flandre, et qu'en bon historiographe et en bon citoyen, j'allai voir en passant les champs de Fontenoy, de Rocoux et de Laufelt [4]. Il n'y paraissait pas : tout cela était couvert des plus beaux blés du monde. Les Flamands et les Flamandes dansaient comme si de rien n'avait été.

> Régnez, belle Cérès, où triompha Bellone,
> Campagnes qu'engraissa le sang de nos guerriers ;
> J'aime mieux vos moissons que celle des lauriers :
> La vanité les cueille, et le hasard les donne.
> Oh! que de grands projets par le sort démentis !
> Ô victoires sans fruit! ô meurtres inutiles !
> Français, Anglais, Germains, aujourd'hui si tranquilles,
> Fallait-il s'égorger pour être bons amis ?

J'ai été à Clèves, comptant y trouver des relais que tous les bailliages fournissent, moyennant un ordre

---

1. Avignon, capitale du comtat Venaissin qui appartint longtemps aux papes.
2. Non pas à un, mais à *deux* gourmands, comme nous l'avons pu voir plus haut.
3. Le château de Sans-Souci, voisin de celui de Potsdam et résidence favorite du roi de Prusse, qui d'ailleurs y mourut en 1786. C'était notamment là que ce prince, qui, on le sait, aimait fort à écrire, se retirait quand il voulait se livrer à ses travaux littéraires.
4. Lieux où se sont livrées de grandes batailles.

du roi de Prusse, à ceux qui vont philosopher à Sans-
Souci, auprès du Salomon du Nord, et à qui le roi
accorde la faveur de voyager à ses dépens ; mais
l'ordre du roi de Prusse était resté à Vezel entre les
mains d'un homme qui l'a reçu comme les Espagnols
reçoivent les bulles des papes, avec le plus profond
respect, mais sans en faire aucun usage. Je me suis donc
arrêté quelques jours dans le château de cette princesse que Mme de La Fayette a rendue si fameuse [1].

> Mais de cette héroïne et du duc de Nemours
> On ignore en ces lieux la galante aventure.
> Ce n'est pas ici, je vous jure,
> Le pays des romans ni celui des amours.

C'est dommage ; car le pays semble fait pour des
princesses de Clèves : c'est le plus beau lieu de la nature ; et l'art a encore ajouté à sa situation. C'est une
vue supérieure à celle de Meudon ; c'est un terrain
planté comme les Champs-Élysées et le Bois de Bolo-
gne ; c'est une colline couverte d'allées d'arbres en
pente douce : un grand bassin reçoit les eaux de cette
colline ; au milieu du bassin s'élève une statue de Mi-
nerve. L'eau de ce premier bassin est reçue dans un
second, qui la renvoie à un troisième ; et le bas de la
colline est terminé par une cascade ménagée dans une
vaste grotte en demi-cercle. La cascade laisse tomber
les eaux dans un canal qui va arroser une vaste prairie, et se joindre à un bras du Rhin. Mademoiselle de
Scudéri et la Calprenède [2] auraient rempli de cette description un tome de leurs romans ; mais moi historiographe, je vous dirai seulement qu'un certain prince

---

1. Par son roman *la Princesse de Clèves*, resté, à bon droit, célèbre comme modèle de style et de délicate observation.
2. Auteur de romans, dont il a été question dans le Voyage de La
Fontaine.

Maurice de Nassau, gouverneur, de son vivant, de cette belle solitude, y fit presque toutes ces merveilles. Il s'est fait enterrer au milieu des bois, dans un grand diable de tombeau de fer, environné de tous les plus vilains bas-reliefs du temps de la décadence de l'empire romain, et de quelques monuments gothiques plus grossiers encore. Mais le tout serait quelque chose de fort respectable pour ces esprits profonds qui tombent en extase à la vue d'une pierre mal taillée, pour peu qu'elle ait deux mille ans d'antiquité.

Un autre monument antique, c'est le reste d'un grand chemin pavé, construit par les Romains, qui allait à Francfort, à Vienne et à Constantinople. Le Saint-Empire dévolu à l'Allemagne est un peu déchu de sa magnificence. On s'embourbe aujourd'hui en été dans l'auguste Germanie. De toutes les nations modernes, la France et le petit pays des Belges sont les seuls qui aient des chemins dignes de l'antiquité. Nous pouvons, surtout, nous vanter de passer les anciens Romains en cabarets; et il y a encore certains points dans lesquels nous les valons bien: mais enfin, pour les monuments durables, utiles, magnifiques, quel peuple approche d'eux? Quel monarque fait dans son royaume ce qu'un proconsul faisait dans Nîmes et dans Arles[1]?

> Parfaits dans le petit, sublimes en bijoux,
> Grands inventeurs de riens, nous faisons des jaloux.
> Élevons nos esprits à la hauteur suprême
>   Des fiers enfants de Romulus :
> Ils faisaient plus cent fois pour des peuples vaincus
>   Que nous ne faisons pour nous-mêmes.

Enfin, malgré la beauté de la situation de Clèves, malgré le chemin des Romains, en dépit d'une tour qu'on prétend bâtie par Jules César, ou au moins par Germa-

---

1. On sait qu'à Nîmes et Arles se voient plusieurs monuments romains.

nicus, en dépit des inscriptions d'une vingt-sixième légion qui était ici en quartiers d'hiver, en dépit des belles allées plantées par le prince Maurice, et de son grand tombeau de fer; en dépit enfin des eaux minérales découvertes ici depuis peu, il n'y a guère d'affluence à Clèves. Les eaux y sont cependant aussi bonnes que celles de Spa et de Forges, et on ne peut avaler de petits atomes de fer dans un plus beau lieu; mais il ne suffit pas, comme vous savez, d'avoir du mérite pour avoir la vogue : l'utile et l'agréable sont ici; mais ce séjour délicieux n'est fréquenté que par quelques Hollandais, que le voisinage et le bas prix des vivres et des maisons y attire, et qui viennent admirer et boire.

J'y ai trouvé, avec une très grande satisfaction, un célèbre poète hollandais, qui nous a fait l'honneur de traduire élégamment en batave, et même vers pour vers, nos tragédies bonnes ou mauvaises. Peut-être un jour viendra que nous serons réduits à traduire les tragédies d'Amsterdam: chaque peuple a son tour.

Les dames romaines qui allaient lorgner les chevaliers au théâtre de Pompée ne se doutaient pas qu'un jour, au milieu des Gaules, dans un petit bourg nommé Lutèce, on ferait de meilleures pièces de théâtre qu'à Rome.

L'ordre du roi pour les relais vient enfin de me parvenir; voilà mon enchantement chez la princesse de Clèves fini, et je pars pour Berlin.

A Potsdam.

J'ai d'abord passé par Vesel, qui n'est plus ce qu'elle était quand Louis XIV la prit en deux jours, en 1672, sur les Hollandais. Elle appartient aujourd'hui au roi de Prusse, et c'est une des plus fortes places de l'Europe. C'est là qu'on commence à voir de ces belles troupes que Frédéric II forma sans vouloir s'en servir, et que

Frédéric le Grand a rendues si utiles à ses intérêts et à sa gloire. Le premier coup d'œil surprend toujours.

> D'un regard étonné j'ai vu sur ces remparts
> Ces géants court-vêtus, automates de Mars,
> Ces mouvements si prompts, ces démarches si fières,
>   Ces moustaches, ces grands bonnets,
> Ces habits retroussés [1] montrant de gros derrières
>   Que l'ennemi ne vit jamais [2].

Bientôt après j'ai traversé les vastes, et tristes, et stériles, et détestables campagnes de la Westphalie.

> De l'âge d'or jadis vanté
> C'est la plus fidèle peinture ;
> Mais toujours la simplicité
> Ne fait pas la belle nature.

Dans de grandes huttes qu'on appelle maisons, on voit des animaux qu'on appelle hommes, qui vivent le plus cordialement du monde pêle-mêle avec d'autres animaux domestiques. Une certaine pierre dure, noire et gluante, composée, à ce qu'on dit, d'une espèce de seigle, est la nourriture des maîtres de la maison. Qu'on plaigne, après cela, nos paysans, ou plutôt qu'on ne plaigne personne ; car sous ces cabanes enfumées, et avec cette nourriture détestable, ces hommes des premiers temps sont sains, vigoureux et gais. Ils ont tout juste la mesure d'idées que comporte leur état.

> Ce n'est pas que je les envie ;

---

1. On a prétendu que Frédéric, qui était très économe, avait imaginé de faire retrousser le pan des habits de ses soldats pour qu'ils s'usassent moins vite. On croit même aussi que ce retroussis aurait indiqué la forme des habits dits *à la française*, l'habit à queue d'aujourd'hui.
2. C'est sous Frédéric II que commença la renommée de l'infanterie

J'aime fort nos lambris dorés :
Je bénis l'heureuse industrie
Par qui nous furent préparés
Cent plaisirs par moi célébrés,
Frondés par la cagoterie,
Et par elle encor savourés.
Mais sur les huttes des sauvages
La nature épand ses bienfaits ;
On voit l'empreinte de ses traits
Dans les moindres de ses ouvrages.
L'oiseau superbe de Junon [1],
L'animal chez les Juifs immonde [2],
Ont du plaisir à leur façon ;
Et tout est égal en ce monde.

Si j'étais un vrai voyageur, je vous parlerais du Véser, et de l'Elbe, et des campagnes fertiles de Magdebourg, qui étaient autrefois le domaine de plusieurs saints archevêques, et qui se couvrent aujourd'hui des plus belles moissons (à regret sans doute) pour un prince hérétique ; je vous dirais que Magdebourg est presque imprenable ; je vous parlerais de ses belles fortifications, et de sa citadelle construite dans une île, entre deux bras de l'Elbe, chacun plus large que la Seine ne l'est vers le pont Royal. Mais comme ni vous ni moi n'assiégerons jamais cette ville, je vous jure que je ne vous en parlerai jamais.

Me voici enfin dans Potsdam [3]. C'était, sous le feu roi, la demeure de *Pharasmane* [4] ; une place d'armes et point

prussienne. Le roi de Prusse disait que si on lui donnait en plus de son infanterie, la cavalerie hongroise, l'artillerie française et la poudre de Berne, il se ferait fort de conquérir le monde.

1. Le paon.
2. Le porc.
3. Potsdam, résidence royale à environ sept lieues de Berlin.
4. Pharasmane, personnage de *Rhadamiste et Zénobie*, tragédie de Crébillon. Voltaire fait ici allusion à ces vers que dit Pharasmane :

La nature marâtre en ces affreux climats
Ne produit, au lieu d'or, que du fer, des soldats.

de jardin; la marche du régiment des gardes pour toute musique; des revues pour tout spectacle; la liste des soldats pour bibliothèque. Aujourd'hui c'est le palais d'*Auguste*, des légions et des beaux esprits, du plaisir et de la gloire, de la magnificence et du goût, etc., etc.

LE FRANC DE POMPIGNAN

(1709-1784)

Encore un illustre de jadis, dont aujourd'hui l'on ne se souvient guère.

Destiné par sa famille à briller, comme on disait alors, au temple de Thémis, où déjà il s'était fait remarquer, tout à coup nul ne sait ce qu'il est devenu. On le retrouve acclamé par un public enthousiaste, comme auteur d'une *Didon*, tragédie qui fait de lui l'homme fameux du jour. Si bien même que Voltaire, qui n'aime guère à rencontrer de ces heureux-là sur sa route, fait indirectement, mais efficacement obstacle à la représentation d'un second ouvrage du jeune tragique, qui, renonçant au théâtre, retourne à la toge, qu'il ne doit plus quitter et qu'il doit porter avec grand honneur.

Mais a-t-il donc pour cela congédié la Muse ? Non, sans doute, et pour preuve, le grave magistrat donne au public ce *Voyage de Languedoc et de Provence*, qui lui vaut, comme poète badin, un succès non moins grand que son succès dramatique.

Puis sa vraie gloire s'établit par des *Poésies sacrées et philosophiques* où, si l'on daignait y regarder, l'on trouverait certainement en plus d'un lieu la marque d'un grand esprit et d'un noble écrivain... Mais on n'y regarde pas. Tout au plus se rappelle-t-on que le malin auteur de la *Henriade* a dit de ces chants :

> Sacrés ils sont, car personne n'y touche.

Et l'on sourit, et il suffit.

> Ah ! combien l'on en vit oublier de poèmes !

Sans en excepter la *Henriade*.

VOYAGE DE LANGUEDOC ET DE PROVENCE

PAR

LE FRANC DE POMPIGNAN

Première lettre à Mme *****.

Le 24 septembre 1740.

C'est donc très sérieusement, Madame, que vous demandez la relation de notre voyage : vous la voulez même en prose et en vers. C'est un marché fait, dites-vous, nous ne saurions nous en dédire. Il faut bien vous en croire ; mais croyez aussi que jamais parole ne fut plus légèrement engagée. Je suis sûr

> Que tout homme sensé rira
> D'une entreprise si falote ;
> Que personne ne nous lira,
> Ou que celui qui le fera
> A coup sûr très fort s'ennuira,
> Que vers et prose on sifflera :
> Et que sur cette preuve-là,
> Le Régiment de la calotte [1]
> Pour ses voyageurs nous prendra.

Quoi qu'il en puisse arriver, le plus grand malheur

---

[1]. Sorte de confrérie plaisante dont les membres délivaient de leur autorité privée des espèces de brevets de sottise aux personnages qui avaient attiré l'attention sur eux par des paroles ou des actes inconsidérés.

serait de vous déplaire. Nous allons vous obéir de notre mieux ; mais gardez-nous au moins le secret : un ouvrage fait pour vous ne doit être mauvais qu'*incognito*.

Comme ce n'est pas ici un poème épique, nous commencerons modestement par Castelnaudary, et nous n'en dirons rien. Narbonne ayant été le premier objet de notre attention sera aussi le premier article de notre itinéraire. N'y eût-il que ces anciennes inscriptions qu'a si fort respectées le temps, cette Narbonne méritait un peu plus d'égards que n'en ont eu les deux célèbres voyageurs [1]. Nous pouvons attester qu'il n'y plut ni n'y tonna pendant plus de quatre heures, et que jamais le jour ne fut plus serein que lorsque nous en partîmes :

>   Mais, vu le local enterré
>   De la cité primatiale,
>   Nous croyons, tout considéré,
>   Que quand la saison pluviale,
>   Au milieu du champ labouré,
>   Ferme la bouche à la cigale,
>   Toutes les eaux ont conjuré
>   D'environner, bon gré, mal gré,
>   La ville archiépiscopale ;
>   Ce qui rend ce lieu révéré
>   Un cloaque beaucoup trop sale,
>   De quoi Chapelle a murmuré,
>   Mais d'un ton si peu mesuré
>   Qu'il en résulte un grand scandale,
>   Au point qu'un prébendier lettré
>   De l'église collégiale,
>   Nous dit, d'un air très assuré,
>   Que ce Voyage célébré
>   N'était au fond qu'œuvre de balle [2],

---

1. Chapelle et Bachaumont, dont l'ouvrage, comme nous l'avons déjà pu voir, est le modèle que se proposent maints narrateurs. Voy. ce que les deux amis disent de Narbonne.

2. Méchant ouvrage. Dans la fameuse querelle des deux poètes au IIIe acte des *Femmes savantes,* Vadius dit à Trissotin :

> Et que Narbonne, qu'il ravale,
> Ne l'avait jamais admiré.

Le fait, Madame, est vrai à la lettre ; à telles enseignes, que le docte prébendier se dessaisit en notre faveur, avec une joie extrême, de l'œuvre de ces messieurs, qui lui paraissent de très mauvais plaisants. Ce n'est pas, au reste, le seul plaisir qu'il nous eût fait : ce généreux inconnu nous avait menés au palais archiépiscopal admirer les antiquités qu'on y a recueillies. Par son crédit, nous vîmes toute la maison, grande, noble, claire même, en dépit de ce qui la devrait rendre obscure ; mais on a logé un peu trop haut le primat d'Occitanie. Nous avions ensuite suivi notre guide à la métropole, qui sera une fort belle église quand il plaira à Dieu et aux États de faire finir la nef. Quant à ce tableau si dénigré par l'œuvre susdit, MM. de Narbonne le regrettent tous les jours, malgré la copie que M. le duc d'Orléans leur en laissa libéralement, mais qu'ils trouvent fort médiocre, quoique le Lazare y soit peut être aussi noir que dans l'original.

Nous reprîmes notre chemin, et parcourûmes gaiement les chaussées qui mènent à Béziers. Cette ville est pour ses habitants un lieu céleste, comme il est aisé d'en juger par un passage latin d'un de leurs auteurs, dont je vous fais grâce. La nuit nous ayant surpris avant d'y être arrivés, nous fûmes tentés d'y coucher ;

> Mais sachant par tradition
> Que dans cette agréable ville,
> Pour le fou de chaque saison
> Très prudemment chaque maison
> A soin d'avoir un domicile ;

Allez, rimeur de balle, opprobre du métier.

Un commentateur met en note : « Rimeur de mots creux ; la balle est la pellicule qui enveloppe le grain. »

> Et craignant pour mon compagnon,
> Qui pour moi n'était pas tranquille,
> Nous criâmes au postillon
> Au plus vite de faire gille [1].

Ce fut donc à Pézenas que nous allâmes chercher notre gîte. Il était tard quand nous y arrivâmes : les portes étaient fermées. Nous en fûmes si piqués, que nous ne voulûmes point y entrer quand on les ouvrit le lendemain matin. Mais que nous fûmes enchantés des dehors ! Il n'en est pas de plus riants ni de mieux cultivés. Quoique Pézenas n'ait pas de proverbe latin en sa faveur, au moins que je connaisse, sa situation vaut bien celle de Béziers. La chaussée qui commence après les casernes du roi, et sur la beauté de laquelle on ne peut trop se récrier, ne dura pas autant que nous aurions voulu. Elle aboutit à une route assez sauvage, qui nous conduisit à Vallemagne, lieu passablement digne de la curiosité des voyageurs.

> Près d'une chaîne de rochers
> S'élève un monastère antique :
> De son église très gothique,
> Deux tours, espèces de clochers,
> Ornent la façade rustique.
>
> Les échos, s'il en est dans ce triste séjour,
> D'aucun bruit n'y frappent l'oreille :
> Et leur troupe oisive sommeille
> Dans les cavernes d'alentour.

— Dépêche, dis-je à un postillon de quatre-vingts ans, qui changeait nos chevaux ; l'horreur me gagne. Quelle solitude ! c'est la Thébaïde [2] en raccourci. Allons, l'abbé, ni vous ni moi ne commerçons avec les anachorètes. — Eh ! de par tous les diables, ce sont des

---

1. Faire gille : s'enfuir, déguerpir.
2. Désert d'Égypte où vécurent les premiers ermites chrétiens.

bernardins, s'écria le maître de la poste, que nous ne croyions pas si près de nous. Or vous saurez que ce bonhomme pouvait faire la différence d'un anachorète et d'un bernardin; car il avait sur un vieux coffre, à côté de sa porte, quelques centaines de feuillets de la Vie des Pères du désert, rongés des rats. — Si vous voulez dîner, ajouta-t-il, entrez, on vous fera bonne chère.

>Nos moines sont de bons vivants,
>L'un pour l'autre fort indulgents,
>Ne faisant rien qui les ennuie,
>Ayant leur cave bien garnie :
>Toujours reposés et contents,
>Visitant peu la sacristie,
>Mais quelquefois, les jours de pluie,
>Priant Dieu pour tuer le temps.

Il est vrai qu'ils avaient profité de cette matinée-là, qui était fort sombre et fort pluvieuse, pour dépêcher une grand'messe. Nous gagnâmes le cloître. Croiriez-vous, Madame, qu'un cloître de solitaires fût une grotte enchantée ? Tel est pourtant celui de l'abbaye de Vallemagne : je ne puis mieux le comparer qu'à une décoration d'opéra. Il y a surtout une fontaine qui mériterait le pinceau de l'Arioste :

>Sur sept colonnes, des feuillages
>Entrelacés dans des berceaux
>Forment un dôme de rameaux,
>Dont les délicieux ombrages
>Font goûter dans des lieux si beaux
>Le frais des plus sombres bocages.
>Sous cette voûte de cerceaux,
>La plus heureuse des naïades
>Répand le cristal de ses eaux
>Par deux différentes cascades.
>Au pied de leur dernier bassin,
>Un frère, garçon très capable,
>Entouré de flacons de vin,
>Plaçait le buffet et la table.

> Tout auprès, un dîner dont la suave odeur
>   Aurait du plus mince mangeur
>   Provoqué la concupiscence,
> Tenu sur des fourneaux à son point de chaleur,
>   Pour disparaître attendait la présence
> De quatre bernardins qui s'ennuyaient au chœur.

Dans ce moment, nous enviâmes presque le sort de ces pauvres religieux: nous nous regardions de cet air qui peint si bien tous les mouvements de l'âme. Chacun de nous appliquait ce qu'il voyait à sa vocation particulière ; et nous nous devinions sans nous parler.

Car voilà les hommes : ce qui est un sujet d'édification pour les uns est un objet de scandale pour les autres. Que de morale à débiter là-dessus ! Prenons congé de notre délicieuse fontaine, elle nous a menés un peu loin.

> O Fontaine de Vallemagne !
> Flots sans cesse renouvelés,
> La plus agréable campagne
> Ne vaut pas vos bords isolés.

Il n'y avait plus qu'une poste pour arriver à Loupian, lieu célèbre par ses vins, dont nos devanciers voulurent se mettre à portée de juger; leurs imitateurs en ce point seul, nous nous y arrêtâmes; mais l'année, nous dit-on, n'avait pas été bonne. L'hôtesse entreprit de nous dédommager avec des huîtres, d'un goût inférieur à celles de l'Océan.

Remontés en chaise, nous nous livrions à l'admiration que nous causait la beauté du pays, quand deux gentilles demoiselles nous demandèrent des places dans notre chaise pour aller jusqu'au village prochain, qui est le lieu de la poste. L'abbé fut impoli pour la première fois de sa vie, il les refusa inhumainement ; et je fus obligé malgré moi d'être de moitié de son refus.

Nous commencions alors à côtoyer l'étang de Thau, qui se débouche dans le golfe de Lyon par le port de Cette et par le passage de Maguelonne. Il fallut descendre en faveur de mon compagnon, qui voyait pour la première fois les campagnes d'Amphitrite[1], qu'il voulait contempler à son aise :

> Ce vaste amas de flots, ce superbe élément,
> De l'aveugle Fortune image naturelle,
> Comme elle séduisant, et perfide comme elle,
> Asile des forfaits, noir séjour des hasards,
> Théâtre dangereux du Commerce et de Mars,
> Des plus rares trésors source avare et féconde,
> Et l'empire commun de tous les rois du monde.

Nous arrivâmes enfin à Montpellier. Cette ville n'aura rien de nous aujourd'hui, Madame ; et vous vous passerez bien de savoir qu'après nous être fait d'abord conduire au jardin royal des Plantes, qui pourrait être mieux entretenu, et avoir parcouru légèrement, au retour, tout ce que l'on est dans l'usage de montrer aux étrangers, nous vînmes avec empressement chercher un excellent souper, auquel nous étions préparés par le repas frugal que nous avions fait à Loupian.

La matinée du lendemain fut employée à visiter la Mosson et la Verune. Les eaux et les promenades de celle-ci ne méritent guère moins de curiosité que la magnificence de la première, où il y a des beautés royales, mais où, sans être difficiles à l'excès, on peut trouver quelques défauts, auxquels à la vérité le seigneur châtelain est en état de remédier.

Nous nous hâtâmes après cela de gagner Lunel, où nous fûmes accueillis par M. de la..., major du régiment de Duras, qui commandait dans ce quartier. Il

---

1. Reine ou déesse de la mer.

nous donna un aussi bon souper que s'il nous eût attendus ; l'abbé en profita médiocrement :

> Il quitta cette bonne chère
> Pour une dévote action,
> Que ceux de sa profession
> Ne font pas trop pour l'ordinaire.
> Ce fut, je crois, son bréviaire
> Qui causa sa désertion.
> Notre convive militaire
> Partagea mon affliction.
> Mais comme en toute occasion
> La Providence débonnaire
> Compense, d'une main légère,
> Plaisir et tribulation,
> La retraite de mon confrère
> Grossit pour moi la portion
> D'un vin de Saint-Émilion
> Qu'à Lunel je n'attendais guère.

Une partie de la nuit se passa joyeusement à table. Nous nous séparâmes de notre hôte à huit heures du matin, et nous courûmes à Nîmes pour y admirer ces ouvrages, si supérieurs aux ouvrages modernes, dignes de la poésie la plus majestueuse ; en un mot, les chefs-d'œuvre immortels dont cette cité, autrefois si considérable, a été enrichie par les Romains. Les Arènes s'aperçoivent d'aussi loin que la ville même :

> Monument qui transmet à la postérité
> Et leur magnificence et leur férocité [1].
> Par des degrés obscurs, sous des voûtes antiques,
> Nous montons avec peine au sommet des portiques.
> Là, nos yeux étonnés promènent leurs regards
> Sur les restes pompeux du faste des Césars.
> Nous contemplons l'enceinte où l'arène souillée
> Par tout le sang humain dont elle fut mouillée,
> Vit tant de fois le peuple ordonner le trépas

---

1. Avons-nous besoin de noter que dans les Arènes avaient lieu les combats de gladiateurs, un des spectacles favoris du peuple romain ?

Du combattant vaincu qui lui tendait les bras.
Quoi ! dis-je, c'est ici, sur cette même pierre
Qu'ont épargné les ans, la vengeance et la guerre,
Que ce sexe si cher au reste des mortels,
Ornement adoré de ces jeux criminels,
Venait, d'un front serein et de meurtres avide,
Savourer à loisir un spectacle homicide !
C'est dans ce triste lieu qu'une jeune beauté,
Ne respirant ailleurs que plaisir et gaieté,
Par le geste fatal de sa main renversée [1]
Déclarait sans pitié sa barbare pensée,
Et conduisait de l'œil le poignard suspendu
Dans le flanc du captif à ses pieds étendu !

Des voyageurs font des réflexions à propos de tout. J'avoue, Madame, que la tirade est un peu sérieuse. Je vous en demande pardon. La vue d'un amphithéâtre romain a réveillé en moi des idées tragiques.

Ce serait ici le lieu de vous donner quelque idée des autres antiquités de Nîmes. La Tour-Magne, le temple de Diane, et la fontaine qui est auprès, ont dans leur ruine même quelque chose d'auguste ; mais ce qu'on appelle la Maison carrée, édifice qu'on regarde comme le monument de toute l'antiquité le plus conservé, frappe et fixe les yeux des moins connaisseurs.

On trouve à chaque pas des bas-reliefs et des inscriptions ; les aigles romaines, plus ou moins entières, se voient partout. Enfin, par je ne sais quel enchantement, on s'imagine, plus de treize cents ans après l'expulsion totale des Romains hors des Gaules, se retrouver avec eux, habiter encore une de leurs colonies. Nous en séjournâmes plus longtemps à Nîmes. Un jour franc nous suffit à peine pour tout voir et revoir. Ce temps, d'ailleurs, grâce à M. d'A..., ne pouvait être mieux employé ; il ne nous quitta point;

---

[1]. Quand les spectateurs voulaient demander que le gladiateur vaincu fût égorgé, ils étendaient la main le pouce en dessous.

et l'on ne saurait rien ajouter à la réception qu'il nous fit.

> Or donc, prions la Providence
> De placer toujours sur nos pas
> Le Languedoc et la Provence,
> Et surtout Messieurs de Duras :
> Rencontre douce et gracieuse
> Pour les voyageurs leurs amis,
> Autant qu'elle serait fâcheuse
> Pour les bataillons ennemis !

Il nous restait le Pont du Gard. Notre curiosité, excitée de plus en plus, nous fit quitter le chemin de la poste. Après une infinité de détours tortueux, nous nous trouvâmes sur les bords du Gardon, ayant en perspective le pont, ou plutôt trois ponts l'un sur l'autre.

> Pour vous peindre le Pont du Gard [1],
> Il nous faudrait employer l'art
> Et le jargon d'un architecte :
> Mais nous pensons qu'à cet égard,
> De notre couple trop bavard
> La science vous est suspecte.
> Aussi, sans courir de hasard,
> Notre muse très circonspecte
> Ne fera point de fol écart
> Sur ces arches qu'elle respecte,
> Qui, sans doute, périront tard.

Ici, Madame, l'admiration épuisée fait place à une surprise mêlée d'effroi. Il nous fallut plusieurs heures pour considérer ce merveilleux ouvrage. Imaginez deux montagnes séparées par une rivière et réunies par ce triple pont, où la hardiesse le dispute à la solidité. Nous grimpâmes jusque sur l'aqueduc, que nous traversâmes presque en rampant d'un bout à l'autre :

---

[1]. La construction romaine connue sous le nom de *Pont du Gard* n'est autre chose qu'un aqueduc à trois étages d'arches superposées, qui traverse la vallée où coule le Gard.

Offrant un culte romanesque
A ces lieux dérobés aux coups
De la barbarie arabesque [1],
Et même échappés au courroux
De ce pourfendeur gigantesque
Qui des Romains fut si jaloux,
Que sa fureur détruisit presque
Ce que le temps laissait pour nous ;
Examinant à deux genoux
Un débris de peinture à fresque,
Et d'un œil anglais ou tudesque
Dévorant jusques aux cailloux.

Puis quittant à regret, quoique avec une sorte de confusion, un monument trop propre à nous convaincre de la supériorité sans bornes des Romains, nous poursuivîmes notre route, et ne fûmes plus occupés après cela que du plaisir de voir bientôt un ami fort cher, que nous allions chercher de si loin. Cette idée flatteuse fut le sujet de notre conversation le reste de la journée. Sur le soir, l'approche de Villeneuve fit diversion à notre entretien. Du haut de la montagne d'où nous l'aperçûmes, cette jolie ville paraît être dans la plaine, quoique sur une côte fort élevée. La beauté du paysage et la largeur du Rhône forment le point de vue le plus surprenant et le plus agréable.

C'est ici que du Languedoc
Finit la terre épiscopale [2] :
A l'autre rive, sur un roc,
Est la citadelle papale,
Que, sous la clef pontificale,
Les gens de soutane et de froc
Défendraient fort bien dans un choc,
Avec une ardeur sans égale,
Contre les troupes du Maroc,
La mer leur servant d'intervalle.

1. Allusion aux ravages des Sarrasins.
2. Le comtat Venaissin. Voy. le Voyage de Voltaire.

Nous passâmes les deux bras du Rhône, et nous arrivâmes à Avignon, au milieu des cris de joie et des acclamations d'un peuple immense. N'allez pas croire que tout ce tintamarre se fit pour nous : on célébrait alors dans cette ville l'exaltation de Benoît XIV ; les fêtes duraient depuis trois jours. Nous vîmes la dernière et sans doute la plus belle.

> Nos yeux en furent éblouis :
> L'art, la richesse, l'ordonnance,
> Avaient épuisé la science
> Des décorateurs du pays.
> Au milieu d'une grande place,
> Douze fagots mal assemblés
> D'une nombreuse populace
> Excitaient les cris redoublés.
> Tout autour cinquante figures,
> Qu'on nous dit être des soldats,
> Pour faire cesser le fracas,
> Vomissaient un torrent d'injures ;
> Mais, de peur des égratignures,
> Ils criaient et ne bourraient pas.
>
> Alors les canons commencèrent :
> Le commandant, vêtu de bleu,
> Aux fusiliers qui se troublèrent
> Permit de se remettre un peu.
> Puis leurs vieux mousquets ils levèrent :
> Trente-quatre firent faux feu,
> Et quatorze, en tirant, crevèrent.
> Si personne ne fut tué,
> Ou, pour le moins, estropié
> Par cette comique décharge,
> C'est un miracle, en vérité,
> Qui mérite d'être attesté :
> Mais nous prîmes soudain le large,
> Voyant que l'alguazil major
> Voulait faire tirer encor.
>
> Nous entrâmes en diligence
> Au palais de Son Excellence

Monseigneur le vice-légat.
C'est là que pour Rome il préside,
Et c'est dans sa cour que réside
Toute la pompe du Comtat.
D'abord, ni lanterne ni lampe,
La nuit, n'éclaire l'escalier :
Il fallut, pour nous appuyer,
A tâtons, du fer de la rampe
L'un et l'autre nous étayer.
Après avoir, à l'aventure,
Fait, en montant, plus d'un faux pas,
Nous trouvons une salle obscure,
Où, sur quelques vieux matelas,
Quatre Suisses de Carpentras
Ne buvaient pas l'eau toute pure ;
Mais rien de plus ne pûmes voir.
Un vieux prêtre, entr'ouvrant la porte
D'un appartement assez noir,
Dit : « Allons vite, que l'on sorte ;
Tout est couché : Messieurs, bonsoir. »

Notre ambassade ainsi finie,
Nous revînmes à notre hôtel,
Où Dieu sait quelle compagnie
D'une table assez mal servie
Dévora le régal cruel.

La maîtresse, d'ailleurs polie,
Pour nous exprès avait trouvé
Un de ces batteurs de pavé,
Vrais doyens de messagerie,
Sur le front desquels est gravé
Qu'ils ont menti toute leur vie.
Il venait de passer les monts.
Mon bavard, sans qu'on le semonce,
Faisant et demande et réponse,
Parle d'église, de sermons,
De consistoires, d'audiences,
De prélats, de nonnains, d'abbés,
De moines et de sigisbés ;
De miracles et d'indulgences ;
Du doge et des procurateurs,
Des francs-maçons et des trembleurs;

De l'opéra, de la gazette,
De Sixte-Quint, de Tamerlan ;
De Notre-Dame de Lorette,
Du sérail et de Kouli-kan ;
De vers et de géométrie,
D'histoire, de théologie,
De Versailles, de Pétersbourg,
Des conciles, de la marine,
Du conclave, de la tontine,
Et du siège de Philipsbourg.
Il partait pour le Nouveau Monde.
Mais de fureur je me sauvai,
Et promptement je me levai,
Comme il faisait déjà sa ronde
Dans les plaines du Paraguay.

J'arrive enfin au domicile
Qui, jusqu'au retour du soleil,
Semblait, au moins, pour mon sommeil
M'assurer un commode asile ;
J'y fus aussitôt infecté
Par l'odeur d'un suif empesté,
Reste expirant de la bougie
Dont, avec prodigalité,
Toute cette ville ébaudie
Ornait portail et galerie
En l'honneur de Sa Sainteté.

Je n'en fus pas quitte pour ce vilain parfum : un nuage de cousins me tint compagnie toute la nuit; ce qui me rappela fort désagréablement un certain voyage d'Horace, dont la relation vaut un peu mieux que celle-ci.

Cependant l'aurore vermeille
Répand ses feux sur l'horizon.
Je me lève, l'abbé s'éveille,
J'entends le fouet du postillon ;
Ce fut pour moi bruit agréable.
Adieu donc, ville d'Avignon,
Ville pourtant très respectable,
Si dans tes murs très curieux

> Qui va voir faire l'exercice
> Risquait moins sa vie ou ses yeux,
> Et qu'un bon ordre de police
> Mit tous les conteurs ennuyeux
> Dans les prisons du saint-office.

Rien n'est plus beau que l'entrée du Comtat par le Languedoc : rien de plus charmant que la sortie d'Avignon par la Provence.

Des deux côtés d'un chemin comparable à ceux du Languedoc règnent des canaux qui le traversent en mille endroits. La Durance en fournit une partie : les autres viennent de Vaucluse. Le cristal transparent des uns, l'eau trouble des autres, font démêler aisément la différence de leurs sources. De hauts peupliers, semés sans ordre, y défendent du soleil, dont l'ardeur commence à être extrême. On touche à la province du royaume la plus méridionale. La Durance, qu'on passe à Bompar, nous fit entrer insensiblement en Provence.

D'arides chemins, une chaîne de montagnes, des oliviers pour toute verdure : telle est la route qui nous conduisit à Aix, grande et belle ville qui vaut bien un article à part. Nous vous le réservons, Madame, pour le second volume de cet ouvrage mémorable.

Ici finira, en attendant, le bavardage du couple d'anciens voyageurs, qu'un second passage de la Durance fit enfin arriver au terme de leurs courses, au château de M...

> C'est de ce brûlant rivage,
> Dont l'ardente aridité
> Offre le pin pour bocage,
> Un désert pour paysage,
> Par les torrents humecté ;
> Lieu où l'oiseau de carnage
> Dispute au hibou sauvage
> D'un roc la concavité :
> Un chêne détruit par l'âge,

Noir théâtre de la rage
De plus d'un vent redouté;
Où l'époux peu respecté
D'une déesse volage,
Forge par maint alliage
Les traits de la déité
Qui, d'un sourcil irrité
Étonne, ébranle, ravage
L'univers épouvanté.
Mais laissons ce radotage
De ce lieu très peu flatté ;
J'ose vous offrir l'hommage
D'un mortel peu dans l'usage
De trahir la vérité.
Si réunir tout suffrage,
Sans l'avoir sollicité :
Si noblesse sans fierté,
Agrément sans étalage,
Raison sans austérité,
Font un unique assemblage,
Ces traits, votre heureux partage,
Honorent l'humanité.
Hélas ! la naïveté
De ce compliment peu sage,
Doit vous plaire davantage
Qu'un discours plus apprêté,
Dont le brillant verbiage
Manque de réalité.
Si de ma témérité
J'ai cru cacher le langage
Sous l'auspice accrédité
De l'agréable voyage
Qui, par fameux personnage,
Va vous être présenté,
Pardonnez ce badinage.
Voyez mon humilité:
De l'éclat d'un faux plumage
Je ne fais point vanité ;
La modestie, à mon âge,
N'est commune qualité.

---

1. Jupiter, qui, disent les poètes, faisait trembler le monde en fronçant le sourcil, et pour qui Vulcain forgeait les foudres.

On[1] vous ment sur M..., Madame la Comtesse. L'auteur, très véridique d'ailleurs, s'est égayé sur la peinture qu'il fait de lui et de ses États : il vous donne pour un désert affreux un séjour aussi beau qu'il soit possible d'en trouver dans un pays de montagnes :

> Car nous lisons dans les chroniques,
> Qui ne sont pas encor publiques,
> Qu'autrefois le bon roi René[2]
> Dans cet asile fortuné
> Faisait des retraites mystiques.
> On voit même un canal fort net,
> Où, sans tasse ni gobelet,
> Ce roi buvait l'eau vive et pure,
> Dont la fraîcheur et le murmure
> L'endormaient dans un cabinet
> Formé de fleurs et de verdure.

Voilà ce que c'est que ce lieu si fort défiguré par son seigneur. Que ne peut-on vous faire connaître aussi, telle qu'elle est, la dame du château ! Cette entreprise passe nos forces : il est difficile de bien louer ce qui est véritablement louable. Peindre madame la marquise de M..., c'est peindre la douceur, la raison, les bienséances et la vertu même.

> Oh ! pour cette fois, taisons-nous !
> Dieu vous garde, aimables époux
> Que chacun chérit et révère !
> De notre long itinéraire
> L'ennui retombera sur nous,
> S'il n'a le bonheur de vous plaire.

---

1. L'abbé qui accompagne Le Franc de Pompignan prend ici la plume, comme Bachaumont a fait après Chapelle.
2. René, comte d'Anjou et de Provence, duc de Lorraine, roi de Sicile, etc., successivement dépossédé de tous ses autres domaines, se retira dans son comté de Provence, où il protégea les lettres et les arts, que d'ailleurs il cultiva lui-même avec succès (1408-1480).

Seconde lettre à M. ***

Le 28 octobre 1740.

Imaginez trois voyageurs,
Et qui pourtant ne sont menteurs,
Qu'une voiture délabrée,
Par deux maigres chevaux tirée,
Pendant trois jours a fracassés,
Disloqués, meurtris et versés
Jusqu'à certain lieu plein d'ornières,
Où lesdits chevaux morts de faim,
Malgré mille coups d'étrivières,
Se sont arrêtés en chemin,
Nous faisant clairement comprendre
Qu'ils avaient assez voyagé ;
Que de nous ils prenaient congé,
Et qu'ils nous priaient de descendre.

Jugez donc, après ce cadeau,
De quel air, sans feu ni manteau,
Par une nuit très pluvieuse,
Notre troupe, fort peu joyeuse,
Traversant à pied maint coteau,
Au bout d'une route scabreuse,
Parvient enfin jusqu'au château.
Peignez-vous, dans cette aventure,
Trois têtes dont la chevelure,
Distillant l'eau de toutes parts,
Imite assez bien la figure
Des Scamandres [1] et des Saugars.

Voilà, Madame, le portrait au naturel d'un marquis fort aimable, d'un sénateur [2] qui ne peut se louer lui-même parce qu'il tient la plume, et d'un joli cavalier de Saint-Jean de Jérusalem. Nous arrivons ; et mon

---

1. Fleuve qui coulait autour de la ville de Troie et qui est naturellement représenté avec une chevelure ruisselante.
2. L'auteur, qui se donne par analogie le titre de sénateur, était avocat général à la Cour des aides de Montauban.

premier soin, dans l'attirail que je viens de vous décrire, est d'obéir à vos ordres. Ma première gazette a eu le bonheur de vous plaire : je vais risquer la seconde, avec l'aide de mes compagnons.

>Demain nos muses reposées,
>Fraîches, vermeilles et frisées,
>Mettront d'accord harpes et luth,
>Et vous payeront leur tribut.

28 octobre 1740.

Nous voici bien éveillés, quoiqu'il ne soit que midi. L'atelier est prêt : nous commençons sans préambule.

Victimes de notre curiosité, nous partîmes le 15 de ce mois. La description de notre équipage paraît propre à être placée dans un ouvrage fait uniquement pour nous amuser.

>Toi qui crayonnes en pastel,
>Viens, accours, Muse subalterne ;
>Peins-nous partant d'un vieux châtel
>Plus fiers que gendarmes de Berne !
>Et toi, railleur universel,
>Dieu polisson, je me prosterne
>Devant ton agréable autel !
>Ton influence me gouverne :
>Père heureux de la baliverne,
>Prête à ma muse ce vrai sel
>Dont tu sus enrichir Miguel [1]
>Et priver tout auteur moderne.

>Tel qu'en sortant de Toboso,
>Le sieur de la Triste-Figure,
>Piquant sans succès sa monture,
>Malgré les conseils de Sancho,
>Courut, suivant son vertigo,
>Aux moulins servir de monture,

---

1. Michel Cervantes, auteur de *Don Quichotte*, dont plusieurs des héros sont nommés dans les vers suivants.

De même, en piteuse voiture,
Chacun de nous, criant : ho ! ho !
Bravant et chute et meurtrissure,
Voulut faire trotter Clio [1].
Pour moi, trop faible par nature,
J'osai, chétive créature,
Me plaindre autrement qu'*in petto*.
Soit respect de la prélature
Ou devoir de magistrature,
Nul autre n'osa faire écho.
L'abbé seul perdit l'équilibre :
Mais avant que d'en venir là,
Pour se défendre en homme libre,
Il tendit veine, nerf et fibre ;
Mais sa bête, enfin, l'entraîna.

Nous n'eûmes que la peur de son accident.

Il sut s'en tirer à merveille,
Et troqua son maudit bidet
Contre une bête à longue oreille
Qui n'est ni lièvre ni baudet [2].

Les Espagnols, gens, selon eux, fort sages, estiment infiniment ce genre de monture, et l'abbé pourrait certifier qu'ils n'ont pas tort. Quoi qu'il en soit, l'équipage que je viens de vous détailler nous conduisit au château de la tour d'Aigues, monument, dit-on, de l'amour et de la folie.

Le nom seul des deux ouvriers
Ne préviendra pas pour l'ouvrage :
Ce couple n'est pas dans l'usage
De suivre des plans réguliers ;
Et ce serait sottise pure
De les prendre pour nos maçons,
S'il fallait par leurs actions
Juger de leur architecture.

1. La muse de l'histoire.
2. Une mule ou un mulet.

Mais ils ont eu le bon sens de choisir un habile architecte pour bâtir la maison de la tour. D'autres vous en feraient une brillante description : plus d'un voyageur vous parlerait de l'esplanade qui est au-devant de la principale porte, des fossés profonds, revêtus de pierres et pleins d'eau vive, dont le château est environné ; d'une façade estimée des connaisseurs; enfin, d'une fort belle tour carrée, qui s'élève au-dessus de deux grands corps de logis et qu'on assure avoir été construite par les Romains.

> Ma muse, en rimes relevées,
> Pourrait vous tracer dans ses vers
> Des bosquets bravant les hivers
> Sur des voûtes fort élevées :
> Tels qu'aux dépens de ses sujets,
> Jadis une reine amazone [1]
> En fit planter à Babylone,
> Sur le faîte de son palais.

Laissons ce détail à deux peintres d'architecture et de paysages, ou à des faiseurs de romans.

En quittant la tour, nous prîmes une route qui nous conduisit dans un pays assez bizarre pour exercer le pinceau d'un voyageur. Au sortir d'un précipice, où nous courûmes une espèce de danger, nous entrâmes dans un chemin resserré entre deux montagnes escarpées. Ce défilé s'élargit dans quelques endroits, et devient alors aussi agréable que le plus cultivé. On découvre de temps en temps, à travers les ouvertures du rocher, des emplacements qui ressemblent assez à de grandes cours de vieux châteaux, entourées de hautes murailles.

> Du temps des chèvre-pieds cornus,
> Les sylvains, les faunes velus,

---

[1]. Sémiramis fit établir sur les murs de Babylone des jardins qui furent mis au nombre des merveilles du monde.

Habitaient ce réduit sauvage.
C'est là qu'au jour du carnaval,
Silène et Pan donnaient le bal
Aux dryades du voisinage.

Ce lieu n'est plus ainsi profané : des missionnaires zélés y ont fait graver de toutes parts, sur les arbres et sur les pierres, des passages tirés de l'Écriture et de petites sentences propres à édifier les passants.

Nous nous trouvâmes le soir aux portes d'Apt. Saviez-vous, Madame, qu'il y eût une ville d'Apt ? et savez-vous ce que c'est que la ville d'Apt ? Nous serions fort embarrassés de vous le dire.

Lorsque nous y sommes entrés,
Les cieux n'étaient point éclairés
Par la lune ni les étoiles :
Et quand nous en sommes sortis,
L'Aurore et l'époux de Procris [1]
Étaient encore dans les toiles.

Tout ce que nous pouvons faire en faveur de la ville d'Apt, c'est de la supposer grande, belle, peuplée, riche et bien habitée : car, en bonne politique, il faut vanter les pays où l'on voyage.

Nous arrivâmes, cette même matinée, à Vaucluse. C'est un de ces lieux uniques où la nature a voulu se singulariser. Il paraît avoir été fait exprès pour la muse de Pétrarque [2]. Ce fameux vallon est terminé par un demi-cercle de rochers d'une prodigieuse élévation, et qu'on dirait avoir été taillés perpendiculairement. Au pied de cette masse énorme de pierre, sous une voûte naturelle, que son obscurité rend effrayante

---

1. V. *Métam. d'Ovide*, liv. VII.
2. Pétrarque, illustre poète italien (1303-1374), dont l'œuvre principale est une suite de sonnets et de chansons à la louange de la belle Laure de Noves, dame avignonnaise.

à la vue, sort d'un gouffre dont on n'a jamais trouvé le fond la rivière appelée la Sorgue. Un amas considérable de rochers forment une chaussée au-devant, mais à plusieurs toises de distance de cette source profonde. L'eau passe ordinairement, par des conduits souterrains, du bassin de la fontaine dans le lit où elle commence son cours; mais dans le temps de sa crue, qui arrive, nous dit-on, aux deux équinoxes, elle s'élève impétueusement au-dessus d'une espèce de môle, dont un voyageur géomètre aurait mesuré la hauteur.

> Là, parmi des rocs entassés,
> Couverts d'une mousse verdâtre,
> S'élancent des flots courroucés
> D'une écume blanche et bleuâtre.
> La chute et le mugissement
> De ces ondes précipitées
> Des mers par l'orage irritées
> Imitent le frémissement.
> Mais bientôt, moins tumultueuse
> Et s'adoucissant à nos yeux,
> Cette fontaine merveilleuse
> N'est plus un torrent furieux.
> Le long des campagnes fleuries,
> Sur le sable et sur les cailloux,
> Elle caresse les prairies
> Avec un murmure plus doux.
> Alors elle souffre sans peine
> Que mille différents canaux
> Divisent au loin, dans la plaine,
> Le trésor fécond de ses eaux.
> Son onde toujours épurée,
> Arrosant la terre altérée,
> Va fertiliser les sillons
> De la plus riante contrée
> Que le dieu brillant des saisons,
> Du haut de la voûte azurée,
> Puisse échauffer de ses rayons.

Le chemin qui nous mena du village à la fontaine

est un sentier étroit et pierreux, que la curiosité seule peut rendre praticable.. Les pieds délicats de Laure devaient souffrir de cette promenade...

Nous remontâmes à cheval. Notre voyage dans les plaines du Comtat ne fut, de notre part, qu'un cri d'admiration. Les canaux tirés de la Sorgue nous suivaient partout, et nous répétions continuellement comme en chœur d'opéra :

> Lieux tranquilles, ondes chéries,
> Nymphe aimable, flots argentés !
> Ranimez l'émail des prairies.
> Fontaine ! vos rives fleuries,
> Ces arbres sans cesse humectés,
> Séjour des oiseaux enchantés,
> Nous rappellent les bergeries,
> Lieux autrefois si fréquentés,
> Et dont les touchantes beautés
> Ne sont plus qu'en nos rêveries.

Nous aurions voulu nous arrêter à l'Isle[1] ; le temps ne nous le permit pas. Nous eûmes cependant le loisir d'en considérer la délicieuse situation. C'est un terroir que la nature et le travail se disputent l'honneur d'embellir. La Sorgue, qui dans tout son cours ne perd jamais sa couleur ni sa pureté, enveloppe entièrement la ville de ses eaux.

> C'est, dit-on, dans ses murs célèbres
> Que le malin sut autrefois
> Faire glisser dans le harnois
> D'un poète entendant ténèbres
> D'un fol amour le feu grégeois.

C'est en effet à l'Isle que Pétrarque vit, pour la première fois, à l'office du vendredi saint, l'héroïne que

---

1. Bourg bâti dans une *île* formée par la Sorgue, rivière sortant de la fontaine de Vaucluse.

ses vers ont rendue immortelle : nous sommes même persuadés que la beauté du pays a eu autant de part à ses retours fréquents que la constance de sa passion. On ne peut rien imaginer de plus séduisant que cette partie du Comtat : des champs fertiles, plantés comme des vergers, des eaux transparentes, des chemins bordés d'arbres.

>   Tel fut, sans doute, ou peu s'en faut,
>   Le lieu que la main du Très-Haut
>   Orna pour notre premier père ;
>   Jardin où notre chaste mère,
>   Par le diable prise en défaut,
>   Trahit son époux débonnaire ;
>   Par quoi ce doyen des maris
>   Vit ses jours doublement maudits,
>   Et murmura, dit-on, dans l'âme,
>   D'être chassé du Paradis
>   Sans y pouvoir laisser sa femme.

Nous fûmes coucher à Cavaillon, et nous y arrivâmes d'assez bonne heure pour pouvoir parcourir les promenades et les dehors de la ville, qui sont agréablement ornés. Le lendemain il fallut nous résoudre à quitter cet admirable pays : nous en sortîmes en passant la Durance, et ce fut en mettant le pied dans le bateau qu'un de nous entonna pour les autres :

>   Adieu, plaines du Comtat,
>   Beaux lieux que la Sorgue arrose ;
>   Adieu : mille fois béat
>   Le mortel qui se repose
>   Dans votre charmant État,
>   Loin de l'orgueilleux éclat
>   Qui souvent aux sots impose ;
>   Loin de la métamorphose
>   Du fermier et du prélat,
>   Tout est soumis à sa glose,
>   Hors le bon vice-légat
>   Qu'il doit respecter, pour cause.

Le soleil couchant nous vit arriver à Aix. Il y eut, ce jour-là, deux entrées remarquables dans cette ville : celle d'un cardinal et la nôtre. Vous jugez bien, après la peinture du départ de M..., qu'il y avait de la différence entre nos équipages et ceux de l'Éminence. M. le cardinal d'Auvergne venait de faire un pape [1], et nous de rendre visite aux nymphes des Fontaines.

Quoi qu'il en soit, le même instant nous rassembla tous à Aix : nous y entrâmes par ce cours si renommé.

A parler vrai, la capitale de la Provence est également au-dessus de la critique et de la louange. Nous l'avons vue dans un temps où les campagnes sont peuplées aux dépens des villes ; mais nous avons jugé de ce qu'elle doit être, par la maison de M. et de Mme de T..., qui occupent les premières places de la province, et qui sont faits l'un et l'autre pour les remplir au gré des citoyens et des étrangers.

Nous ne demeurâmes que deux jours et demi à Aix.

Nous voici enfin à Marseille. C'est une de ces villes dont on ne dit rien, pour en avoir trop à dire. Elle ne ressemble point aux autres villes du royaume. Sa beauté lui est particulière. Ses dehors même et ses environs ne sont pas moins singuliers : c'est un nombre infini de petites maisons, qui n'ont, à la vérité, ni cour, ni bois, ni jardin, mais qui composent, en total, le coup d'œil le plus riant qu'il y ait peut-être au monde. Que l'aspect de ce port est frappant !

> Telles jadis, en souveraines,
> Occupaient le trône des mers
> Carthage et Tyr, puissantes reines
> Du commerce et de l'univers.
> Marseille, leur digne rivale,
> De toutes parts, à chaque instant,

---

1. Il revenait du concile où fut élu Benoît XIV, le pape à qui Voltaire dédia sa tragédie de *Mahomet*.

Reçoit les tribus du couchant
Et de la rive orientale.
Vous y voyez, soir et matin,
Le Hollandais, le Levantin,
L'Anglais sortant de ces demeures
Où le laboureur, l'artisan,
N'ont jamais vu, pendant trois heures,
Le soleil pur quatre fois l'an ;
Le Lapon qui naît dans la neige,
Le Moscovite, le Suédois
Et l'habitant de la Norvège,
Qui souffle toujours dans ses doigts.
Là, tout esprit qui veut s'instruire
Prend de nouvelles notions.
D'un coup d'œil, on voit, on admire,
Sous ce millier de pavillons,
Royaume, République, Empire ;
Et l'on dirait qu'on y respire
L'air de toutes les nations.

M. d'H..., intendant des galères, chez qui nous dînâmes le lendemain de notre arrivée, nous fit voir, dans le plus grand détail, les parties les plus curieuses de l'arsenal. La salle d'armes est fort belle ; ce sont deux grandes galeries qui se coupent en croix. Les murailles en sont revêtues d'espaliers de fusils et de mousquetons. D'espace en espace s'élèvent avec symétrie des pyramides de sabres, d'épées, de baïonnettes d'une blancheur éblouissante. Les plafonds sont décorés d'un bout à l'autre de soleils composés de même, c'est-à-dire de rayons de fer. On a mis aux extrémités de la salle de grands trophées de tambours, de drapeaux et d'étendards, qui paraissent gardés par des représentations de soldats armés de toutes pièces.

Ces lieux où reposent les dards
Que la mort fournit à la gloire,
Offrent ensemble à nos regards
L'horrible magasin de Mars
Et le temple de la Victoire.

Après le dîner, M. d'H..., dont on ne peut trop louer l'esprit, le goût et la politesse, nous prêta sa chaloupe pour aller au château d'If, qui est à une lieue en mer. Les voyageurs veulent tout voir.

> Nous fûmes donc au château d'If ;
> C'est un lieu peu récréatif,
> Défendu par le fer oisif
> De plus d'un soldat maladif,
> Qui, de guerrier jadis actif,
> Est devenu garde passif.
> Sur ce roc taillé dans le vif
> Par bon ordre on retient captif,
> Dans l'enceinte d'un mur massif,
> Esprit libertin, cœur rétif
> Au salutaire correctif
> D'un parent peu persuasif.
> Le pauvre prisonnier pensif,
> A la triste lueur du suif,
> Jouit, pour seul soporatif,
> Du murmure non lénitif,
> Dont l'élément rébarbatif
> Frappe son organe attentif.
> Or, pour être mémoratif
> De ce domicile afflictif,
> Je jurai, d'un ton expressif,
> De vous le peindre en rime en if.
> Ce fait, du roc désolatif
> Nous sortîmes d'un pas hâtif,
> Et rentrâmes dans notre esquif,
> En répétant d'un ton plaintif :
> Dieu nous garde du château d'If !

Nous regagnâmes le port à l'entrée de la nuit, fort satisfaits, si ce n'était du château d'If, au moins de notre promenade sur mer.

C'est ici que l'abbé nous quitta. Nous devions partir pour Toulon avant le jour, et lui pour la petite ville de Salon, où il a dû présenter son offrande et la nôtre au tombeau de Nostradamus. Il y eut de l'attendrissement dans notre séparation.

> Adieu, disions-nous sans cesse,
> Ami sincère et flatteur,
> Héros de délicatesse,
> Dont le liant enchanteur
> Fait badiner la sagesse,
> Fait raisonner la jeunesse,
> Et parle toujours au cœur.

Cependant nous essuyâmes nos larmes : il alla se coucher, et nous allâmes passer la nuit à table, chez le chevalier de C...

Quelques accidents de voyage nous empêchèrent d'arriver de bonne heure à Toulon. Le lendemain, notre premier soin fut d'aller visiter le parc.

> Neptune a bâti sur ces rives
> Le plus beau de tous ses palais ;
> Et ce dieu l'a construit exprès
> Pour son trésor et ses archives.
> On y voit encor le trident
> Dont il frappa l'onde étonnée,
> Alors que l'aquilon bruyant
> Et sa cohorte mutinée
> Firent, sans son consentement,
> Larmoyer le pieux Énée [1].
> Mais ce qui plus nous étonna,
> C'est qu'on y voit les étrivières
> Dont il châtia les rivières,
> Quand la Garonne se révolta ;
> Fait que l'on ne connaissait guères
> Lorsque Chapelle l'attesta.

Notre Pégase est un peu faible pour vous transporter dans ce magnifique arsenal : l'air de la mer appesantit ses ailes.

Le port de Toulon est entièrement fait de main d'homme : la rade est, dit-on, la plus belle et la plus sûre de l'univers. L'immense étendue des magasins

---

[1]. Héros du poème de Virgile, qui a sur mer de très fâcheuses aventures.

et l'ordre qui y est observé étonnent et touchent d'admiration. La corderie seule, qui est un bâtiment sur trois rangs de voûtes, a ... toises de long. Vous nous en croirez aisément, si, après tant de merveilles, nous vous disons que le roi paraît plus grand là qu'à Versailles [1].

Le jour suivant, nous fûmes nous rassasier du coup d'œil ravissant des côtes d'Hyères. Il n'est pas de climat plus riant ni de terroir plus fécond : ce ne sont partout que des citronniers et des orangers en pleine terre.

> Le grand enclos des Hespérides
> Présentait moins de pommes d'or
> Aux regards des larrons avides
> De leur éblouissant trésor.
> Vertumne, Pomone, Zéphire,
> Avec Flore y règnent toujours :
> C'est l'asile de leurs amours
> Et le trône de leur empire.

Nous apprîmes à Hyères, car on s'instruit en voyageant, l'effet que produisent dans l'air les caresses du dieu des zéphirs et de la déesse des jardins. Vous savez, Madame, qu'en approchant du pays des orangers on respire de loin le parfum que répand la fleur de ces arbres. Un cartésien [2] attribuerait peut-être cette vapeur odoriférante au ressort de l'air, et un newtonien ne manquerait pas d'en faire honneur à l'attraction. Ce n'est rien de tout cela.

Le lever de l'aurore et le coucher du soleil sont accompagnés là de douces exhalaisons. Les jardins d'Hyères ne sont pas moins utiles qu'agréables. Il y en

---

1. C'est-à-dire plus grand par la création de cet établissement utile que par les merveilles purement décoratives de son palais.
2. Disciple du philosophe Descartes mis en opposition avec un disciple du philosophe Newton, à qui l'on doit la théorie de l'attraction universelle, par laquelle s'expliquent l'équilibre et les mouvements cosmiques

a un, entre autres, qu'on dit valoir communément en fleurs et en fruits jusqu'à vingt mille livres de rente, pourvu que les brouillards ne s'en mêlent pas.

Nous revînmes coucher le même jour à Toulon; le lendemain nous préparait un spectacle admirable. Nous allâmes, dès le matin, dans le parc, pour voir lancer à la mer un vaisseau de guerre de quatre-vingts pièces de canon. Cette masse terrible n'était plus soutenue que par quelques pièces de bois, qu'on nomme en terme de marine *épontilles*. On les ôte successivement; elle porte enfin, sur son propre poids, dans un lit de madriers enduits de graisse : un homme alors fort leste abat un pieu qui retient encore le navire.

> Au bruit des cris perçants qui s'élèvent dans l'air,
> La machine s'ébranle et fond comme l'éclair.
> Tout s'éloigne, tout fuit : de sa route enflammée
> Le matelot tremblant respire la fumée.
> Le rivage affaissé semble rentrer sous l'eau ;
> L'onde obéit au poids du rapide vaisseau.
> La mer en frémissant lui cède le passage ;
> Il vole, et sur les flots que sa chute partage,
> De ses liens rompus dispersant les débris,
> S'empare fièrement des gouffres de Thétis.
> Ainsi, quand sur les pas d'un héros intrépide [1]
> La Grèce menaçait les bords de la Colchide,
> Des arbres de Dodone [2] entraînés sur les mers
> L'assemblage effrayant étonna l'univers.
> De ses antres obscurs en vain l'affreux Borée
> Accourut en furie au secours de Nérée ;
> Le vaisseau, fier vainqueur et des vents et des flots,
> Accoutuma Neptune au joug des matelots.

Après cela, Madame, quelque part qu'on soit, il faut fermer les yeux sur tout le reste et partir; c'est ce que nous fîmes sur-le-champ, quoique avec regret. Nous

---

[1]. Jason, chef de l'expédition des Argonautes.
[2]. Forêt dont les arbres rendaient, dit-on, des oracles.

quittions M. le chevalier de M..., non pas notre compagnon de voyage, mais son frère aîné, jeune marin de vingt-trois ans, qui joint à beaucoup de savoir et d'expérience dans son métier le caractère le plus doux et le plus aimable. Il avait été pendant trois jours notre patron. Je me disposais à vous ébaucher son portrait ; deux importuns, qui se croient en droit de faire les honneurs de sa modestie, parce qu'ils sont ses frères, m'arrachent la plume des mains.

Heureusement pour vous, Madame, nous n'avons plus rien à conter. Nous partons de M... mardi prochain. J'aurai l'honneur de vous assurer moi-même, dans peu de jours, de mon très humble respect, et de vous présenter

>Un mortel qui de vos suffrages
>Depuis longtemps connaît le prix :
>Le compagnon de mes voyages,
>Et l'Apollon de mes écrits.

Je suis, etc.

>Vous avez cru la besogne finie :
>Voici pourtant une apostille en bref,
>Ou bien en long, dont j'ai l'âme marrie.
>Si, par hasard, quelque méchant génie
>Vous dérobait ce fruit de notre chef,
>Pour lui causer en public avanie,
>Ce qui pourrait nous porter grand méchef,
>Avertissons tout lecteur débonnaire
>Que ce n'est pas voyage de long cours,
>Et qu'en dépit du censeur très sévère
>Qui ne comptait ni quarts d'heure ni jours,
>Très fort le temps importe à notre affaire [1].

---

1. « Le temps ne fait rien à l'affaire, » dit Alceste, le misanthrope de Molière, répliquant à Oronte, qui, avant de lui lire son sonnet, croit devoir dire qu'il n'a mis « qu'un quart d'heure à le faire ».

GRESSET

(1709-1777)

Un jour, c'était en 1734, J.-B. Rousseau, — le grand Rousseau, comme on l'appelait alors, — qui venait de lire dans son exil une sorte de conte rimé, signé d'un nom nouveau dans le monde littéraire, écrivait ceci à un ami de France :

« J'ai retrouvé là le naturel de Chapelle, mais son naturel épuré, embelli, orné et étalé dans toute sa perfection. Si jamais M. Gresset peut parvenir à faire les vers un peu plus difficilement, je prévois qu'il nous effacera tous tant que sommes, car c'est un génie des plus heureux et des plus beaux qui aient jamais existé. Ce poème a sur ses cadets l'avantage de l'invention et celui de l'exactitude : c'est un véritable poème et le badinage le plus agréable que nous ayons dans notre langue. Sans sortir du style familier, l'auteur y étale tout ce que la poésie a de plus éclatant, et tout ce qu'une connaissance consommée du monde pourrait fournir à un homme qui y aurait passé toute sa vie. Je ne sais si tous mes confrères et moi ne ferions pas mieux de renoncer au métier que de le continuer, après l'apparition d'un phénomène littéraire qui nous efface tous dès sa naissance, et sur lequel nous n'avons d'autre avantage que l'ancienneté, que nous serions trop heureux de ne pas avoir. »

Qu'était-ce donc que ce phénomène littéraire révélant, en même temps que les plus heureuses facultés poétiques, une connaissance si consommée du monde? Rien de plus que les pittoresques aventures d'un perroquet élevé par des nonnes, qui en avaient fait le plus étonnant et aussi le plus édifiant des oiseaux parleurs ; si bien que la renommée était allée de cloître en cloître proclamer les très hauts mérites de *Vert-Vert* (tel est le nom significatif de ce prodige emplumé).

Un jour, par grâce particulière, après maintes négociations, les nonnes d'une autre maison obtiennent que Vert-Vert leur soit envoyé pour quelques jours. Voilà Vert-Vert voyageant comme on voyageait en ce temps-là, par le coche d'eau, où naturellement la compagnie est fort mêlée.

Force soldats s'y trouvent, dont le vocabulaire n'est pas absolument orné des mêmes fleurs que celui du couvent. Vert-Vert ne dit rien, mais il entend, il écoute.

Il arrive ; on l'entoure, on l'admire, on le choie, on sollicite impatiemment de lui quelques témoignages de son charmant savoir, mais alors,

> Comment en un plomb vil l'or pur s'est-il changé ?

qu'est devenu le gentil babillard ? où donc s'en est allé le merveilleux diseur d'oraisons, le pieux chanteur de cantiques ?

On dirait les échos d'une caserne pleine de soudards avinés. Tous les termes de mécréance, tous les vocables impies, tous les blasphèmes

> voltigent sur ce bec

qui jusque-là... Horreur! cent fois horreur !...

Vous imaginez le scandale. Et vous connaissez toute l'originale donnée de cette historiette, véridique, paraît-il, dans le fond, contée en menus vers coquets, rapides, mordants, ciselés de verve, et qui, en réalité, ne constitue rien moins que le plus brillant et le plus coquet de nos bijoux littéraires.

L'auteur de ce chef-d'œuvre — qui, d'ailleurs, a gardé son rang de chef-d'œuvre — était un jeune professeur, professant, comme on disait alors, les humanités à Tours, au collège des pères jésuites, qui, certes, n'étaient pas gens à prendre mal le succès un peu mondain, mais très avouable, de leur confrère.

Mais, avons-nous dit, le fond de l'aventure était vrai, et il advint que, rendue puissante par un de ses frères, ministre, la supérieure d'une des maisons de l'ordre mis en scène dans *Vert-Vert* exigea qu'une peine fût infligée au poète, qui, d'après elle, avait gravement manqué de respect à de saintes filles du Seigneur.

Pour la forme, sans doute, bien plus que par assentiment à l'indignation de la visitandine, les pères envoyèrent en manière d'exil temporaire leur jeune professeur à leur maison de la Flèche : ce qui fournit au disgracié l'occasion de narrer très gaiement les tristesses du voyage.

D'autres petits poèmes, des odes, des tragédies signées de lui, sont aujourd'hui, avec raison, fort oubliés; mais Gresset doit à une charmante comédie, *le Méchant*, de n'être pas regardé seulement comme l'auteur de *Vert-Vert* — ce qui cependant pourrait suffire.

VOYAGE A LA FLÈCHE

PAR

GRESSET

Lettre adressée à Mme du Perche à Tours en 1734.

La relation de de ce voyage à la Flèche, est-il dit dans la première publication qui en fut faite, deux ans après la mort de l'auteur, débute par une chanson en patois tourangeau; les vers ont la négligence de tous ceux que l'on ne compose que pour l'amusement des sociétés; dans une autre chanson il dit galamment à cette dame que la Flèche est un Paris pour lui, puisqu'il reste dans le voisinage du lieu qu'elle habite.

C'est assez chanter, ajoute-t-il, je me porte à merveille; c'est tout ce que je sais de meilleur de ce pays-ci. Je crois qu'il n'est rien arrivé d'amusant sur la route que j'ai faite : c'est le pays le plus désert et le plus mort que j'aie encore vu.

En quittant ces bords pleins de charmes,
Un jour auparavant égayés par nos ris,
Presque tenté de verser quatre larmes,
Je suivais lentement des sentiers moins fleuris :
Frappé d'une humeur léthargique,
Toujours confident de mon cœur,
Mon esprit se livrait à ma tendre douleur ;
Et l'allure mélancolique
De ma monture apoplectique

> Redoublait encor ma langueur ;
> Quand enfin, réveillé par le bruit des sonnettes
> Du mercure crotté qui guidait nos mazettes,
> Je vis les compagnons auxquels, dans ce beau cours,
> Le sort m'attelait pour deux jours.

De cinq qu'ils étaient, je ne vous parlerai que d'un ; les autres n'étaient là que pour balayer quatorze lieues de crotte, et me parurent avoir pris congé depuis longtemps de tout esprit et de tout amusement, à l'exception d'un mien confrère, qui riait à répétition une fois par heure[1], et qui est, pour la gaieté, de la même trempe, à peu près, que le cadet *la Vedette*[2], quand il sable un œuf à *la Hurtault*[3]. Ainsi, mon unique consolation fut un vieux cordelier qui revenait des eaux de Bourbon, pour se faire enterrer à la Flèche.

> Attendu la paralysie,
> Il ne pouvait chevaucher aisément :
> Mais à l'aide d'un cabestan,
> Nous le guindions artistement
> Sur la piteuse haquenée
> Que le diable avait condamnée
> A remporter le Révérend.

Quoique le bon *pater* n'eût plus que les facultés de l'âme, il tâchait encore d'être drôle et me contait de la meilleure foi du monde toutes ses histoires : je vous les dirais bien, mais je ne me charge point de les écrire. Il est ici le geôlier de trente-quatre nonnes, qui le font enrager, à ce qu'il m'assura ; mais je brise sur cet article.

> Attaquez-vous, par quelque raillerie,
> Un régiment d'infanterie ?

---

1. A la façon des montres à sonnerie.
2. Le P. Bénaut, J.
3. Traiteur de Tours.

Mars ne fera qu'en rire, il s'en amusera ;
>   Mais si, par malheur, votre muse
>   A draper des nonnes s'amuse,
>   L'amour-propre s'en vengera :
>   Dévotement il rugira,
>   Et bientôt il vous poursuivra
>   Jusqu'à la Flèche, et par delà[1]...

Nous passâmes par je ne sais quel bourg, où notre messager nous promettait comme un magnifique spectacle un jour de grande foire,

>   Où l'on venait de vingt cantons :
>   J'y vins, et vis trois ânes, cinq moutons,
>   Et deux lambeaux de toile grise ;
>   C'était toute la marchandise ;
>   Je vis se carrer trois manants,
>   Et c'en était tous les marchands ;

En descendant de cheval, j'enfilai la conversation avec quelques capables du lieu, pour me donner l'amusement d'entendre leurs nouvelles et leur politique grotesque. Je n'ai jamais entendu un pot pourri plus original, ni de coq-à-l'âne plus complet.

>   Les uns disaient que le roi Tanifras[2]
>   Jamais des Poronois ne deviendrait le maître,
>   Quoique la Czarianne[3] avec le chat Thomas[4]
>   Au trône le voulût remettre.
>   « Non, disait un notable, il ne le sera pas,
>   Malgré que l'électeur de Sasque[5]
>   Batte le tambour comme un basque,
>   Pour contraindre les Palantins[6]
>   A suivre Tanifras sans faire les mutins. »

---

1. Tout cela est à l'adresse de la mère visitandine qui a fait prononcer l'exil du poète.
2. Stanislas, roi de Pologne.
3. La czarine.
4. La Porte Ottomane.
5. Saxe.
6. Habitants du Palatinat.

Les autres soutenaient que bientôt de Porone [1]
 Tanifras aurait la couronne,
 Malgré les efforts des Génois
 Et la révolte des Chinois :
Que dans peu notre flotte, entre la mer Baltrique
 Viendrait par terre attaquer les Anglois ;
Que les desseins de Vienne auraient un sort funeste,
 Et que le diable emporterait le reste.
 Fatigué de leurs sots discours
 Et de leur bêtise profonde,
 En espèces de même cours
Avant de les quitter je payai tout mon monde.
Je leur dis que le Turc se faisait capucin,
 Et que le dogue de Venise [2],
 Dans un vaisseau de maroquin,
 Était allé relever, sans remise,
 La grande arche du Pont-Euxin [3],
 Qu'avait rompue un vent de bise.

Après les avoir pétrifiés par cette décharge effroyable de nouvelles étonnantes, j'allai manger, sans beaucoup d'appétit, deux vieux œufs jadis frais ; après quoi je m'enveloppai, un peu plus que demi-habillé, entre deux draps d'une blancheur problématique et d'une propreté équivoque.

 Là, remettant au lendemain
 Le second tome du *Voyage*,
 Sans m'amuser à veiller davantage,
 Je m'endormis jusqu'au matin.
L'Aurore, ensevelie aux liquides demeures,
Ne songeait point encore à réveiller les heures ;
C'est-à-dire, en deux mots, pour parler plus chrétien,
 Sans emprunter ce ton virgilien,
A peine était-il jour, par leurs rauques fleurettes
A peine les vieux coqs éveillaient leurs poulettes,
 Que, le clairon de notre messager
 Sonnant partout le boute-selle,

1. Pologne.
2. *Dogue* pour doge.
3. Nom que les anciens donnaient à la mer Noire.

> Je fis l'effort de me lever :
> (Car au plus mauvais lit le sommeil m'est fidèle ;
> Je dormirais sur un clocher.)
> Je me relevai donc, non sans faire jurer
> Mon impatiente sequelle ;
> Enfin je regagnai ma lente haridelle,
> Ma valise et mon cordelier.

Depuis ce moment tout le voyage fut affreux: nous ne trouvâmes plus que des chemins diaboliques, percés à travers des bois éternels;

> Des ravines abominables,
> Des coupe-gorges effroyables,
> Dans de ténébreuses forêts
> Où cent mille lutins, cent mille farfadets,
> Chaque nuit, avec tous les diables,
> Tiennent d'horribles sabbats,
> Des conciles épouvantables
> Auxquels je n'appellerai pas.

Enfin, d'horreurs en horreurs, de monstres en monstres, nous arrivâmes et nous fîmes notre entrée dans la ville, bourg et village de la Flèche, où je pris volontiers congé de ma veuve de Rossinante[1] : que vous dire maintenant de ce pays-ci ?

> La Flèche pourrait être aimable,
> S'il était de belles prisons ;
> Un climat assez agréable,
> De petits bois assez mignons,
> Un petit vin assez potable,
> De petits concerts assez bons
> Un petit monde assez passable.
> La Flèche pourrait être aimable,
> S'il était de belles prisons.

Je n'en parle ainsi que d'après des relations qu'on

---

[1]. Il nomme veuve de Rossinante la haridelle sur laquelle il a voyagé et qui, par sa maigreur, est bien digne d'être l'épouse du maigre coursier de Don Quichotte.

m'en a faites. Jusqu'aujourd'hui cependant il me paraît qu'il pleut de l'ennui à verse; mais je m'enveloppe de mon manteau philosophique, moyennant quoi je compte que ces orages ne me mouilleront pas. Or, finissons pourtant, le postillon va partir.

> Le charmant, le divin est-il enfin guéri [1] ?
> Les grâces, l'enjoûment, les plaisirs, la tendresse,
>   A sa santé tout s'intéresse ;
>   Car tout est malade avec lui.

Mille bonjours à tout le monde; des respects à ceux qui ne voudront pas d'amitiés. J'attends une longue réponse: cotisez-vous tretous, et réconfortez un mort au monde, qui ne vit plus que dans les lettres de ses amis. Songez que je mourrais réellement et à perpétuité, si les considérations que j'ai pour des voisins tels que vous ne m'arrêtaient encore sur la terre. Tirez [2] cet agrément, tout m'est enlevé; je suis à trente mille lieues de tout l'univers. Je finis, attendu que je n'aime point le style d'élégie.

Jusqu'en 1863 l'on n'avait connu d'autre récit de voyage par Gresset que celui qui précède; mais à cette époque M. Victor de Beauvillier de Montdidier publia un recueil de poésies inédites de l'auteur de *Vert-Vert*, d'après des manuscrits récemment acquis par lui et provenant: les uns de la collection d'un libraire célèbre, les autres ayant appartenu aux jésuites de Paris. Alors on apprit que la lettre sur le *Voyage à la Flèche* n'était en quelque sorte que la réédition d'une lettre que, deux ans auparavant, l'auteur avait adressée à sa mère, pour lui raconter un *Voyage à Rouen*.

---

1. L'abbé Thomas, chanoine de Saint-Martin de Tours.
2. Otez, retranchez cet agrément.

Le corps du récit est presque partout le même, les variantes portent seules sur ce qui fait l'actualité de l'un et de l'autre voyage. Dans le premier, le regret de quitter sa mère tient lieu des plaintes exprimées dans le second contre les rigueurs motivées par *Vert-Vert*. Chemin faisant, le narrateur accommode sans plus de façon à d'autres localités ce que d'abord il dit avoir vu en tel ou tel pays. Voici le début du premier voyage.

> En quittant ces bois pleins de charmes,
> Un jour auparavant égayés par nos ris,
> Mais fraîchement arrosés de nos larmes,
> Je suivais lentement des sentiers moins fleuris,
> Accompagné des Regrets, des Alarmes,
> Abandonné des Jeux, de ces dieux vifs et doux
> Accoutumés à rester près de vous ;
> Frappé d'une humeur léthargique,
> Confident de mon tendre cœur,
> Mon esprit se livrait à la même douleur ;
> Et l'allure mélancolique
> De ma monture apoplectique,
> Par sa lourdeur plus diabolique
> Qu'une monture séraphique,
> Redoublait encor ma langueur ;
> Quand la Muse vive et volage
> A qui dom *Vairvet* [1] doit le jour,
> S'offrit à faire avec moi le voyage
> Pour distraire mon goût sauvage
> Et pour consoler mon amour [2].

J'eus peine d'abord à y consentir : dans la tristesse, toute compagnie est importune ; les vrais ennuis ne veulent pas de témoins, ils se plaisent dans les rêveries solitaires. Je pensais ainsi, et, refusant de songer aux vers, je ne voulais songer qu'à la peine de notre séparation, quand une histoire picarde, racontée niaise-

---

[1]. Gresset écrit ainsi le nom du héros de son poème, encore inédit — la lettre est de 1733.
[2]. L'amour du fils pour sa mère.

ment par mon guide Frémin, déconcerta toute la gravité dont le chagrin de vous quitter avait chargé mon front; mon sérieux s'étant ainsi envolé, j'eus beau faire, il me fut impossible de le rattraper. Après tout, cette perte n'était pas si grande : c'est s'attrister gratis que d'intéresser sa sensibilité dans une privation qui ne doit pas être de longue durée ; je changeai donc de décoration, et, quittant le parement noir [1], je consentis que la muse pèlerine me suivrait en croupe, mais incognito. Frémin n'en a rien vu ; elle me suivait en cape, et cachée

> Sous une de ces gazes fines
> Dont s'enveloppaient autrefois
> Les *Milédis* [2] des demeures divines
> Pour venir folâtrer au pays des Grégeois [3].

Le chemin commença à me sembler beaucoup plus court avec une jeune compagne ; en nous entretenant agréablement, j'arrivai

> Dans un village mal bâti
> Qui prend insolemment le grand nom de Marseille [4].
> Pour un méchant vide-bouteille,
> En vérité, c'est être bien hardi ;
> Mais par hasard ce même samedi
> Était jour de grand'foire en ce pays bizarre ;
> Frémin me l'annonçait comme un spectacle rare,
> Où l'on venait de vingt cantons [5].

Le jeune voyageur arrive au bourg de la Chapelle-sous-Gerberoi (Oise).

Là, je fis ma première halte, dans une façon d'au-

---

1. Le deuil.
2. Milady — demoiselles.
3. Les Grecs.
4. Est-ce pour échapper au reproche de Gresset que ce bourg s'appelle aujourd'hui Marseille-le-Petit ?...
5. On a vu la suite.

berge, où un torrent de soupe à l'oignon rassemblait autour d'une étroite et longue table sans nappe les considérables du village.

   Ma subite apparition
 Rompit, *ipso facto*, la conversation,
 Mon domino [1] donna bien de la tablature :
 Tous, se parlant tout bas, semblaient à la torture
 Pour savoir qui j'étais : « Pargué ! j'en suis certain,
  Oui, disait l'un, c'est un bénédictin.
  — Non, disait l'autre, et c'est un grammontin.
  — Vous en avez menti, c'est un génovéfain,
 Répondait un troisième, ou bien un bernardin. »
  Moi, très fâché de passer pour un moine,
 Moi qui veux chaque jour, jusques à mon trépas,
   Bénir Dieu de ne l'être pas,
 Consentant un peu plus à passer pour chanoine,
 Je débridai mon froc : tous ouvrirent les yeux
 Plus grands qu'auparavant, et, ce n'est point un conte,
 Ils me virent ainsi sans me connaître mieux.
   A l'heure que je le raconte,
  Je suis encore une énigme pour eux.

Sans avoir soufflé mot aucun, plantant là toute l'assistance, quand ma haquenée eut dîné, et que j'eus avalé sans appétit

  Deux vieux œufs, jadis frais, avec une mouillette,
    La portion d'une nonnette ;
  Par faute d'autre vin que celui de Beauvais,
    Que j'aime autant que du vinaigre,
    Je sablai deux coups de cidre aigre,
    Après quoi, d'un cœur plus allègre,
  Je partis de ce lieu pour n'y dîner jamais.
  De là, vers Gerberoi [2] trottant sans faire pause,
    Je ne rencontrai pas grand'chose
     Digne de vos réflexions,
  Si ce n'est seulement (soit dit sans qu'on en glose)
     Un noviciat de dindons.

1. La robe qu'il portait.
2. Gerberoi, canton de Songeons (Oise).

Je quittai sans regret ce singulier spectacle
    Pour avancer vers Gerberoi.
Selon les habitants, c'est un bourg ; selon moi,
Ce n'est qu'un gros village, au reste réceptacle
De grippeurs, soi-disant tous conseillers du roi,
    C'est-à-dire de gens d'affaires,
De petits procureurs, sergents secs, vieux notaires,
Conseillers que le roi jamais ne consulta
Et que jamais sans doute il ne consultera.
    De cette infernale demeure
    M'étant promptement détourné,
    A peu près vers la cinquième heure,
    Tout en rimant, je me vis enfourné
Au lieu de mon souper, je veux dire à Gournay.

Ici la rencontre des politiqueurs et le galimatias qui s'ensuit avec cette fin :

    ... Et que le dogue de Venise,
    Dans un vaisseau de maroquin,
    Était allé relever, sans remise,
    La grande arche du Pont-Euxin,
    Qu'avait rompue un vent de bise,
    Le jour de Saint-Fiacre-ès-Liens,
    Tandis que les Saint-Jeans d'Amiens
    Passaient le soir sur ce pont même
Pour revenir souper dans Angoulême.

LE CHEVALIER BERTIN

(1752-1791)

Né à l'île Bourbon, le chevalier Bertin (chevalier de Saint-Louis) avait mérité par la grâce de ses vers d'être surnommé le Tibulle français. On lui a reproché d'avoir trop voulu imiter les anciens, ce qui aurait nui à l'originalité de son talent. Nous croyons que, du moins par les pages que nous reproduisons, il échappe à ce reproche.

VOYAGE DE BOURGOGNE[1]

PAR

LE CHEVALIER BERTIN

A bord d'un gros vaisseau qu'on nomme *le Volant*,
Qui cingle vers Melun et les côtes d'Auxerre,
Au fond d'un antre obscur, qu'un seul rayon éclaire,
La gaîté sur le front et l'œil étincelant,
Je vais de tes amis tracer l'itinéraire :
Commençons par tremper notre plume légère
Dans les flots écumeux d'un nectar pétillant.

Nous avons appareillé aujourd'hui, 15 septembre 1774, à six heures du matin, de la rade du port Saint-Paul, ton frère, M. de la G... et moi. Nous avons avec nous le nègre *Lazare, fripon suivant l'arme*. Nous faisons route pour la Bourgogne, où le plaisir de la chasse nous appelle : je ne sais si la traversée sera longue, mais il vente bon frais.

Les zéphirs ont enflé nos voiles frémissantes,
    La rive fuit à nos regards;
Le vaisseau vole et fend les ondes écumantes,
Et déjà de Paris décroissent les remparts.

Si nous les perdons de vue, nous en sommes bien dédommagés par le spectacle charmant des bords de la Seine. Je ne connais point de plus agréable paysage,

1. Épître adressée au poète Parny, ami intime de l'auteur, alors à l'île Bourbon.

et si j'avais mes crayons, je ne manquerais pas de le dessiner.

> Là, c'est un fertile coteau,
> Baigné des premiers pleurs de la naissante Aurore,
> Où d'énormes raisins, que la pourpre colore,
> Font ployer mollement le flexible rameau ;
> Là, des arbres taillés ou des bois sans culture ;
> Ici, le sommet d'un château ;
> Plus loin, le toit fumeux d'une cabane obscure,
> Descendent sur les flots se peindre en miniature ;
> Et sur les bords de ce tableau
> Toujours mouvant, toujours nouveau,
> Que déroule à mes yeux la prodigue nature,
> J'aperçois encore un troupeau
> Broutant les fleurs et la verdure,
> Tandis que le berger, penché vers l'onde pure,
> S'abreuve, à deux genoux, dans le creux d'un chapeau.

Il faut, mon cher ami, que je te donne une idée de la cage où nous sommes enfermés. L'entrepont est occupé par des moines, des soldats, des nourrices et des paysans[1] ; et je crois être à bord de ces navires chargés d'animaux destinés à peupler quelques terres nouvellement découvertes, et de toute espèce. Celui qui parmi nous s'intitule le patron a sa cabane près du gouvernail. L'antre de la vivandière n'est pas loin ; et ce qui n'est point plaisant pour les malheureux qui n'ont point fait leurs provisions, c'est que la cuisine n'est séparée de ce qu'on nomme à bord *les bouteilles* que par une cloison. Le tillac est embarrassé de cordages, et d'ailleurs le temps ne nous permet pas de nous y promener. On n'a pour ressource que six espèces de cahutes enviées et sollicitées comme un gros bénéfice : grâce à nos cocardes, nous en avons obtenu une en dépit d'un tapageur, curé de son métier, qui l'assiégeait de-

---

1. C'est en pareille compagnie que voyage *Vert-Vert*.

puis minuit ; nous y avions donné l'hospitalité à deux femmes, l'une vieille, l'autre assez jeune. Jusqu'à présent, ces dames ne nous ont rien fourni d'intéressant. Donnons-leur le temps de se reconnaître ; nous y reviendrons, si elles en méritent la peine. Arrêtons-nous pour observer encore mon modèle, et pour mieux assortir les couleurs, qui seront nécessairement bigarrées dans la copie, comme elles le sont dans l'original.

Le vent est toujours nord-ouest. Il paraît décidé que le jeune dieu de Délos [1] ne nous montrera point d'aujourd'hui sa blonde chevelure. Cependant il fait froid, et il tombe de temps en temps une pluie très fine, qui m'a obligé deux fois de descendre du gaillard pour me replonger dans la cabane. Le soleil ne paraissant point, nous n'avons pu prendre hauteur. Sur les neuf heures, nous eûmes connaisance de Choisy.

Il s'éleva tout à coup un vent de terre qui repoussa notre vaisseau au large. Nous déjeunâmes, en fuyant de Choisy, avec des tartelettes que les naturels du pays apportèrent à bord : nous y joignîmes de beaux raisins colorés, d'excellentes poires de Crezanne, et une bouteille de mon vieux vin de Sainte-Marie, dont nous vîmes malheureusement la fin avant celle de la terrasse.

... Le mauvais temps continue : nous sommes rassemblés dans la cabane. Ton frère lit la confession charmante du comte de..., la G... *le Roman comique* [2], et moi je te griffonne comme je puis, sur mes genoux, cette épître, interrompue souvent par les chansons à boire de quelques compagnons ivrognes. La plus jeune de nos femmes ouvre ses grands yeux noirs pour me voir écrire, et me prend sans doute pour le diable,

---

1. Apollon, dieu du Soleil.
2. De Scarron.

qui, chemin faisant, ajoute un nouveau chapitre à son grimoire. L'autre est occupée, depuis deux heures, à essuyer et à vanter, sans qu'on l'écoute, certain tableau poudreux, dont elle doit décorer son salon de campagne, et qui représente à peu près une bergère dans un bocage. Pour l'empêcher de tarir sur les éloges, nous lui avons persuadé, en notre qualité de connaisseurs, que la tête était de Rubens, la gorge du Carrache, les bras de Michel-Ange, et les draperies de Scipion l'Africain.

Tu ris peut-être, mon cher ami, de voir ainsi les jeunes disciples de Chaulieu[1], avides de tout voir et de tout connaître, quitter cette agréable maison du Marais, s'arracher à leur doux train de vie, et, choisissant de préférence l'équipage de Scudéri, se faire un amusement de ce qui ferait le supplice des autres hommes. Que nous voudrions te posséder ici, toi qu'un destin jaloux promène sur les mers; aimable successeur d'Ovide, exilé comme lui parmi les Gètes! Que nous regrettons ta gaieté sage, ta douce philosophie, nos disputes sur le sel attique, qui n'en étaient point dépourvues, et le plaisir que nous goûtions à t'entendre, lorsque, assis à table parmi nous, les portes fermées et le front couronné de roses, tu nous disais tes vers.

Je jette un coup d'œil dans l'entrepont: j'aperçois à la même place le même moine buvant avec la même ardeur, mais non pas à la même bouteille. Son cerveau me paraît déjà bien offusqué de la vapeur des raisins d'Orléans. Le célestin n'avait pas besoin de cette seconde enveloppe; son âme avait assez de peine à percer le crâne dur et rond dont elle est encroûtée. Les laquais jouent, les mariniers jurent, et le célestin boit toujours.

---

[1]. Poète épicurien.

Sur les deux heures après midi, nous doublâmes le cap de Corbeil ; nous vîmes en passant, à l'aide des lunettes, les superbes magasins où l'on entassait ci-devant les grains mouillés et mélangés, pour la commodité du public. Cet aspect nous rappela naturellement les petites provisions que nous avions faites. Le conseil s'assembla, et il fut décidé que nous dînerions ; je suis bien aise de te dire que ce point fut discuté avec la même importance que lorsqu'il s'agit dans un coup de vent de relâcher à Rio-Janeiro.

> Une planche sur nos genoux,
> Voilà notre table dressée :
> Par-dessus, la feuille de choux
> Tient lieu de nappe damassée.
> D'abord, un énorme pâté
> Présente ses flancs redoutables,
> Bien et dûment empaqueté
> Dans un long *Discours sur les fables*,
> Et dans l'*Ode à Sa Majesté*.
> Ce pâté fut cuit par Lesage,
> Par ce pâtissier si vanté,
> Dont le beau nom sera chanté
> Par les gourmands du dernier âge,
> Si mes rimes ont l'avantage
> D'aller à l'immortalité.
> A nos yeux, cependant, Lazare le découvre ;
> L'honneur du premier coup est longtemps disputé,
> Mais Parni s'en saisit ; par l'obstacle irrité,
> Sous son acier tranchant il le presse, l'entr'ouvre,
> Et voilà, par la brèche, un faubourg emporté.
> Aussitôt nous crions victoire !
> Nos fronts rayonnent de gaîté ;
> Et, pour célébrer notre gloire,
> On fait jaillir les flots d'un nectar velouté,
> Qu'aux pressoirs d'Haut-Brion l'on foule exprès pour boire
> A l'ouverture d'un pâté.
> Déjà, d'un œil avide, on sonde, l'on regarde :
> Cher ami, quel plaisir nouveau !
> Là disparaît une poularde
> Sous deux couches de godiveau ;

> Ici le timide perdreau
> Se blottit, par instinct, sous sa coiffe de barde,
> Pour éviter encore, et tromper le couteau.

Mais rien n'échappe à notre appétit indomptable. Dépourvus de fourchettes, et pressant du pouce une cuisse ou une aile de poulet sur un morceau de pain taillé en forme d'assiette, nous étions tous les trois à peindre. Nos spectateurs doivent bien s'amuser de notre figure, nous étions loin de penser à eux; le pâté nous occupait trop sérieusement.

> La garniture est dévorée;
> On fouille dans tous ses recoins;
> On mine les contours de sa croûte dorée.
> Si l'on a beaucoup bu, l'on n'a pas mangé moins;
> Enfin, j'entends gémir la cloison qui chancelle;
> Les murs épais sont renversés,
> Les débris tombent dispersés.
> L'édifice s'écroule : ô disgrâce mortelle !
> Nos jeux et nos plaisirs avec lui sont passés.

Ces regrets amenèrent bientôt les réflexions. Nous tombâmes insensiblement dans la morale, comme c'est l'usage lorsqu'on digère; et nous allions, à propos des débris d'un pâté, dire les choses du monde les plus philosophiques, lorsque M. de la G***, grand amateur de l'antiquité, observa qu'on ne manquait jamais chez les anciens de faire en pareil cas des vœux à Vénus, pour obtenir une heureuse navigation, et nous cita, pour exemple, l'hymne d'Horace, *Sic te diva potens Cypri*, etc. Nous promîmes donc, *in petto*, à la déesse de célébrer dans le port une fête en son honneur; mais, en attendant, on crut devoir faire un sacrifice aux divinités de l'onde, pour nous les rendre favorables. Il n'y avait plus moyen de faire de libations; nous y avions mis bon ordre : il fut donc résolu de livrer à la Seine toutes nos bouteilles vides. J'ai tout lieu de croire que ce petit sacrifice ne lui déplut pas; car à peine eurent-elles disparu sous les flots, en les faisant tournoyer, que nous vîmes arriver du large plusieurs vagues décrites en demi-cercles,

>Et sortir à moitié de l'onde
>Une jeune divinité,
>Qu'à son air plein de majesté,
>De douceur et de volupté,
>Moi le premier, tout transporté,
>Je pris pour la reine du monde.
>Un voile d'argent et d'azur
>Partageait son épaule ronde;
>A longs filets, un cristal pur
>Dégouttait de sa tresse blonde.
>Ses grands yeux bleus, clairs et sereins
>Contemplaient avec complaisance
>Ses deux bords, cent châteaux voisins,
>Qu'elle embellit de sa présence,
>Ces monts, ces fertiles bassins,
>Où le travail et l'abondance
>De mille agréables jardins
>Ne forment qu'un jardin immense.
>Sans orgueil, l'une de ses mains
>Commande au reste de la France;
>L'autre, aux jeux, aux plaisirs badins,
>S'abandonne avec négligence,
>Et dans ce gracieux contour
>Embrasse une Nymphe timide...

Cette nymphe nous parut couronnée de lys; une autre portait un pampre négligemment entrelacé autour de ses cheveux. Derrière elles une foule de tritons, la rame en main, conduisaient des radeaux,

>Et portaient en tribut aux remparts de Paris
>Des melons savoureux, des pêches colorées,
>Des morceaux de grappes dorées,
>Et ces muscats si doux que septembre a mûris.

Tout le monde se trouva bientôt sur le pont pour les

voir passer. Du plus loin qu'elles purent nous entendre, ton frère les apostropha d'un ton assez familier,

> Et leur cria : « Mesdemoiselles,
> Daignez, messagères fidèles,
> Porter un peu de nos nouvelles
> A tous nos compagnons chéris,
> Qui, pour tuer quelques perdrix,
> Aux brodequins rouges et gris,
> Où les voir partir à grands cris,
> En rasant l'herbe de leurs ailes,
> N'ont pu, d'un même zèle épris,
> Se résoudre à quitter Paris ;
> A ces convives agréables
> Qui, bien qu'au rang des beaux esprits,
> N'en sont pas moins doux, sociables,
> Auteurs de tant d'écrits aimables,
> Plus aimables que leurs écrits. »

Il s'apprêtait à leur donner sans façon la liste et l'adresse de tous ces messieurs, lorsque le patron l'avertit de prendre un ton plus circonspect avec ces dames, attendu que l'une était la Seine et l'autre l'Yonne, qui, s'étant rencontrées, par hasard, un peu au-dessous de Montereau, s'en allaient à la mer de compagnie. Mais la déesse, qui trouvait peut-être, au contraire, qu'on lui faisait beaucoup d'honneur en l'appelant *Mademoiselle*, répondit par un doux murmure, et nous crûmes voir tout d'un coup les flots s'entre-pousser pour caresser notre navire. Tout l'équipage en conçut un heureux augure ; et, après avoir souhaité à ces dames beaucoup de plaisir sur leur route, nous poursuivîmes la nôtre.

Depuis trois heures, les vents ont changé, et les nuages se sont dissipés : je ne croyais pas que le soir d'un jour aussi triste dût être aussi beau.

> Déjà, dans nos riches campagnes,
> Tous les objets sont ranimés ;

Le soleil dore les montagnes,
Et brise dans les flots ses rayons enflammés.
Secouant leur crinière humide,
Ses dociles coursiers, par sa voix avertis,
S'élancent, et, d'un pas rapide,
Précipitent son char au palais de Thétis.

A propos de coursiers, j'ai oublié de te dire que nous en avions quatre assez vigoureux pour nous traîner. Ils tirent le long du rivage une corde attachée au grand mât, et ce sont là nos vents les plus favorables. La galiote prend ordinairement ses zéphirs dans le Limousin; cette manœuvre grotesque m'offre de temps en temps un spectacle digne du pinceau de Vernet. Les chevaux s'arrêtent quelquefois, la corde traîne et disparaît sous les flots; qu'un coup de fouet bien appliqué les remette alors au grand trot, la corde se relève et semble courir sur l'onde jaillissante comme le feu sur une traînée de poudre, et vous la voyez se tendre en frémissant. Cette peinture est d'une grande vérité; et je voudrais bien que le temps me permît de la mettre en vers aussi exacts que la prose peut l'être; mais j'en suis détourné par un objet plus riant et plus facile.

Un essaim léger d'hirondelles,
Rasant la surface de l'eau,
L'effleure obliquement du sommet de ses ailes,
Se relève, et s'envole aux branches d'un ormeau.
Aux beaux jours du printemps, là, sous ce vert portique
Le rendez-vous fut indiqué;
On vient tenir, au jour marqué,
Les états de la république.
On décide que les frimas
Ne tarderont point à paraître;
La peuplade s'exile en de plus doux climats,
Et quitte, en gémissant, les champs qui l'ont vu naître.
Vers les sables brûlants où s'impriment tes pas,
Ami, l'oiseau prudent s'envolera peut-être;

Il verra ce beau ciel, ces vallons fortunés,
De mangues, de citrons, d'ananas, couronnés.
Toi-même, il te verra, sous un palmier sauvage,
Laissant couler pour moi les plus aimables vers ;
 Il te verrait dans son passage !.....
Mon cœur est agité de mouvements divers ;
 Je le suis encor dans les airs,
 Et voudrais être du voyage !

La nuit nous surprit encore occupés de cette idée, et rêvant profondément à toi. Elle parut étaler, pour nous distraire, tout ce qui peut rendre son obscurité préférable au jour même. En effet, son silence, qui n'était interrompu que par le murmure des vents et le doux bruit de la proue, le calme de la rivière, la lumière tremblante de la lune réfléchie sur sa surface, le sombre azur du ciel semé d'innombrables étoiles, et ces brillants météores qui semblaient tout d'un coup se détacher du firmament pour se précipiter dans les flots, tout cela formait un spectacle que les yeux et l'imagination ne se lassaient point d'admirer, et bien fait pour enflammer des musiciens et des poètes. Aussi ton frère saisit-il bien vite sa guitare, et nous nous mîmes tous les trois à chanter :

 O nuit, que ta lumière est pure !
 Que ton calme est majestueux !
 Ton souffle rafraîchit les cieux,
 Et tu répares la nature.

 L'infortuné dans tes pavots
Boit l'oubli de sa peine et la douce espérance ;
 Le poète, dans ton silence,
 Médite ses accords nouveaux.

 On n'entend plus aux forges de Lemnos
Le fer qui bat le fer et retombe en cadence :
 Du noir Vulcain tu suspends les travaux.

Nous fûmes tout d'un coup interrompus par un bruit

de cors qui se fit entendre dans la forêt de Fontainebleau, et par les aboiements d'une meute nombreuse, qui semblait tantôt s'éloigner, tantôt se rapprocher, mais toujours prête à saisir sa proie. On distinguait les cris des chasseurs. Quelques gens du pays qu'on mit à terre à Valsins nous dirent que c'était l'ombre de Henri IV qui se plaisait encore à parcourir ces lieux qu'il avait tant aimés [1]. Le nom seul de Fontainebleau rappela à ton gourmand de frère les matelotes d'Effoudré, le sucre d'orge de Moret et le délicieux chasselas de Thomery. Pour moi, je ne puis m'empêcher de me dire tout bas à moi-même : Ah ! si jamais le Ciel me laisse le soin de régler ma destinée,

> Champs de Fontainebleau, délicieux déserts,
> Qu'a seul rendus fameux le cristal de vos ondes,
> J'irai m'ensevelir dans vos grottes profondes,
> Parmi vos noirs rochers, sous vos ombrages verts,
> Et, solitaire ami des biches vagabondes,
> Dans leur plus beau domaine oublier l'univers.
> Là, maître enfin de moi, sans soins et sans affaire,
> Dans un étroit enclos renfermant mes désirs,
> Content de peu d'amis, d'une douce bergère,
> Je mettrai mon bonheur à l'aimer, à lui plaire,
> Et mon orgueil, peut-être, à chanter nos plaisirs.
>   Ah ! que son cœur me soit fidèle,
> Et je n'envîrai point d'inutiles grandeurs :
> J'aurai toujours assez et de biens et d'honneurs,
>   Si je suis toujours aimé d'elle !

Le reste de la soirée ne nous offrit rien d'intéressant. Nous nous promenâmes sur le tillac jusqu'au souper, qui fut assez frugal, parce que nous étions bourrelés de remords d'estomac. Vers minuit, nous essayâmes de dormir, mais cela nous fut impossible. Nuit affreuse, nuit épouvantable, qui me donnera des pinceaux pour

---

1. Allusion à la légende du Grand Veneur qui, disait-on autrefois, chassait la nuit dans la forêt.

te peindre des plus noires couleurs? les hommes et les femmes étendus pêle-mêle sur des bancs dans l'entrepont, les dragons jurant et buvant tour à tour, et entremêlant pieusement les psaumes de David aux cantiques de Grécourt[1]! Morphée n'a répandu ses pavots que sur les ivrognes, il a dédaigné la cabane des honnêtes gens; et puis dites ces beaux vers bucoliques, que ce dieu descend dans les cabanes, escorté des songes aimables et de l'oubli plus aimable encore de nos peines et de nos ennuis! Enfin, sur les quatre heures du matin on crie : *Terre sur l'avant.* L'ancre est jetée, et nous sommes dans le port de Montereau.

> O toi[2] qui du naufrage
> Préservas nos beaux jours,
> Toi qui dans un nuage
> Fis briller ton présage
> Et réglas notre cours,
> Sur ces bords solitaires
> Souris à nos mystères.
> Sous des myrtes fleuris
> Les flambeaux étincellent.
> Déjà les vins ruissellent;
> Les convives chancellent;
> On invoque Cypris,
> Et, du creux des vallées,
> Les forêts ébranlées
> Répondent à nos cris.

Tout cela, réduit en prose, signifie qu'arrivés à Montereau, nous fîmes dans la plus mauvaise auberge de la ville un second souper, où il n'y eut, en vérité, rien de bon que le vin que nous avions apporté, et dont nous bûmes largement. Après avoir ainsi acquitté nos vœux dans le port, chacun se fit avec sa serviette un bonnet

---

1. Poëte licencieux.
2. Vénus, à qui ils ont adressé leurs vœux.

de nuit, et nous nous livrâmes au sommeil, étendus sur des chaises autour de la table.

Ce doux repos ne dura guère ; nous fûmes réveillés en sursaut par un grand bruit à la porte, et nous vîmes entrer en même temps un homme sec et décharné, à l'œil cave, au front chauve, affublé d'un habit noir boutonné jusqu'à la ceinture et flottant au-dessus du jarret. « Messieurs, dit-il après s'être incliné profondément, Messieurs... »

> Moi, les yeux fermés à demi,
> Sans écouter le personnage,
> Sur un coude mal affermi
> Laissant retomber mon visage,
> Je lui dis, encore endormi :
> « Par eau vous arrivez, je gage :
> Déposez là votre bagage.
> Bonsoir, couchez-vous, mon ami :
> Demain nous rirons du voyage. »

« Messieurs, reprit-il, en faisant deux ou trois autres révérences à se rompre l'échine, il ne s'agit pas de cela ; vous voulez sans doute voir la place [1] où a été assassiné le duc de Bourgogne par le dauphin, depuis Charles VII ? Je vais vous y conduire. » On le remercia d'une commune voix, et on le pria de nous laisser dormir, en conseillant très énergiquement et au duc de Bourgogne et à lui d'en aller faire autant. A ces mots, nous vîmes tout d'un coup sa taille grandir d'un demi-pied ;

> Son sourcil épais se fronça,
> Son front s'ombragea d'un panache,
> Sous son nez romain se plaça
> Une double et noire moustache,

---

1. Le pont de Montereau où, en 1419, fut assassiné, en présence du dauphin de France, le duc de Bourgogne, Jean sans Peur, qui, douze ans auparavant, avait fait tuer à Paris Louis d'Orléans.

Et son œil en feu menaça.
Au manteau de pourpre et d'hermine
Qui sur ses épaules flottait,
A la Toison d'or qui brillait
Sous une énorme perle fine,
Et qui de son cou descendait
Par vingt chaînons sur sa poitrine ;
Au sang encor chaud qui sortait
A gros bouillons de sa blessure,
Et qui d'un rouge noir teignait
L'acier luisant de son armure,

nous reconnûmes le duc de Bourgogne lui-même, qui, pour ne pas se trouver humilié par le plus petit prince d'Allemagne, avait après sa mort la fantaisie de se parer d'un ordre qui ne fut institué que par son successeur, et qui depuis quatre cents ans était en possession d'étourdir tous les voyageurs de sa querelle. Il nous demanda si elle faisait toujours beaucoup de bruit dans le monde, et si l'on ne songeait pas enfin à le venger. Sur ce que nous répondîmes qu'il n'en était plus guère question que dans quelque grosse histoire de bénédictin, il se mit en devoir de nous la raconter, et Dieu sait d'où il l'allait reprendre,

Quand l'un de nous, le tirant à l'écart
Et de plus près contemplant sa figure,
Se prit à rire: et d'un ton goguenard,
Dit : «Monseigneur, vous venez un peu tard
Nous raconter votre triste aventure ;
Croire je veux que narrez avec art,
Mais pour toucher, à vous parler sans fard,
Sentez par trop la vieille sépulture.
Comment d'ailleurs et sur qui vous venger?
Juger n'est rien, vraiment la chose est sûre
(Je m'en rapporte à la magistrature);
Mais par malheur faut avoir qui juger.
Point n'est prouvé dans authentique histoire
Que Charles sept, ce héros plein de gloire,
   Né pour le plaisir et l'honneur,
Père indulgent et modeste vainqueur,

Se soit souillé d'une tache si noire ;
Un tel forfait inspire trop d'horreur,
Et tout Français s'obstine à n'en rien croire.
Puis raisonnons : quand sur ce pont fatal,
Qu'entre vos dents semblez encor maudire,
Faible ennemi, par les coups d'un brutal,
Il serait vrai qu'il vous eût fait occire,
Il aurait eu grand tort assurément :
Mais il n'eût fait que suivre injustement
L'exemple affreux qu'aviez donné, beau sire,
En massacrant, à la fleur de ses ans,
Après souper, le beau duc d'Orléans.
Et s'il le fit, il en porta la peine.
Vous le savez, en naissant rebuté,
Ses chers parents ne l'ont jamais gâté.
De tous ses droits dépouillé par sa mère ;
Seul fils, du trône écarté par son père,
Par gens de loi contre les lois proscrit,
Exil, affronts, besoins, tout il souffrit... »

Le Bourguignon se paya vraisemblablement de ces raisons, car il se radoucit peu à peu, et, ayant repris sa figure, il nous proposa de nous faire voir les autres curiosités de la ville. Nous le remerciâmes de sa courtoisie, et donnâmes à Son Altesse Royale un petit écu dont elle parut extrêmement satisfaite, et qui vint, je crois, fort à propos pour grossir son épargne.

Nous fûmes obligés de coucher à Montereau, parce que nous n'y trouvâmes point la voiture que M. de M*** avait envoyée au-devant de nous et qui devait nous y attendre. Cette circonstance ne nous amusa guère. Il arriva, fort heureusement pour nous, que, dans une grange voisine, des comédiens, soi-disant français, représentèrent ce jour-là *Alzire*[1] : il y avait grande presse à la porte. Nous ne fûmes pas les derniers à sauter du parterre dans l'amphithéâtre et de l'amphithéâtre dans le balcon. L'occasion était trop belle : nous ne perdîmes

---

1. Tragédie de Voltaire.

pas du moins tout notre temps ; car si nous pleurâmes médiocrement aux beaux vers qu'estropia Zamore, en revanche nous rîmes beaucoup de l'accent et du costume d'un acteur gascon qui joua le rôle de Monteze, en perruque en trois marteaux et en habit vert galonné en or. Notre voiture arriva cependant fort à point, pendant la nuit, avec la pluie, et le lendemain matin nous nous mîmes en route pour Branay, promettant bien aux dieux de ne plus voyager par le coche d'Auxerre pour nous instruire, et plus piqués encore d'avoir séjourné à Montereau, après que nous eûmes reconnu ses murailles au grand jour.

Nous fûmes cahotés pendant six heures dans un chemin assez étroit et coupé dans sa longueur par cinq ou six ornières. Le soleil avait reparu, et nous arrivâmes enfin à un endroit assez élevé, d'où l'on découvre d'un côté les vignes champenoises, et de l'autre celles de Bourgogne. Nous fûmes très embarrassés de savoir laquelle de ces deux provinces on saluerait la première dans son langage le plus familier, ou si on les saluerait toutes les deux ensemble, en réunissant les deux idiomes. Lazare nous prévint que nous avions décoiffé à Montereau la dernière bouteille de vin de Champagne. Il fallut bien se tourner du côté de la Bourgogne, et soudain

> D'un panier de pampres orné
> On vit sortir une bouteille
> D'un vin qui dans Beaune était né ;
> L'acier en spirale tourné
> Qui dut parer les doigts du beau dieu de la treille,
> Dans son col étroit promené,
> En retire à grand bruit le liège emprisonné
> Qui pressait la liqueur vermeille.
> Ton frère, à ce doux bruit, saisi d'un saint transport,
> Dans la source prochaine a fait rincer son verre :
> Le vin coule dans la fougère [1],

1. C'est-à-dire dans le verre, pour la fabrication duquel on employait

Monte, écume, pétille et s'échappe du bord.
    Puis, tout entier à sa besogne,
Chacun de ces messieurs, rompant de son côté
    Le seul échantillon reste
    D'un gros saucisson de Bologne,
Que noircissait le poivre à foison incrusté,
    Verre contre verre heurté,
Cria trois fois : Salut aux champs de la Bourgogne!»
    Pour moi, sourdement tourmenté,
    Par les souvenirs du pâté,
    Toujours maudit et regretté,
    Je bus, non sans quelque vergogne,
    Fort tristement à ma santé
    Le tiers et plus, en vérité,
    D'un gros flacon d'eau de Cologne,
    Par qui fut mon mal augmenté.

J'essayai, mais en vain, de l'apaiser, en avalant un grand verre d'eau à chaque maison que nous rencontrâmes sur la route, et je me donnai la question[1] en pure perte. Je continuai de souffrir, et ces messieurs de se donner en dormant de la tête contre les deux portières, jusqu'à l'entrée du village de Blaineux, où ils furent éveillés en sursaut, et moi très agréablement distrait par le bruit et par les éclats de joie d'une troupe de vendangeurs rassemblés devant le pressoir et occupés à chanter les louanges de Bacchus. Ils formaient vraiment, par la manière dont ils étaient groupés, un petit tableau charmant dans le goût de Teniers. Les uns, portant à pas lents dans des hottes

    Le tribut des coteaux voisins,
    D'un doux poids, en marchant, gémissent :
    Sous un madrier, qu'ils rougissent,
    D'autres écrasent les raisins.
    Tandis que, barbouillé de lie

autrefois la cendre de fougère, qui contient de la soude. Une sorte de verre, de couleur verte, était connue sous le nom de *verre de fougère*.

1. On sait qu'une façon de donner la question consistait à faire avaler beaucoup d'eau au patient.

> Et du fruit sanglant des buissons,
> Ivre de gaîté, de folie,
> Un essaim de jeunes garçons,
> Conduisant fillettes charmantes,
> Tout autour des cuves fumantes,
> S'ébat au doux bruit des chansons.

Les voir, nous élancer par la portière et tomber au milieu d'eux en cadence, fut pour nous la même chose. Il n'y eut point de paysanne un peu jolie qui ne fût conduite à son tour par chacun de nous ; et je crois que nous aurions fini par faire danser les mères, si notre inexorable postillon ne nous eût pressés de regagner la voiture. Nous nous éloignâmes donc en suivant encore longtemps des yeux cette petite fête champêtre, d'autant plus piquante qu'elle était tout à fait nouvelle pour nous. Un spectacle bien différent nous attendait à l'autre extrémité du village. Nous entendîmes de longs gémissements, et nous vîmes ensuite beaucoup de monde rassemblé sous le portail d'une église à demi ruinée, et presque entièrement couverte par deux ormes encore plus vieux qu'elle. Au milieu de la foule, une jeune femme de la plus rare beauté, qui, quelques jours auparavant,

> Là, dans ces mêmes lieux, en triomphe amenée,
> Heureuse, et le front ceint du bandeau d'hyménée,
>   Était unie à son joyeux amant,
> Sur sa tombe aujourd'hui tristement prosternée,
> Pâle, les yeux en pleurs, au trouble abandonnée,
> A grands cris l'appelait, l'appelait vainement.
>   Autour d'elle un peuple en alarmes
>   La défendait de sa propre douleur ;
>   Sa douleur augmentait ses charmes :
> Tous les fronts consternés imitent sa pâleur,
>   Tous les yeux répandent des larmes,
>   Tous les cœurs sentent son malheur.

Ce passage subit de la joie à la tristesse, cette

image inattendue des choses de la vie et du retour éternel de nos plaisirs et de nos peines nous plongea dans une profonde mélancolie. Notre postillon, qui vraisemblablement s'en aperçut, déploya aussitôt son fouet et fit disparaître le lieu d'une scène aussi triste. Nous n'en rencontrâmes que plus vite les parents et amis de la belle éplorée, qui allaient consulter l'*Hermite*, et lui demander le remède à une douleur si vive. Sur ce qu'on nous raconta de ce saint personnage, nous ne pûmes nous défendre d'un peu de dévotion et de beaucoup de curiosité. Les représentations éternelles de notre guide furent encore inutiles. On le laissa gronder tout à son aise, et l'on se mit en devoir de suivre les pèlerins. L'entreprise n'était pas facile : car, bâti sur la cime,

> D'un roc pendant et fendu,
> La terreur du voisinage,
> D'en bas l'agreste ermitage
> Aux cieux paraît suspendu :
> Le passant qui l'envisage
> En a le collet tordu.

Nous vînmes cependant à bout d'y grimper à l'aide de nos cannes et des paysans qui nous escortaient. Après avoir longtemps erré dans cette demeure déserte sans rencontrer les traces d'aucun être vivant, nous découvrîmes enfin au fond d'un jardin le bon solitaire.

> Assis au bord d'une onde pure,
> Qui doucement l'entretenait
> De son cours et de son murmure,
> En main fer tranchant il tenait,
> Dont prudemment il gouvernait
> Les fleurs, les fruits et la verdure.
> Son front chauve et ridé branlait
> Sous un noir capuchon de bure ;
> Sa blanche barbe se nouait
> Dans les cordons de sa ceinture :

> De ses yeux creusés par les ans
> Coulaient des larmes éternelles ;
> Enfin on l'eût pris pour le Temps,
> S'il eût eu, comme lui, des ailes.

Il parut un peu surpris de notre visite ; mais il se remit bien vite ; et nous faisant entrer dans une grotte voisine, sans proférer une seule parole, le saint vieillard

> D'abord, en discrète personne,
> Nous bénit tous au nom du Ciel,
> Récite à la sainte madone
> Le compliment gentil qui fut de Gabriel :
> Puis nous fait asseoir et nous donne
> Du pain bis, du beurre et du miel
> Plus doux que celui de Narbonne.

Nous admirâmes, pendant qu'on le consultait, les coquillages dont sa grotte est ornée, mais surtout la profondeur de sa sagesse. Il prédit aux uns de la pluie et du beau temps ; aux autres il révéla de grands secrets sur la culture des terres ; et, après s'être longtemps recueilli, il annonça d'un air inspiré aux parents de la veuve qu'elle se consolerait. Notre tour vint, et tu peux juger, mon cher ami, que notre premier soin fut de lui demander de tes nouvelles. Il nous raconta de point en point toutes les circonstances de ton voyage ; le danger que tu courus sur les côtes d'Afrique et parmi les rochers d'Abrolhos, ta relâche à Rio-Janeiro, ton menuet avec doña Theresa, tes promenades solitaires au cap de Bonne-Espérance, et enfin ton heureuse arrivée à l'île de Bourbon.

Ces derniers mots firent couler de mes yeux des larmes de plaisir. Peu s'en fallut que, dans les transports de ma joie, je ne pressasse sa tête vénérable contre ma poitrine ; mais il en fut quitte pour la peur. Après l'avoir comblé de bénédictions et avoir reçu la sienne, nous remontâmes en voiture, tout occupés de ton prochain retour et de la fortune de tes jolis vers.

Dans cette idée, nous arrivâmes sur les quatre heures du soir à Branay. Nous trouvâmes à la porte du château une vingtaine de paysans armés de carabines antiques et rouillées, qui n'avaient point vu le jour depuis nos guerres civiles. Dès qu'ils nous virent paraître, ils se rangèrent en bataille, ayant le concierge et le garde-chasse à leur tête, et nous saluèrent d'une triple décharge de mousqueterie. Le seigneur nous attendait sur le perron du vestibule : il nous reçut avec cette politesse franche et libre que tu lui connais ; et, après tous les compliments ordinaires, nous joignîmes les dames, qui, la ligne en main, assises le long du canal, prenaient le plaisir de la pêche. Elles jetèrent un cri en nous voyant, et nous firent deux ou trois questions, sans attendre la réponse, et puis cinq ou six autres

> Sur les importantes querelles
> Du Russe et du fier Ottoman,
> Sur les intrigues du moment;
> Sur nos profondes bagatelles,
> Nos modes, et le parlement,
> Qui passe et qui revient comme elles.

Nous allions les satisfaire et leur donner même le répertoire des pièces tombées, qu'elles ne nous demandaient pas, lorsqu'un objet nouveau vint les distraire, et bientôt le soleil se couchant à travers les arbres et l'air devenu plus froid nous avertirent de regagner le salon, où nous reçûmes un bon nombre de visites et de compliments.

> D'abord, monsieur le sénéchal,
> A l'air capable, au maintien sage,
> Suivi du procureur fiscal
> Et des notables du village,

> Vint au manoir seigneurial
> Nous ennuyer, selon l'usage.

Il fallut nous mordre les cinq doigts pour nous empêcher de rire de sa harangue et pour ne pas lui éclater au nez. La scène heureusement changea tout à coup : les plus jolies filles du canton, proprement vêtues, nous offrirent toutes les fleurs et tous les fruits de l'automne, étalés dans des corbeilles, et se retirèrent en rougissant, très contentes et de nous et d'elles, c'est-à-dire applaudies et embrassées.

Enfin les parties étaient arrangées, et l'on se mettait au jeu, lorsqu'on annonça le curé, qui a toujours beaucoup de peine à arriver, même le dernier.

> Ce pasteur, à bon droit goutteux
> Et s'en accusant avec grâce,
> Est un de ces reclus heureux
> Qui, n'ayant point reçu des cieux
> Le talent et le goût d'Horace,
> Plus frais que lui, digérant mieux,
> Buvant le champagne à la glace,
> Arrondissent leur sainteté
> Au fond d'un riche bénéfice,
> Et, sans entendre leur office,
> Gagnent gaîment l'éternité.

On continua de jouer, ou, pour mieux dire, on fit enrager le bon curé jusqu'au souper; on lui fit croire ensuite que la guerre était déclarée et qu'il était fort question de lui dans le conclave. On se livra à toutes les folies d'une imagination échauffée par le malvoisie, on rit beaucoup, tout le monde fut aimable, et vers minuit on se sépara en formant des projets pour le lendemain.

Se mettre au lit et à table de bonne heure, en sortir le plus tard qu'il nous est possible, nous promener et ne rien faire : voilà le doux emploi du temps, voilà notre unique occupation depuis que nous sommes à Branay, et Dieu sait si j'en eus jamais d'autres! Parmi les divinités qui embellissent ces paisibles retraites, on distingue Mme de... à sa taille élégante, à sa longue chevelure, mais surtout à l'esprit dont son œil étincelle; et c'était précisément la seule qui ne fût pas initiée dans nos mystères [1]. Soit légèreté, soit caprice, soit que l'extrême désir que nous lui témoignions de les lui révéler combattît celui qu'elle avait elle-même d'y être admise, elle affectait pour eux la plus grande irrévérence. On avait essayé plusieurs fois à Paris de la persuader; mais le moyen, je m'en rapporte à nos docteurs, de convertir une incrédule qui vous déconcerte par un bon mot? Comme je lui donnais le bras, au retour de la chasse : « Représentez-vous, lui dis-je, Madame, une douzaine de jeunes militaires dont le plus âgé ne compte pas encore cinq lustres, transplantés, la plupart, d'un autre hémisphère, unis entre eux par la plus tendre amitié, passionnés pour tous les arts et pour tous les talents, faisant de la musique, griffonnant quelquefois des vers; paresseux, délicats et voluptueux par excellence; passant l'hiver à Paris et la belle saison dans leur délicieuse vallée de *Feuillancour*. L'un et l'autre asile est nommé par eux *la Caserne*. Enfin, Madame, qu'on appelle cette société charmante l'*Ordre de la caserne* ou *de Feuillancour*, le titre n'y fait rien, la chose est tout : c'est toujours l'Ordre qui dispense le bonheur, et les autres ne promettent que de la gloire. »

Tout le monde alors se joignit à moi, et l'on acheva de décider Mme de..., qui balançait encore. Tout fut ordonné dans l'instant pour sa réception. La céré-

---

[1]. Initiation aux *rites* d'une sorte de joyeuse confrérie dont il va être question.

monie se fit avec toute la pompe que les circonstances permettaient ; le trône était préparé au fond d'une longue galerie, soutenu par des colonnes de verdure, où s'entortillait le chèvrefeuille. Nous crûmes entrer dans le temple même de la divinité que nous révérons. Lorsque chacun eut pris sa place, ton frère, chargé de faire en ton absence les fonctions de chancelier, donna l'accolade à la nouvelle chevalière, et je lui dis, en lui remettant le thyrse et la couronne :

> Le chancelier de la Caserne
> Qu'on vit fleurir chez les Latins,
> Ovide, ainsi que le moderne,
> Vous eût admis à ses festins.

Je ne doute pas, mon cher ami, que ce petit événement ne soit pour toi un des plus intéressants de notre voyage. Je ne te parle point du banquet qui l'a suivi, et du feu d'artifice qui l'a couronné. Un feu d'artifice est peu de chose, surtout auprès de celui qui roule en ce moment sur nos têtes avec un fracas épouvantable. Le silence et l'obscurité de la nuit rendent encore plus horribles la lueur des éclairs et le bruit de la foudre. J'entends d'ici les cris de nos dames, qui, tremblantes dans leurs l'..s, conjurent les dieux d'épargner leur jeunesse et leurs grâces.

> Pour moi que rien n'ébranle et qui d'une âme égale
> Regarde les enfers et la barque fatale,
> Je t'écris, en riant, d'un style paresseux,
>   Et peut-être par intervalle
> Un vers pur et facile étincelle en mes jeux.

Cependant le vent redouble, et je crains bien qu'il ne nous empêche de reposer cette nuit. C'est un malheur, par exemple, contre lequel je me sens moins affermi et dont je me consolerai plus difficilement.

Je donne à tous les diables Éole (dieu des Vents), son antre, et tous les possédés qu'il renferme.

>Dans mon foyer, l'un, en grondant, murmure,
>Tel que l'airain vomissant un boulet ;
>L'autre, de loin me frisant le collet,
>En fifre aigu fait siffler ma serrure.
>Le vent glacé que traînent les hivers
>Bat mes volets et fait trembler la vitre ;
>Le vent plus fier qui soulève les mers,
>Si j'abandonne un moment mon pupitre,
>En tournoyant emporte mon épître,
>Et mes couplets, et ma prose, et mes vers.

Tout cela m'avertit de finir. Adieu, mon cher ami, reviens vite à la Caserne ; et puisses-tu, dégoûté des voyages, n'en faire plus qu'un, mais éternel, de Paris à Feuillancour et de Feuillancour à Paris.

>Ils naîtront, ces paisibles jours,
>Jours consacrés à la Paresse,
>Et dont la sœur de la Sagesse,
>La molle Insouciance, embellira le cours !
>Plus de clairons ni de tambours,
>Dont le son guerrier nous éveille ;
>Plus de lestes brigands, aux uniformes courts,
>Qui viennent au galop, le bonnet sur l'oreille,
>De nos vastes pâtés échancrer les contours,
>Et boire la liqueur vermeille
>Que nous avons mise en bouteille
>Pour de plus fins gourmets que messieurs les Pandours.

TABLE DES MATIÈRES

CHAPELLE ET BACHAUMONT, notice	7
Voyage	9
JEAN DE LA FONTAINE, notice	45
Relation d'un voyage de Paris en Limousin	48
J. RACINE, notice	99
Voyage à Uzès	101
J.-F. REGNARD, notice	113
Voyage de Laponie	116
J.-B. ROUSSEAU, notice	229
Voyage de Paris à Rouen	230
VOLTAIRE, notice	233
Voyage à Berlin	234
LE FRANC DE POMPIGNAN, notice	243
Voyage de Languedoc et de Provence	244
GRESSET, notice	277
Voyage à La Flèche	280
LE CHEVALIER BERTIN, notice	291
Voyage de Bourgogne	292

SOCIÉTÉ ANONYME D'IMPRIMERIE DE VILLEFRANCHE-DE-ROUERGUE
Jules Bardoux Directeur.